高炉セメントまたは高炉スラグ微粉末を用いた鉄筋コンクリート造建築物の設計・施工指針(案)・同解説

Recommendation
for
Design and Practice of Reinforced Concrete Building
with Portland Blast-Furnace Slag Cement
or Ground Granulated Blast-Furnace Slag

2017 制定

日本建築学会

本書のご利用にあたって
　本書は，作成時点での最新の学術的知見をもとに，技術者の判断に資する標準的な考え方や技術の可能性を示したものであり，法令等の根拠を示すものではありません．ご利用に際しては，本書が最新版であることをご確認ください．なお，本会は，本書に起因する損害に対して一切の責任を負いません．

ご案内
　本書の著作権・出版権は(一社)日本建築学会にあります．本書より著書・論文等への引用・転載にあたっては必ず本会の許諾を得てください．
　R＜学術著作権協会委託出版物＞
　本書の無断複写は，著作権法上での例外を除き禁じられています．本書を複写される場合は，学術著作権協会（03-3475-5618）の許諾を受けてください．

一般社団法人　日本建築学会

序

 2016年11月の日本政府によるパリ協定批准を受け，CO_2排出量の削減に向けた動きが活発化している．日本建築学会材料施工委員会では，2008年に「鉄筋コンクリート造建築物の環境配慮施工指針（案）・同解説」を刊行するなど，材料施工分野での低炭素化技術の普及へ向け先導的な役割を果たしてきた．この分野におけるCO_2の排出源としては，コンクリートに用いるポルトランドセメントの占める割合が大きく，その使用量低減が喫緊の課題となっている．ポルトランドセメント使用量の低減には，製鉄産業の副産物である高炉スラグによる代替が効果的であり，その推進に資する本会刊行の指針類として「高炉セメントを使用するコンクリートの調合設計・施工指針・同解説」（2001年，1989年，1981年，1978年初版），「高炉スラグ微粉末を用いたコンクリートの技術の現状」（1992年）および「高炉スラグ微粉末を使用するコンクリートの調合設計・施工指針・同解説」（2001年，1996年初版）がある．一方，高炉スラグを含有するコンクリートの建築施工における適用は，鉄筋コンクリート造建築物の耐久性の確保・向上の観点から非常に効果的な場合もあるが，一部の耐久性上の制限などから，これまでに十分であったとはいえないが，今後，建築材料分野でのCO_2削減に向け，一層の普及・促進が望まれる．

 このような背景のもと，材料施工委員会環境配慮運営委員会では，高炉スラグ微粉末・高炉セメントを使用するコンクリート研究小委員会（2013年4月〜2017年3月）において，前述の高炉スラグに関する2つの指針を統合し，コンクリート製造技術，設計・施工・品質管理技術等に関連する最新の知見を加えるとともに，建築物の環境負荷低減と要求性能確保を両立させるべく「高炉セメントまたは高炉スラグ微粉末を用いた鉄筋コンクリート造建築物の設計・施工指針（案）」を作成した．

 本指針（案）では，建築物へ要求される性能の項目として新たに環境配慮性を加え，高炉スラグを適切に使用する意義を明確化した．また，CO_2削減をより効果的に達成すべく，従来から汎用的に用いられてきた高炉セメントB種およびB種相当に加え，高炉スラグ微粉末の含有量を高めた高炉セメントC種およびC種相当によるコンクリートを実用的に使用するための規準を詳細に盛り込んだ．

 本指針（案）が，高炉セメントまたは高炉スラグ微粉末を用いた鉄筋コンクリート造の設計・施工に関する技術の普及と品質向上に役立つことを期待する．

2017年9月

日本建築学会

指針作成関係委員
―――（五十音順・敬称略）―――

材料施工委員会本委員会
委　員　長　早　川　光　敬
幹　　　事　橘　高　義　典　　興　石　直　幸　　橋　田　　　浩　　山　田　人　司
委　　　員　　　（略）

環境配慮運営委員会
主　　　査　野　口　貴　文
幹　　　事　小　山　明　男
委　　　員　鹿　毛　忠　継　　兼　松　　　学　　北　垣　亮　馬　　黒　田　泰　弘
　　　　　　立屋敷　久　志　　田　村　雅　紀　　道　正　泰　弘　　中　島　史　郎
　　　　　　萩　原　伸　治　　藤　本　郷　史　　柳　橋　邦　生

高炉スラグ微粉末・高炉セメントを使用するコンクリート研究小委員会
主　　　査　鹿　毛　忠　継
幹　　　事　兼　松　　　学　　閑　田　徹　志
委　　　員　今　本　啓　一　　黒　岩　秀　介　　黒　田　泰　弘　　神　代　泰　道
　　　　　　小　島　正　朗　　杉　山　　　央　　檀　　　康　弘　　西　脇　智　哉
　　　　　　野　口　貴　文　　濱　　　幸　雄　　真　野　孝　次　　丸　山　一　平

大量使用ワーキンググループ
主　　　査　鹿　毛　忠　継
幹　　　事　閑　田　徹　志
委　　　員　兼　松　　　学　　黒　岩　秀　介　　神　代　泰　道　　小　島　正　朗
　　　　　　齋　藤　和　秀　　佐　川　孝　広　　杉　山　　　央　　田　中　敏　嗣
　　　　　　土　屋　直　子　　西　脇　智　哉
協　力　委　員　一　瀬　賢　一　　佐　藤　智　泰　　谷　村　　　充　　辻　　　大二郎
　　　　　　米　澤　敏　男

普及ワーキンググループ
主　　　査　野　口　貴　文
幹　　　事　檀　　　康　弘
委　　　員　今　本　啓　一　　兼　松　　　学　　清　原　千　鶴　　黒　田　泰　弘

　　　　　佐藤幸惠　田村雅紀　濱　幸雄　真野孝次
　　　　　丸山一平　百瀬晴基
協力委員　一瀬賢一　米澤敏男

解説執筆委員

全体の調整
　　　鹿毛忠継　兼松　学　閑田徹志　小島正朗
　　　檀　康弘　野口貴文

1章　総　則
　　　鹿毛忠継　閑田徹志　野口貴文

2章　基本方針
　　　鹿毛忠継　閑田徹志　野口貴文

3章　基本仕様
　　　兼松　学　閑田徹志　黒岩秀介　黒田泰弘
　　　小島正朗　齋藤和秀　佐藤幸惠　佐藤智泰
　　　杉山　央　谷村　充　田村雅紀　檀　康弘
　　　辻　大二郎　土屋直子　真野孝次

4章　性能検証方法
　　　今本啓一　兼松　学　清原千鶴　神代泰道
　　　小島正朗　佐川孝広　田村雅紀　野口貴文
　　　濱　幸雄　丸山一平

付　録
　付I　高炉スラグ微粉末および高炉セメントに関する技術資料
　　　檀　康弘
　付II　調査および適用例
　　　神代泰道　檀　康弘　辻　大二郎

高炉セメントまたは高炉スラグ微粉末を用いた
鉄筋コンクリート造建築物の設計・施工指針（案）・同解説

目　　次

　　　　　　　　　　　　　　　　　　　　　　　　　　　　　本文　解説
　　　　　　　　　　　　　　　　　　　　　　　　　　　　　ページ　ページ

1章　総　　則
　1.1　適用範囲 ……………………………………………………… 1 …… 31
　1.2　目　　的 ……………………………………………………… 1 …… 32
　1.3　用　　語 ……………………………………………………… 1 …… 33

2章　基本方針
　2.1　適用の基本方針 ……………………………………………… 2 …… 37
　2.2　設計および使用を決定する方法 …………………………… 3 …… 39
　2.3　高炉スラグコンクリートの特性と適用部位 ……………… 3 …… 40
　2.4　構造体および部材の要求性能 ……………………………… 3 …… 42
　2.5　要求される環境配慮性およびCO_2削減等級 ……………… 3 …… 42

3章　基本仕様
　3.1　コンクリートの種類および品質 …………………………… 4 …… 44
　　3.1.1　コンクリートの種類 ………………………………… 4 …… 44
　　3.1.2　設計規準強度，耐久設計規準強度および品質基準強度 … 4 …… 44
　　3.1.3　CO_2削減等級 ………………………………………… 4 …… 47
　　3.1.4　気乾単位容積質量 …………………………………… 5 …… 49
　　3.1.5　ワーカビリティーおよびスランプ ………………… 5 …… 49
　　3.1.6　圧縮強度 ……………………………………………… 5 …… 49
　　3.1.7　ヤング係数・乾燥収縮率および許容ひび割れ幅 … 5 …… 50
　　3.1.8　耐久性を確保するための材料・調合に関する規定 … 5 …… 50
　　3.1.9　特殊な劣化作用に対する耐久性 …………………… 5 …… 50
　　3.1.10　かぶり厚さ ………………………………………… 5 …… 50
　3.2　材　　料 ……………………………………………………… 5 …… 51
　　3.2.1　総　　則 ……………………………………………… 5 …… 51
　　3.2.2　セメント ……………………………………………… 5 …… 51
　　3.2.3　高炉スラグ微粉末 …………………………………… 6 …… 54
　　3.2.4　骨材および練混ぜ水 ………………………………… 6 …… 57
　　3.2.5　混和材料 ……………………………………………… 6 …… 58

3.3 調　　　合	6	63
3.3.1 総　　　則	6	63
3.3.2 調合管理強度および調合強度	6	63
3.3.3 スランプまたはスランプフロー	7	67
3.3.4 空　気　量	7	67
3.3.5 水セメント比または水結合材比	7	67
3.3.6 単 位 水 量	8	70
3.3.7 単位結合材量および単位ポルトランドセメント量	8	71
3.3.8 単位粗骨材かさ容積	8	71
3.3.9 細 骨 材 率	8	72
3.3.10 混和材料の使用量	8	73
3.3.11 計画調合の表し方	8	73
3.4 発注・製造・受入れ	9	74
3.4.1 総　　　則	9	74
3.4.2 レディーミクストコンクリート工場の選定	9	74
3.4.3 レディーミクストコンクリートの発注	9	75
3.4.4 レディーミクストコンクリートの製造・運搬・品質管理	9	75
3.5 打込み・締固め・打継ぎ・上面の仕上げ	9	75
3.5.1 総　　　則	9	75
3.5.2 打込み・締固め	9	75
3.5.3 打　継　ぎ	10	76
3.5.4 上面の仕上げ	10	76
3.6 養生・型枠存置期間	10	77
3.6.1 総　　　則	10	77
3.6.2 養　　　生	10	77
3.6.3 型枠の存置期間	11	81
3.7 品質管理・検査	12	87
3.7.1 総　　　則	12	87
3.7.2 使用材料の品質管理および検査	12	87
3.7.3 使用するコンクリートの品質管理および検査	13	88
3.7.4 構造体コンクリートの検査	13	88
3.8 特別な仕様のコンクリート	13	89
3.8.1 高強度コンクリート	13	89
3.8.2 マスコンクリート	14	93
3.8.3 水中コンクリート	16	97
3.8.4 海水の作用を受けるコンクリート	16	99

3.8.5 激しい凍結融解作用を受けるコンクリート	18……102
3.8.6 再生骨材コンクリート	19……104
3.8.7 酸および硫酸塩の作用を受けるコンクリート	19……107
3.8.8 収縮ひび割れを低減するコンクリート	20……111
3.8.9 寒中コンクリート	21……114

4章　性能検証方法

4.1 総則	21……116
4.2 耐久性の検証	22……117
4.2.1 総則	22……117
4.2.2 中性化	22……118
4.2.3 塩害	23……122
4.2.4 凍害	24……125
4.2.5 アルカリシリカ反応	25……126
4.2.6 化学的侵食	26……129
4.3 ひび割れ制御の検証	26……131
4.3.1 総則	26……131
4.3.2 温度ひび割れ制御	26……133
4.3.3 収縮ひび割れ制御	27……142
4.4 環境配慮性の検証	28……155
4.4.1 総則	28……155
4.4.2 CO_2排出削減	28……158

付録

付録Ⅰ　高炉スラグ微粉末および高炉セメントに関する技術資料	169
付Ⅰ-1　高炉スラグ微粉末および高炉セメントの製造と品質	169
付Ⅰ-2　高炉セメント・高炉スラグ微粉末を用いたコンクリートの性質	175
付Ⅰ-3　高炉セメントの発色について	197
付Ⅰ-4　住宅の品質確保の促進に関する法律（住宅品確法）・住宅性能表示制度における高炉セメントの扱いについて	198
付録Ⅱ　調査および適用例	200
付Ⅱ-1　調査事例1　高炉セメントB種を使用した競技場	200
付Ⅱ-2　調査事例2　高炉セメントC種を使用した事務所ビル	208
付Ⅱ-3　高炉スラグ微粉末を大量に使用したコンクリートの性質と適用例	213
付Ⅱ-4　高炉セメントC種相当のコンクリートの性質と適用例	236

高炉セメントまたは高炉スラグ微粉末を用いた鉄筋コンクリート造建築物の設計・施工指針(案)

高炉セメントまたは高炉スラグ微粉末を用いた
鉄筋コンクリート造建築物の設計・施工指針（案）

1章 総　　則

1.1 適用範囲
a．本指針（案）は，高炉セメントまたは高炉スラグ微粉末を用いたコンクリート（以下，高炉スラグコンクリートという）を使用する鉄筋コンクリート造建築物（鉄骨鉄筋コンクリート造建築物を含む，以下「建築物」という場合はこれを指す）のコンクリート工事に関する設計および施工に適用する．

b．本指針（案）では，高炉セメントA種，B種およびC種を用いたコンクリート，または高炉スラグ微粉末を用いた場合の結合材の全質量に対する高炉スラグ微粉末の質量の比が5％を超え70％以下のコンクリートを対象とする．

c．本指針（案）に示されていない事項は，本会「建築工事標準仕様書・同解説　JASS 5　鉄筋コンクリート工事」（以下，JASS 5という）のほか，関連指針による．

1.2 目　　的
　本指針（案）は，高炉スラグコンクリートを用いた建築物を構築する際の調合設計，耐久設計，環境配慮性に関する設計および施工の標準を定め，高炉スラグコンクリートの建築物への適切な利用による環境負荷低減に資することを目的とする．

1.3 用　　語
　本指針に使用する用語を次のように定義する．

高炉スラグコンクリート	：高炉セメントまたは高炉スラグ微粉末を用いたコンクリートの総称．高炉セメントと高炉スラグ微粉末を併用したコンクリートも含む．
高炉セメントコンクリート	：高炉セメントを用いたコンクリート
高炉スラグ微粉末コンクリート	：高炉スラグ微粉末を用いたコンクリート
高炉スラグ	：ここでは，溶鉱炉で銑鉄と同時に生成する溶融状態のスラグを水によって急冷した高炉水砕スラグ，またはこれを粉砕乾燥した高炉スラグ微粉末の総称をいい，高炉スラグ骨材を除く．

結合材	：水と反応しコンクリートの強度発現に寄与する物質を生成するものの総称で，ここでは高炉スラグコンクリートに含まれるポルトランドセメント，高炉セメント，高炉スラグ微粉末，フライアッシュ，膨張材，シリカフュームをいう．
ベースセメント	：高炉スラグ微粉末を用いる場合に組み合わせるポルトランドセメントをいう．
水結合材比	：ここでは高炉スラグコンクリートに使用する結合材の全質量に対する水の質量の比をいい，通常百分率で表す．
高炉スラグの使用率	：高炉セメントを使用する場合，使用する結合材の全質量に対する高炉スラグの質量の比で，通常百分率で表す．高炉スラグ微粉末コンクリートの場合には，結合材の全質量に対する高炉スラグ微粉末の質量の比をいい，使用するポルトランドセメントに少量混合成分として含まれる高炉スラグ微粉末は，使用率に含まない．
高炉セメント A 種相当	：普通ポルトランドセメントに加え，JIS A 6206 に定義する高炉スラグ微粉末 4 000 を質量比で 20 以上 30 ％以下含有する結合材
高炉セメント B 種相当	：普通ポルトランドセメントに加え，JIS A 6206 に定義する高炉スラグ微粉末 4 000 を質量比で 40 以上 50 ％以下含有する結合材
高炉セメント C 種相当	：普通ポルトランドセメントに加え，JIS A 6206 に定義する高炉スラグ微粉末 4 000 を質量比で 60 以上 70 ％以下含有する結合材
環境配慮性	：環境配慮に関わる性能で，本指針（案）では，構造体コンクリートの CO_2 削減率による区分（以下，CO_2 削減等級という）で主として表される．
CO_2 削減等級	：対象建築物の構造体コンクリート全量について，普通ポルトランドセメントを結合材の全量に用いるコンクリートを使用する場合に対し，高炉スラグコンクリートを用いた時の CO_2 排出量の削減率で表した CO_2 削減への寄与度を表す等級．
単位ポルトランドセメント量	：高炉スラグコンクリート 1 m³ に含まれるポルトランドセメントの質量（kg/m³）
単位結合材量	：高炉スラグコンクリート 1 m³ に含まれる結合材の質量（kg/m³）

2 章　基 本 方 針

2.1　適用の基本方針

　本指針（案）では，高炉スラグコンクリートを使用することで，構造体コンクリートの品質を確

保しつつ，建築物の構築に関わる環境配慮に資することを基本方針とする．

2.2 設計および仕様を決定する方法

a．設計者は，建築物の要求性能に応じて3章に従い基本仕様について検討を行い，基本仕様だけでは担保できない特別な要求性能がある場合や，定量的に性能を評価して要求性能を確保する場合には，4章に従い詳細検討を行う．なお，4章で定めた仕様は3章に対し優先するが，4章で記述のない項目については全て3章に従う．

b．3章では，高炉セメントのA種，B種，C種，または高炉スラグの使用率が高炉セメントA種相当，同B種相当，同C種相当の結合材を使用する高炉スラグコンクリートを対象とすることを原則とし，それ以外のコンクリートについては，4章で必要な検討を行う．

2.3 高炉スラグコンクリートの特性と適用部位

a．高炉スラグコンクリートの適用部位は，使用する高炉スラグの使用率や高炉スラグ微粉末の粉末度等の影響に留意して定める．

b．適用部位のうち，基礎および杭（以下，地下部という）には高炉セメントC種およびC種相当による高炉スラグコンクリートを積極的に適用する．ただし，地上部へ前記のコンクリートの適用を計画する際には初期材齢における強度発現性や耐久性について十分な検討を行う．

2.4 構造体および部材の要求性能

a．構造体および部材に要求される性能の種類は，JASS 5　2節によるほか，環境配慮性を加える．

b．要求性能のうち耐久性については，一般的な劣化作用を受ける構造体の計画供用期間の級を次の3水準とし，その級に応じて，3.1節に定める耐久設計基準強度を超える水準を構造体にて実現することで要求性能を満足するものとする．ただし，特殊な劣化作用のうち，海水の作用，硫酸塩の作用，激しい凍結融解を受ける構造体の基本仕様については，3.8節に定める．

　(1)　短期供用級（計画供用期間としておよそ30年）
　(2)　標準供用級（計画供用期間としておよそ65年）
　(3)　長期供用級（計画供用期間としておよそ100年）

2.5 要求される環境配慮性およびCO_2削減等級

a．構造体および部材の環境配慮性は，CO_2削減等級を用いて表す．

b．CO_2削減等級は，CO_2削減率の範囲により次の4水準を定め，要求される環境配慮性に応じて等級を選択する．

　(1)　等級0　（0％≦CO_2削減率≦5％）
　(2)　等級1　（5％＜CO_2削減率≦20％）
　(3)　等級2　（20％＜CO_2削減率＜40％）

(4) 等級3 （40％≦CO_2削減率）

3章 基本仕様

3.1 コンクリートの種類および品質

3.1.1 コンクリートの種類

高炉スラグコンクリートの使用骨材による種類は，普通コンクリート，軽量コンクリート1種および軽量コンクリート2種および重量コンクリートとする．

3.1.2 設計基準強度，耐久設計基準強度および品質基準強度

a．高炉スラグコンクリートの設計基準強度の範囲は，JASS 5 3.4項による．
b．高炉スラグコンクリートの耐久設計基準強度は，表3.1による．

表3.1 コンクリートの耐久設計基準強度

計画供用期間の級	A種・A種相当	B種・B種相当	C種・C種相当
短期	18	18	24
標準期	24	24	27
長期	30	30	33

c．高炉スラグコンクリートの品質基準強度は，JASS 5 3.4cによる．

3.1.3 CO_2削減等級

高炉スラグコンクリートによる構造体コンクリートのCO_2削減等級は，表3.2による．

表3.2 高炉スラグコンクリートによる構造体コンクリートのCO_2削減等級

区分	使用するセメントの種類	
	地上部分	地下部分
等級0	普通ポルトランドセメント	普通ポルトランドセメント
		A種・A種相当
等級1	普通ポルトランドセメント	B種・B種相当
		C種・C種相当
	A種・A種相当	A種・A種相当

		B 種・B 種相当
等級 2	A 種・A 種相当	
		C 種・C 種相当
	B 種・B 種相当	B 種・B 種相当
等級 3	―	―

3.1.4 気乾単位容積質量
高炉スラグコンクリートの気乾単位容積質量は，JASS 5　3.5 項による．

3.1.5 ワーカビリティーおよびスランプ
高炉スラグコンクリートのワーカビリティーおよびスランプは，JASS 5　3.6 項による．

3.1.6 圧縮強度
高炉スラグコンクリートの圧縮強度は，JASS 5　3.7 項による．

3.1.7 ヤング係数・乾燥収縮率および許容ひび割れ幅
高炉スラグコンクリートのヤング係数・乾燥収縮率および許容ひび割れ幅は，JASS 5　3.8 項による．

3.1.8 耐久性を確保するための材料・調合に関する規定
高炉スラグコンクリートの所要の耐久性を確保するための材料・調合に関する規定は，JASS 5　3.9 項による．

3.1.9 特殊な劣化作用に対する耐久性
高炉スラグコンクリートを特殊な劣化作用を受ける箇所に用いる場合は，3.8 節による．

3.1.10 かぶり厚さ
高炉スラグコンクリートのかぶり厚さは，JASS 5　3.11 項による．

3.2 材　　料

3.2.1 総　　則
高炉セメントコンクリートおよび高炉スラグ微粉末コンクリートの材料は，あらかじめ品質が確かめられているものを使用する．

3.2.2 セメント
a．高炉セメントコンクリートに使用するセメントは，JIS R 5211（高炉セメント）に適合するも

のを用いることを原則とする．

b．高炉スラグ微粉末コンクリートに使用するセメントは，JIS R 5210（ポルトランドセメント）に適合するものを用いることを原則とする．

3.2.3 高炉スラグ微粉末

高炉スラグ微粉末は，JIS A 6206（コンクリート用高炉スラグ微粉末）に適合するものを用いる．

3.2.4 骨材および練混ぜ水

a．骨材の種類および品質は，JASS 5 4.3項による．

b．コンクリートの練混ぜ水は，JASS 5 4.4項による．

3.2.5 混和材料

a．混和剤は，JIS A 6204（コンクリート用化学混和剤），JIS A 6205（鉄筋コンクリート用防せい剤）またはJASS 5 M-402（コンクリート用収縮低減剤の性能判定基準）に適合するものとし，コンクリートの目標性能に応じて選定する．

b．混和材は，JIS A 6201（コンクリート用フライアッシュ），JIS A 6202（コンクリート用膨張材）またはJIS A 6207（コンクリート用シリカフューム）に適合するものとし，コンクリートの目標性能に応じて選定する．

c．上記a，b項以外の混和材料は，試験または信頼できる資料により，その性能および使用方法を確認する．

3.3 調　　合

3.3.1 総　　則

a．高炉スラグコンクリートの調合設計は，荷卸し時または打込み時および構造体コンクリートにおいて所要のワーカビリティー，強度，ヤング係数および耐久性が得られ，かつ3.1節に示すその他の性能が得られるように定める．

b．高炉スラグ微粉末の種類および使用率は，所要の性能が得られるように定める．

c．計画調合は，原則として試し練りによって定める．ただし，JIS A 5308に適合することが客観的に認められるレディーミクストコンクリートを用いる場合は，試し練りを省略することができる．

3.3.2 調合管理強度および調合強度

a．調合管理強度は，(3.1)式によって算出される値とする．

$$F_m = F_q + {}_mS_n \quad (\text{N/mm}^2) \tag{3.1}$$

ここに，F_m：コンクリートの調合管理強度（N/mm²）

F_q：コンクリートの品質基準強度（N/mm²）

品質基準強度は，設計基準強度もしくは耐久設計基準強度のうち，大きい方の値とする．
　　　　　$_mS_n$：標準養生した供試体の材齢 m 日における圧縮強度と構造体コンクリートの材齢 n 日における圧縮強度の差による構造体強度補正値（N/mm²）．ただし，$_mS_n$ は 0 以上の値とする．なお，28 日 $\leq m \leq n \leq$ 91 日とする．

b．調合強度は，標準養生した供試体の材齢 m 日における圧縮強度で表すものとし，(3.2)式および(3.3)式を満足するように定める．

$$F \geq F_m + 1.73\sigma \text{ (N/mm}^2\text{)} \tag{3.2}$$

$$F \geq 0.85F_m + 3\sigma \text{ (N/mm}^2\text{)} \tag{3.3}$$

　　　ここに，　F：コンクリートの調合強度（N/mm²）
　　　　　　　　F_m：コンクリートの調合管理強度（N/mm²）
　　　　　　　　σ：使用するコンクリートの圧縮強度の標準偏差（N/mm²）

c．構造体強度補正値 $_mS_n$ は，コンクリートの水セメント比または水結合材比，セメントの種類または高炉スラグ微粉末の種類および使用率，ならびにコンクリートの打込みから所定の材齢までの予想平均気温の範囲に応じて適切な値を定める．

d．使用するコンクリートの圧縮強度の標準偏差 σ は，レディーミクストコンクリート工場の実績を基に定める．実績がない場合は，2.5 N/mm² または，$0.1F_m$ の大きい方の値を標準とする．

e．調合強度は，b項によるほか，構造体コンクリートが施工上必要な材齢において必要な強度を満足するように定める．

3.3.3　スランプまたはスランプフロー

a．コンクリートのスランプまたはスランプフローは，荷卸し時または打込み時に所要の目標スランプまたは目標スランプフローが得られるように定める．

b．練上がりスランプまたはスランプフローは，製造場所から荷卸しする場所もしくは打込み箇所までのスランプの変化を考慮して定める．

3.3.4　空　気　量

コンクリートの練上がり時の空気量は，運搬および圧送中の変化を考慮して，荷卸し時または打込み時に所要の目標空気量が得られるように定める．

3.3.5　水セメント比または水結合材比

a．水セメント比または水結合材比は，調合強度が得られるように定める．

b．水セメント比または水結合材比の最大値は表3.3による．

表3.3 水セメント比（水結合材比）の最大値

結合材種類	水セメント比（水結合材比）の最大値（％）
	短期・標準期・長期
A種・A種相当	65
B種・B種相当	60
C種・C種相当	55

3.3.6 単位水量

単位水量は，185 kg/m³以下とし，2章に示すコンクリートの品質が得られる範囲内で，できるだけ小さく定める．

3.3.7 単位結合材量および単位ポルトランドセメント量

a．高炉スラグコンクリートの単位結合材量は，3.3.5「水セメント比および水結合材比」および3.3.6「単位水量」から算出される値以上とする．

b．高炉スラグコンクリートの単位ポルトランドセメント量の最小値は，高炉A種および高炉A種相当の結合材の場合は 220 kg/m³，高炉B種および高炉B種相当で 180 kg/m³，高炉C種および高炉C種相当で 160 kg/m³ とする．

3.3.8 単位粗骨材かさ容積

単位粗骨材かさ容積は，2章に示すコンクリートの品質が得られるよう適切な値を定める．

3.3.9 細骨材率

細骨材率は，2章に示すコンクリートの品質が得られる範囲内でできるだけ小さく定める．

3.3.10 混和材料の使用量

a．AE剤，AE減水剤および高性能AE減水剤の使用量は，所要のスランプおよび空気量が得られるように定める．

b．上記以外の混和材料の使用方法および使用量は，試験または信頼できる資料により定める．

3.3.11 計画調合の表し方

高炉スラグコンクリートの計画調合は，表3.4によって表す．

表3.4 計画調合の表し方

品質基準強度 (N/mm²)	調合管理強度 (N/mm²)	調合強度 (N/mm²)	スランプ (cm)	空気量 (%)	水セメント比* (%)	高炉スラグ微粉末使用率 (%)	細骨材率 (%)	単位水量 (kg/m³)	絶対容積 (l/m³)				質量 (kg/m³)				化学混和剤の使用量 (ml/m³) または (B×%)	計画調合上の最大塩化物イオン量 (ml/m³)
									セメント	細骨材	粗骨材	高炉スラグ微粉末	セメント	細骨材	粗骨材	高炉スラグ微粉末		

[注] ＊：高炉スラグ微粉末を使用する場合は，水結合材比とする．

3.4 発注・製造・受入れ

3.4.1 総　則

本節は，高炉スラグコンクリートの発注，製造管理，レディーミクストコンクリート工場から荷卸し地点までの運搬および受入れに適用し，原則としてJASS 5 6節による．

3.4.2 レディーミクストコンクリート工場の選定

a．レディーミクストコンクリート工場の選定は，JASS 5 6節による．

b．高炉スラグコンクリートを使用する場合には，当該工事期間中において専用の貯蔵設備を確保できるとともに，工事期間中に必要な量が確保できる工場を選定する．

3.4.3 レディーミクストコンクリートの発注

高炉スラグコンクリートの発注においては，高炉セメントコンクリートの場合は高炉セメントの種類，高炉スラグ微粉末コンクリートの場合は高炉スラグ微粉末の種類および使用率を指定する．

3.4.4 レディーミクストコンクリートの製造・運搬・品質管理

施工者は，レディーミクストコンクリートの製造・運搬・品質管理について，JASS 5 6節に従うとともに，3.4.3項で生産者と協議して定めた事項に適合して行われていることを確認する．

3.5 打込み・締固め・打継ぎ・上面の仕上げ

3.5.1 総　則

本節は，高炉スラグコンクリートの打込み・締固め，打継ぎおよび上面の仕上げに適用する．

3.5.2 打込み・締固め

a．コンクリートの練混ぜから打込み終了までの時間の限度は，JASS 5 7.5項による．

b．打込み前の準備は，JASS 5　7.2項および7.3項による．

　　c．打込みおよび締固めは，コンクリートが均質かつ密実に充てんされ，所要の品質の構造体コンクリートが得られるように行う．

3.5.3　打　継　ぎ

打継ぎはJASS 5　7.8項による．

3.5.4　上面の仕上げ

上面の仕上げはJASS 5　7.7項による．

3.6　養生・型枠存置期間

3.6.1　総　　則

本節は，高炉スラグコンクリートの養生および型枠の存置期間について適用する．

3.6.2　養　　生

　　a．高炉スラグコンクリートは，打込み終了直後からセメントの水和およびコンクリートの硬化が十分に進行するまでの間，急激な乾燥，過度の高温または低温の影響，急激な温度変化，振動および外力の悪影響を受けないように養生する．

　　b．施工者は，養生の方法・期間および養生に用いる資材などの計画を定めて，工事監理者の承認を受ける．

3.6.2.1　湿潤養生

　　a．打込み後のコンクリートは，散水，噴霧，養生マットまたは水密シートによる被覆，膜養生剤などにより湿潤に保つ．その期間は，計画供用期間の級および高炉セメント種類および高炉スラグ微粉末の使用率に応じ，表3.5に示す日数以上とする．

表3.5　必要な湿潤養生期間

計画供用期間の級	湿潤養生の期間（日）		
	高炉セメントA種・ 高炉セメントA種相当	高炉セメントB種・ 高炉セメントB種相当	高炉セメントC種・ 高炉セメントC種相当
短期・標準	5	7	9
長期	7	10	14

　　b．気温が高い場合，または直射日光を受ける場合には，コンクリート面が乾燥することのないよう，十分に養生の管理を行う．

c．コンクリート部材の厚さが18 cm以上の場合は，表3.5の養生期間の終了以前であっても，コンクリートの圧縮強度が，計画供用期間の級が短期および標準の場合は10 N/mm²以上，長期の場合は15 N/mm²以上に達したことを確認すれば，以降の湿潤養生を打ち切ることができる．

d．マスコンクリートの養生については，JASS 5 21.7項による．

3.6.2.2 養生温度

a．外気温の低い時期においては，コンクリートを寒気から保護し，打込み後5日間以上はコンクリートの温度を2℃以上に保つ．

b．コンクリートの打込み後，初期凍害を受けるおそれがある場合は，3.8.9項により養生を行う．

c．コンクリートの打込み後，セメントの水和熱により部材断面の中心部温度が外気より25℃以上高くなるおそれがある場合は，3.8.2項に準じて温度応力による悪影響が生じないような養生を行う．

3.6.2.3 振動・外力からの保護

a．硬化初期のコンクリートが，有害な振動や外力による悪影響を受けないように，周辺における作業の管理を行う．

b．コンクリートの打込み後，少なくとも1日はその上で作業してはならない．ただし，C種は2日間以上とする．

3.6.3 型枠の存置期間

a．基礎・梁側・柱および壁のせき板の存置期間は，構造体コンクリートの圧縮強度が所定の値を超えたことが確認されるまでの期間とし，その値は，短期および標準期にあっては5 N/mm²，長期にあっては10 N/mm²とする．なお，取外し後の湿潤養生は3.6.2.1に準じて行う．

b．構造体コンクリートの圧縮強度の確認方法は，JASS 5 T-603による．また，せき板の存置期間に係る強度の確認方法には，有効材齢による方法を用いてもよい．

c．計画供用期間の級が短期および標準の場合で，せき板存置期間中の平均気温が2℃以上の場合は，コンクリートの材齢が表3.6に示す日数以上経過すれば，取り外すことができる．なお，取外し後の湿潤養生は3.6.2.1に準じて行う．

表 3.6 基礎・梁側・柱および壁のせき板の存置期間を定めるためのコンクリートの材齢

平均気温	コンクリートの材齢（日）		
	高炉セメント A 種・ 高炉セメント A 種相当	高炉セメント B 種・ 高炉セメント B 種相当	高炉セメント C 種・ 高炉セメント C 種相当
15 °C 以上	3	5	6
5 °C 以上 15 °C 度未満	5	7	8
5 °C 未満	8	10	12

d．床スラブ下・屋根スラブ下および梁下のせき板および支保工の存置期間は，JASS 5　9.10 項による．

3.6.3.1　支柱の盛替え

JASS 5　9.11 項による．

3.6.3.2　型枠の取外し

a．型枠は，3.6.3 項に定める期間に達した後，静かに取り外す．
b．せき板の取外し後は，ただちに 3.6.2 項に従い養生を行う．
c．せき板の取外し後の検査および打ち込み欠陥などの補修については，JASS 5　11.9 項による．
d．型枠の取外し後，有害なひび割れおよびたわみの有無を調査し，異常を認めた場合は，ただちに工事監理者の指示を受ける．

3.7　品質管理・検査

3.7.1　総　　則

a．コンクリートの品質管理および検査は，コンクリートが所定の品質を確保していることを確認するために行う．
b．品質管理および検査は，品質管理計画を作成し，品質管理責任者を定めて行う．
c．品質管理および検査の結果は記録に残すとともに，適時利用できるように保管しておく．

3.7.2　使用材料の品質管理および検査

使用材料の品質管理および検査は，JASS 5　11.3 項によるほか，高炉スラグ微粉末については表 3.7 による．

表3.7 高炉スラグ微粉末の品質管理および検査

項　目	品質管理・検査方法	判定基準	時期・回数
高炉スラグ微粉末の種類	高炉スラグ微粉末の試験成績書および納入書による確認	特記されたものまたは工事監理者の承認を受けたものであること	コンクリート工事開始前，工事中1回/月および製造所が変わった場合
高炉スラグ微粉末の品質	JIS A 6206に定める試験または製造会社の試験成績書による確認	JIS A 6206の品質に適合していること	コンクリート工事開始前，工事中1回/月および製造所が変わった場合

3.7.3 使用するコンクリートの品質管理および検査

使用するコンクリートの品質管理および検査は，JASS 5 11.4項によるほか，高炉スラグ微粉末コンクリートの場合，必要に応じて調合および高炉スラグ微粉末の使用率について表3.8により行う．

表3.8 使用するコンクリートの調合の検査

項　目	検査方法	判定基準	時　期
調　合	調合表およびコンクリートの製造管理記録による確認	計画調合を基に算出された現場調合に対して，製造管理記録が規定の計量誤差範囲内にあること	①打込み当初 ②打込み中に品質の変化が認められたとき
高炉スラグの使用率	同上	同上	同上

3.7.4 構造体コンクリートの検査

構造体コンクリートの検査は，JASS 5 11節による．

3.8 特別な仕様のコンクリート

3.8.1 高強度コンクリート

3.8.1.1 適用範囲

a．本項は，設計基準強度が36 N/mm²を超え60 N/mm²以下の高強度コンクリートに高炉セメントまたは高炉スラグ微粉末を用いる場合に適用する．設計基準強度が60 N/mm²を超える高強度コンクリートへの適用は，本項に記載する諸規定を参考に，必要に応じて試験または信頼できる資料により，設計で要求される構造体の性能が得られることを確かめ，仕様の詳細を定める．

b．本項に記載されていない事項については，3.1～3.7節およびJASS 5 17節による．

3.8.1.2 品　　質
高強度コンクリートの品質は，JASS 5　17.3 項による．

3.8.1.3 材　　料
a．高炉スラグ微粉末およびセメントは，3.2節による．
b．骨材は，JASS 5　17.4 項による．
c．練混ぜ水には，回収水を用いない．
d．化学混和剤は，JIS A 6204 に適合するものとする．
e．上記a～d項に定める材料以外の材料を用いる場合は，コンクリートが所要のワーカビリティー・強度・耐久性およびその他の性能を有することを試験または信頼できる資料により確認する．

3.8.1.4 調　　合
a．コンクリートの調合は，3.3節およびJASS 5　17節によるほか，高強度コンクリートの製造・施工条件を考慮して，所要のワーカビリティー・強度・耐久性およびその他の性能が得られる範囲内で，単位セメント量（単位結合材量）ができるだけ少なくなるよう，必要に応じて試し練りを行って定める．
b．水結合材比・単位結合材量および単位ポルトランドセメント量は，所定の構造体コンクリート強度および耐久性が得られるように定める．
c．構造体強度補正値 $_mS_n$ は，試験または信頼できる資料により定める．

3.8.1.5 施　　工
a．高強度コンクリートの発注・製造，施工および品質管理・検査は，JASS 5　17節による．
b．打込み後の湿潤養生の期間は，A種およびA種相当は5日間以上，B種およびB種相当は7日間以上，C種およびC種相当は9日間以上とする．ただし，試験または信頼できる資料により構造体コンクリートの強度および耐久性の品質を確認した場合は，この限りではない．
c．コンクリートの厚さが18 cm以上の部材においては，上記b項の湿潤養生期間の終了以前であっても，コンクリートの圧縮強度が15 N/mm²以上に達したことを確認すれば，以降の湿潤養生を打ち切ることができる（JASS 5T-603による．養生方法は現場封かん養生とする）．
d．せき板の存置期間は，コンクリートの圧縮強度が10 N/mm²以上に達したことが確認されるまでとする．ただし，せき板取外し後，上記b項に示す期間まで湿潤養生を継続できない場合は，コンクリートの圧縮強度が15 N/mm²に達するまでとする．

3.8.2 マスコンクリート
3.8.2.1 適用範囲
a．本項は，高炉セメントまたは高炉スラグ微粉末を用いた設計基準強度が36 N/mm²以下のマ

スコンクリートに適用する．
　　b．本項に記載されていない事項については，3.1〜3.7節およびJASS 5　21節による．

3.8.2.2 品　　質
マスコンクリートの品質は，JASS 5　21.3項による．

3.8.2.3 材　　料
　　a．セメントは，3.2.2項による．ただし，早強ポルトランドセメントは用いない．
　　b．高炉スラグ微粉末の種類は，3.2.3項のうち高炉スラグ微粉末4 000を原則とする．
　　c．化学混和剤は，JIS A 6204に適合するAE剤，AE減水剤（標準形，遅延形）または高性能AE減水剤（標準形，遅延形）を用いる．
　　d．上記a〜c項に定める材料以外の材料を用いる場合は，コンクリートが所要のワーカビリティー・強度・耐久性およびその他の性能を有することを試験または信頼できる資料によって確認する．

3.8.2.4 調　　合
　　a．コンクリートの調合は3.3節およびJASS 5　21.5項によるほか，マスコンクリートの製造・施工条件を考慮して，所要のワーカビリティー・強度・耐久性およびその他の性能が得られる範囲内で，単位セメント量ができるだけ少なくなるよう，試し練りを行って定める．この場合，3.3節の規定値は適用しない．
　　b．高炉スラグ微粉末の種類および使用率は，所定の構造体コンクリート強度および水和熱量に応じて選定する．
　　c．単位結合材量の最小値は，原則として高炉セメントA種・B種およびA種相当・B種相当では270 kg/m³，高炉セメントC種およびC種相当では300 kg/m³とする．
　　d．水結合材比および単位ポルトランドセメント量は，所定の構造体コンクリート強度および耐久性が得られるように適切に定める．
　　e．マスコンクリートの構造体強度補正値 $_mSM_n$ は，試験または信頼できる資料により定める．
　　f．スランプは，15 cm以下を原則とする．ただし，高性能AE減水剤または流動化剤を用いる場合は，18 cm以下とすることができる．

3.8.2.5 施　　工
　　a．マスコンクリートの発注・製造，施工および品質管理・検査は，JASS 5　21節による．
　　b．コンクリートの打込みは，温度ひび割れに配慮した打込み計画に従って行う．

3.8.3 水中コンクリート

3.8.3.1 適用範囲

a．本項は，高炉セメントまたは高炉スラグ微粉末を用いた水中または安定液中に打ち込む場所打ちコンクリート杭，または鉄筋コンクリート地中壁の鉄筋コンクリート工事に適用する．

b．本項に記載されていない事項については，3.1～3.7節およびJASS 5 24節による．

3.8.3.2 品　　質

a．コンクリートの品質は，3.1節およびJASS 5 24.3項による．

b．コンクリートは，水中または安定液中で高い材料分離抵抗性を有するものとする．

c．水中コンクリートには，乾燥収縮の規定は適用しない．

3.8.3.3 材　　料

a．高炉スラグ微粉末を使用する場合のベースセメントは，原則として普通ポルトランドセメントとする．

b．上記に記載のないコンクリートの材料は，3.2節およびJASS 5 24.3項による．

3.8.3.4 調　　合

a．構造体強度補正値 $_mS_n$ の値は，$3\,\text{N/mm}^2$ とする．ただし，試験または信頼できる資料によって確認した場合は，この限りではない．

b．水結合材比の最大値は，場所打ちコンクリートでは60％，地中壁では55％とする．

c．単位セメント量(単位結合材量)の最小値は，場所打ちコンクリート杭では $330\,\text{kg/m}^3$，地中壁では $360\,\text{kg/m}^3$ とする．

d．単位水量の最大値は，$200\,\text{kg/m}^3$ とする．

e．上記に記載のないコンクリートの調合は，3.3節およびJASS 5 24.3項による．

3.8.3.5 施　　工

コンクリートの施工は，JASS 5 24.3項による．

3.8.4 海水の作用を受けるコンクリート

3.8.4.1 適用範囲

a．本項は，海水の作用を受ける高炉スラグコンクリートに適用する．

b．塩害環境の区分は，準重塩害環境，塩害環境および重塩害環境とする．海水に接する部分で潮の干満を受ける部分および波しぶきを受ける部分は重塩害環境，海水に接する部分で常時海中にある部分は準塩害環境とし，飛来塩分の影響を受ける部分は，飛来塩分量に応じて表3.9によって区分する．

c．海水および飛来塩分の作用を受ける構造体の計画供用期間の級は，塩害環境においては短期，

準塩害環境においては短期，標準または長期を原則とする．

表3.9 飛来塩分量による塩害環境の区分

塩害環境の区分	飛来塩分量[1]（NaCl）	地域と立地条件の例[2]
重塩害環境	25 mdd を超える	・日本海側，沖縄県全域，伊豆諸島・奄美諸島等の離島部などの地域で，汀線から20 m程度の範囲．
塩害環境	13 mdd を超え 25 mdd 以下	・日本海側，沖縄県全域，伊豆諸島・奄美諸島等の離島部などの地域で，汀線から20～70 m程度の範囲． ・東北地方の太平洋側の地域で，汀線から20 m程度の範囲．
準塩害環境	4 mdd 以上 13 mdd 以下	・日本海側，沖縄県全域，伊豆諸島・奄美諸島等の離島部などの地域で，汀線から70～150 m程度の範囲． ・東北地方の太平洋側の地域で，汀線から20～100 m程度の範囲． ・オホーツク海側，太平洋側，九州地方の東シナ海側の地域で，汀線から50 m程度の範囲．

[注] (1) mdd は，飛来塩分量の単位で mg/dm²/day の意味で，1 dm＝0.1 m である．
(2) 建築物が遮蔽物で囲まれて海に面していない場合，重塩害環境は塩害環境に，塩害環境は準塩害環境に，準塩害環境は海水の作用を受けるコンクリートの対象外と考えてよい．

3.8.4.2 品　質

塩害環境または準塩害環境に位置し，海水および飛来塩分の影響を受ける部分の最小かぶり厚さおよびコンクリートの耐久設計基準強度は，特記による．特記がない場合は，表3.10による．

表3.10 最小かぶり厚さと耐久設計基準強度

塩害環境の区分	計画供用期間の級	最小かぶり厚さ（mm）	耐久設計基準強度（N/mm²）	
			普通ポルトランドセメント 高炉セメントA種およびA種相当	高炉セメントB種およびB種相当 高炉セメントC種およびC種相当
塩害環境	短　期	50	36	33
		60	33	30
準塩害環境	短　期	40	30	24
		50[1]	24[1]	21[1]
	標　準	40	36	33
		50	33	30
		60[1]	30[1]	24[1]
	長　期	50	36	33
		60[1]	33[1]	30[1]

［注］（1） 海中にある部分に適用する．（陸上部へも適用可能）

3.8.4.3 材料

高炉スラグ微粉末を使用する場合のベースセメントは，原則として普通ポルトランドセメントとする．

3.8.4.4 調合

水セメント比は，塩害環境の区分に応じて表3.11の値以下とし，特記による．

表3.11 水結合材比の最大値

塩害環境の区分	水結合材比の最大値（％）	
	普通ポルトランドセメント 高炉セメントA種およびA種相当	高炉セメントB種およびB種相当 高炉セメントC種およびC種相当
塩害環境	45	50
準塩害環境	55	60

3.8.5 激しい凍結融解作用を受けるコンクリート

3.8.5.1 適用範囲

a．本項は，高炉セメントおよび高炉スラグ微粉末を用いた激しい凍結融解作用を受けるコンクリートに適用する．

b．本項に記載されていない事項については，3.1～3.7節およびJASS 5 26節による．

3.8.5.2 品質

激しい凍結融解作用を受けるコンクリートの品質は，JASS 5 26.3項による．

3.8.5.3 材料

コンクリートに用いる材料は，3.2節およびJASS 5 26.4項による．

3.8.5.4 調合

コンクリートの調合は，3.3節およびJASS 5 26.5項による．

3.8.5.5 施工

施工は，3.4～3.7節およびJASS 5 26.6～26.8項による．

3.8.6 再生骨材コンクリート
3.8.6.1 適用範囲
a．本項は，高炉セメントおよび高炉スラグ微粉末を用いた再生骨材コンクリート H および M に適用する．ただし，高炉セメント C 種・C 種相当を用いる場合は，4 章による．
b．本項に記載されていない事項については，JASS 5 28 節による．

3.8.6.2 再生骨材コンクリートの品質
高炉セメントおよび高炉スラグ微粉末を用いた再生骨材コンクリート H および M の品質は，JASS 5 28.3 項による．

3.8.6.3 材　　料
a．再生骨材は，JIS A 5021 または JIS A 5022 附属書 A に適合する骨材とする．
b．再生骨材以外の材料については，3.2 節による．

3.8.6.4 調　　合
高炉セメントおよび高炉スラグ微粉末を用いた再生骨材コンクリート H および M の調合は，JASS 5 28.5 項による．

3.8.6.5 発注・製造・施工
a．高炉セメントおよび高炉スラグ微粉末を用いた再生骨材コンクリート H および M の発注・製造は，JASS 5 28.6 項による．
b．高炉セメントおよび高炉スラグ微粉末を用いた再生骨材コンクリート H および M の施工は，3.5 節および 3.6 節による．

3.8.6.6 品質管理・検査
高炉セメントおよび高炉スラグ微粉末を用いた再生骨材コンクリート H および M の品質管理・検査は，JASS 5 28.8 項による．

3.8.7 酸および硫酸塩の作用を受けるコンクリート
3.8.7.1 適用範囲
本項は，高炉セメントおよび高炉スラグ微粉末を用いた酸および硫酸塩の作用を受けるコンクリートに適用する．ただし，高炉セメント C 種・C 種相当を用いる場合は，4 章による．

3.8.7.2 品　　質
a．酸性環境または硫酸塩環境に位置するコンクリートの耐久設計基準強度は，計画供用期間の級が短期および標準の場合には 24 N/mm^2，長期の場合には 30 N/mm^2 とする．

b．最小かぶり厚さは，劣化作用を及ぼす薬品の種類や濃度などによって適切に定める．

3.8.7.3 材　　料
　　a．コンクリートに用いる材料は 3.2 節による．
　　b．高炉スラグ微粉末を使用する場合のベースセメントは，原則として普通ポルトランドセメントとする．

3.8.7.4 調　　合
　　a．酸および硫酸塩の作用を受けるコンクリートにおいては，高炉セメント B 種または C 種，高炉スラグ微粉末を使用する場合は高炉セメント B 種相当または C 種相当とする．
　　b．水結合材比は 55 ％以下とし，特記による．

3.8.7.5 施　　工
　　酸および硫酸塩の作用を受けるコンクリートの施工は，JASS 5 による．

3.8.8　収縮ひび割れを低減するコンクリート
3.8.8.1 基 本 事 項
　　a．本項は，壁，スラブなど板状の RC 部材で，有害な収縮ひび割れの発生が懸念される場合，これを制御するための仕様の標準を定める．本項に記載されていない事項については，3.1～3.7 節および関連指針類による．
　　b．本項は，設計基準強度が 36 N/mm² 以下の高炉セメント B 種または高炉セメント B 種相当の結合材による高炉スラグコンクリートを用い，暑中期にコンクリート工事を行う場合に適用する．
　　c．ひび割れ発生確率やひび割れ幅を目標とした性能検証を行う場合には，調合，鉄筋比，ひび割れ誘発目地等の仕様を定めるため，4.3.3 項に従い詳細検討を行う．また，本項の適用範囲外の条件において収縮ひび割れを低減することを意図する場合についても，同項による．

3.8.8.2 壁部材の設計
　　a．コンクリート全断面積に対する鉄筋比として水平，垂直両方向とも 0.4 ％以上とする．
　　b．雨がかりの外壁においては，遮水性のある仕上材または防水材の使用を基本とし，壁厚を 180 mm 以上，複筋配置とする．また，同外壁で，最下階および最上階の端部スパンにおいては，斜めひび割れに対して補強筋を配置するなど，適切な補強を行う．

3.8.8.3 スラブ部材の設計
　　コンクリート全断面積に対する鉄筋比として 0.4 ％以上，スラブの厚さを 150 mm 以上とする．

3.8.8.4　ひび割れ誘発目地

　ひび割れ誘発目地を設けることを原則とし，目地の深さは全壁厚に対して1/5以上，目地の間隔は2m以下とする．

3.8.8.5　調合設計

　a．単位水量は180 kg/m³以下とし，所要のワーカビリティーが得られる範囲でできるだけ小さく定める．また，水結合材比は60％以下とする．

　b．乾燥収縮率は7.0×10^{-4}以下を目標とする．

3.8.9　寒中コンクリート

3.8.9.1　基本事項

　a．本節は，高炉セメントおよび高炉スラグ微粉末を用いる寒中コンクリート工事に適用する．

　b．マスコンクリートや高強度コンクリートなどで打込み後のコンクリートに水和発熱による十分な温度上昇が期待できる場合には，本節の規定の一部または全部を適用しないことができる．

　c．本節に記載されていない事項については，3.1～3.7節，JASS 5　12節および本会「寒中コンクリート施工指針・同解説」による．

3.8.9.2　材　　料

　a．結合材には，原則として，高炉セメントA種またはB種および高炉スラグ微粉末を使用したA種相当またはB種相当とする．

　b．高炉スラグ微粉末を使用する場合のベースセメントに，早強ポルトランドセメントを用いることができる．

3.8.9.3　調　　合

　調合は，3.3節による．ただし，構造体強度補正値$_{28}S_{91}$の標準値が定められていない場合は，JASS 5　12.5項および本会「寒中コンクリート施工指針・同解説」により，$_{28}S_n$を定める．

4章　性能検証方法

4.1　総　　則

　a．本章は，定量的に性能を評価して要求性能を確保する場合，ならびに基本仕様では確保できない要求性能がある場合に，材料・調合，打込みや養生，鉄筋比やかぶり厚さなどの仕様を設定するために適用する．

　b．本章で対象とする性能は，コンクリートの耐久性および環境配慮性とし，対象とする性能項

目が複数ある場合には，あらかじめ優先順位を定めて，いずれの要求性能も満足するように性能設計を行う．

4.2 耐久性の検証

4.2.1 総　則

a．耐久性に関する性能設計の対象は，下記(1)～(5)の劣化とする．
　(1)　中性化
　(2)　塩害
　(3)　凍害
　(4)　アルカリシリカ反応
　(5)　化学的侵食

b．耐久性の性能設計は，原則として本会「鉄筋コンクリート造建築物の耐久設計施工指針・同解説」の性能検証型一般設計法に準拠して行う．

c．耐久性に関する性能設計は，設計耐用年数の期間内に構造体および部材が設計限界状態に達することがないことを目標に行う．

d．本節に記載のない事項は，信頼できる資料による．

4.2.2 中 性 化

a．中性化に対する性能検証方法は，原則として本会「鉄筋コンクリート造建築物の耐久設計施工指針・同解説」5.2節の中性化に対する性能の検証方法に準拠して行う．

b．構造体および部材は，設計耐用年数の期間内は，中性化によって設計限界状態に達してはならない．また，設計耐用年数の期間内に維持保全を行うことを計画している場合は，構造体および部材は，維持保全期間内は，中性化によって維持保全限界状態に達してはならない．

c．中性化に対する設計限界状態は，コンクリートの中性化が進行して，最外側鉄筋の20％が腐食状態になったときとする．また，中性化に対する維持保全限界状態は，中性化深さがいずれかの鉄筋を腐食させる位置に達したときとし，最外側鉄筋の3％が腐食状態になったときとする．

d．コンクリートの材料，調合，施工および仕上材の仕様は，コンクリートの中性化深さの平均およびその変動，最外側鉄筋のかぶり厚さの平均およびその変動から，最外側鉄筋の腐食確率を算定し，設計限界状態または維持保全限界状態に達していないことを検証して定める．

e．鉄筋が腐食しはじめるときの中性化深さは，コンクリートに作用する水分の影響を考慮して，試験または信頼できる方法により確かめる．試験を行わない場合および信頼できる資料がない場合は，常時水が作用するような湿潤環境，雨がかりまたは乾湿繰返し環境においては，中性化深さが鉄筋のかぶり厚さまで達したときとし，屋内などの乾燥環境では，中性化深さが鉄筋のかぶり厚さから20 mm奥まで達したときとする．

f．コンクリートの大気に接する面の平均中性化深さは，コンクリートの材料・調合および環境

条件を基に，(4.1)式により算定する．

中性化速度係数 A は，信頼できる資料または試験に基づいて定める．

$$C = A \cdot \sqrt{t} \tag{4.1}$$

ここに，C：コンクリートの平均中性化深さ（mm）

t：材齢（年）

A：コンクリートの材料・調合および環境条件により決定する中性化速度係数（mm/$\sqrt{年}$）

なお，中性化速度係数を試験により定める場合，JIS A 1153（コンクリートの促進中性化試験方法）による．

g．構造体および部材に仕上材を施す場合は，仕上材による中性化抑制効果および中性化抑制効果の持続性を検討し，中性化深さの算定に取り入れる．仕上材による中性化抑制効果および中性化抑制効果の持続性は，信頼できる資料または試験に基づいて定める．

h．コンクリートの中性化深さの変動は，コンクリートの材料・調合・製造および施工方法に応じて，信頼できる資料に基づいて変動係数で設定する．信頼できる資料がない場合は，変動係数を10％とする．

i．最外側鉄筋のかぶり厚さの平均は，設計かぶり厚さとする．また，かぶり厚さの変動は，鉄筋・型枠工事における施工方法に応じて，信頼できる資料に基づいて標準偏差で設定する．信頼できる資料がない場合，かぶり厚さの標準偏差は10 mmとする．

j．コンクリートの収縮ひび割れ，温度ひび割れ，温度変化の繰返しによるひび割れおよび施工の不具合によるひび割れなどは，その部分の中性化深さが著しく進行する前に適切に処置しておく．

4.2.3　塩　　害

a．塩害に対する性能検証方法は，原則として本会「鉄筋コンクリート造建築物の耐久設計施工指針・同解説」5.3節の塩害に対する性能の検証方法に準拠して行う．

b．構造体および部材は，設計耐用年数の期間内は，塩害によって設計限界状態に達してはならない．また，設計耐用年数の期間内に維持保全を行うことを計画している場合は，構造体および部材は，維持保全期間内は，塩害によって維持保全限界状態に達してはならない．

c．塩害に対する設計限界状態は，コンクリート表面からの塩化物イオンの侵入によって，最外側鉄筋の20％が腐食しはじめる状態に達したときとする．また，塩害に対する維持保全限界状態は，コンクリート中の塩化物イオン量が，いずれかの鉄筋を腐食させる量に達したときとする．

d．コンクリートの材料・調合・施工および仕上材の仕様は，コンクリート中の鉄筋位置における塩化物イオン量の平均およびその変動，最外側鉄筋のかぶり厚さの平均およびその変動から，最外側鉄筋の腐食確率を算定し，設計限界状態または維持保全限界状態に達していないことを検証して定める．

e．鉄筋が腐食するときの鉄筋位置におけるコンクリート中の塩化物イオン量は，コンクリートの含水率，かぶり厚さなどの影響を考慮して，信頼できる方法により確かめる．これらの影響が不明の場合は，鉄筋位置におけるコンクリート中の塩化物イオン量が 0.6 kg/m³ を超えたとき，鉄筋は腐食しはじめるものとする．

f．コンクリートの表面から塩化物イオンが侵入する場合の鉄筋位置における塩化物イオン量は，コンクリートの材料・調合・施工状態・含水状態，コンクリート表面の塩化物イオン量および材齢を基に，(4.2)式により算定する．

$$Cl = (C_0 - C_{init}) \cdot \left\{1 - erf\left(\frac{x}{2 \cdot \sqrt{D \cdot t}}\right)\right\} + C_{init} \tag{4.2}$$

ここに，　Cl：鉄筋位置における塩化物イオン量（kg/m³）

C_0：コンクリート表面の塩化物イオン量（kg/m³）

C_{init}：コンクリート中の初期塩化物イオン量（kg/m³）

erf：誤差関数

x：鉄筋位置のコンクリート表面からの深さ（mm）

D：コンクリートの材料・調合・施工状態および含水状態に応じて定まるコンクリート中の塩化物イオンの拡散係数（mm²/年）

t：材齢（年）

［注1］　単位時間にコンクリート表面へ到達する塩化物イオン量とコンクリート表面の塩化物イオン量の関係は，信頼できる方法により定める．

［注2］　コンクリート中の塩化物イオンの拡散係数は，信頼できる資料により定める．

g．構造体および部材に仕上材を施す場合は，仕上材による塩化物イオンの浸透抑制効果および浸透抑制効果の持続性を検討し，鉄筋位置における塩化物イオン量の算定に取り入れる．

h．コンクリート中の鉄筋位置における塩化物イオン量の変動は，コンクリートの品質，環境条件に応じて信頼できる資料に基づいて設定する．

i．最外側鉄筋の平均かぶり厚さは，設計かぶり厚さとする．また，かぶり厚さの変動は，鉄筋・型枠工事における施工方法に応じて，信頼できる資料に基づいて標準偏差を設定する．通常の場合，かぶり厚さの標準偏差は 10 mm とする．

j．コンクリートの収縮ひび割れ，温度変化の繰返しによるひび割れおよび施工の不具合によるひび割れなどは，その部分の塩化物イオンの侵入が著しくなる前に適切に処置しておく．

4.2.4　凍　　　害

a．凍害に対する性能検証方法は，原則として本会「鉄筋コンクリート造建築物の耐久設計施工指針・同解説」5.4節の凍害に対する性能の検証方法に準拠して行う．

b．構造体および部材は，設計耐用年数の期間内は，凍害によって設計限界状態に達してはならない．また，設計耐用年数の期間内に維持保全を行うことを計画している場合は，構造体および部材は，維持保全の予定期間内は，凍害によって維持保全限界状態に達してはならない．

c．凍害に対する設計限界状態は，凍害によって構造体および部材の表面に安全上支障のあるスケーリング・ひび割れが生じたときとする．また，凍害に対する維持保全限界状態は，凍害によって構造体および部材の表面に耐久性上支障のあるスケーリング・ひび割れが生じたときとする．

d．凍害によるひび割れに対する限界状態は，相対動弾性係数により設定する．構造体および部材の表面に安全上支障のあるひび割れが生じるときのコンクリートの相対動弾性係数は，試験または信頼できる資料により定める．試験を行わない場合および信頼できる資料がない場合は，相対動弾性係数が60％に達したときとする．また，構造体および部材の表面に耐久性上支障のあるひび割れが生じはじめる時の相対動弾性係数は，試験または信頼できる資料により定める．試験を行わない場合および信頼できる資料がない場合は，相対動弾性係数が85％に達したときとする．

e．凍害によるスケーリングに対する限界状態は，スケーリング深さにより設定する．構造体および部材の表面に生じる安全上支障のあるスケーリングについて，そのスケーリング深さは，試験または信頼できる資料により定める．試験を行わない場合および信頼できる資料がない場合は，スケーリング深さが10 mmに達したときとする．また，構造体および部材の表面に生じる耐久性上支障のあるスケーリングについて，そのスケーリング深さは，試験または信頼できる資料により定める．試験を行わない場合および信頼できる資料がない場合は，スケーリング深さが5 mmに達したときとする．

f．コンクリートの耐久設計は，コンクリートの材料・調合・含水状態，年間の凍結融解回数および最低温度を考慮して，(4.3)式を満足するものとする．

$$SL < \min(SL_d, SL_s) \tag{4.3}$$

ここに，　SL：想定する耐用年数（年）
　　　　　SL_d：ひび割れが限界状態に至る年数（年）
　　　　　SL_s：スケーリングが限界状態に至る年数（年）

4.2.5 アルカリシリカ反応

a．アルカリシリカ反応に対する性能設計は，原則として本会「鉄筋コンクリート造建築物の耐久設計施工指針・同解説」5.5節のアルカリシリカ反応に対する性能の検証方法に準拠して行う．

b．構造体および部材は，設計耐用年数の期間内は，アルカリシリカ反応によって設計限界状態に達してはならない．また，設計耐用年数の期間内に維持保全を行うことを計画している場合は，構造体および部材は，維持保全期間内は，アルカリシリカ反応によって維持保全限界状態に達してはならない．

c．アルカリシリカ反応に対する設計限界状態は，コンクリートにアルカリシリカ反応が生じ，0.3 mm以上の膨張ひび割れを生じる状態となったときとする．アルカリシリカ反応に対する維持保全限界状態は，コンクリートにアルカリシリカ反応が生じ，膨張ひび割れを生じる状態

となったときとする．

d．c項による設計が困難な場合は，JIS A 1146（骨材のアルカリシリカ反応性試験方法（モルタルバー法））によって，膨張率が0.100％未満となる高炉スラグ使用率を実験的に求める．

e．アルカリシリカ反応に対する性能の検証はd項ほか，信頼できる試験方法を選択して行う．

4.2.6　化学的侵食

a．化学的侵食に対する性能設計は，原則として本会「鉄筋コンクリート造建築物の耐久設計施工指針・同解説」5.6節の化学的腐食に対する性能の検証方法に準拠して行う．

b．構造体および部材は，設計耐用年数の期間内は，化学的侵食によって設計限界状態に達してはならない．また，設計耐用年数の期間内に維持保全を行うことを計画している場合は，構造体および部材は，維持保全期間内は，化学的侵食によって維持保全限界状態に達してはならない．

c．化学的侵食に対する設計限界状態および維持保全限界状態は，腐食性物質によってコンクリートが劣化しはじめ，ひび割れ，はく離，表面劣化および強度低下などを生じる状態になったときとする．

d．化学的侵食に対する性能の検証は，信頼できる試験方法を選択して行う．

4.3　ひび割れ制御の検証

4.3.1　総　　則

a．ひび割れ制御の対象は，マスコンクリートの温度上昇およびコンクリートの収縮によるひび割れとし，構造体または部材の特性を考慮してひび割れ制御の対象を選定する．

b．マスコンクリートによる温度ひび割れ制御は，原則として本会「マスコンクリートの温度ひび割れ制御設計・施工指針（案）・同解説」の性能設計法に準拠して行う．

c．収縮ひび割れ制御は，原則として本会「鉄筋コンクリート造建築物の収縮ひび割れ制御設計・施工指針（案）・同解説」の性能設計法に準拠して行う．

d．ひび割れ制御設計は，設計者が定めた設計耐用年数の期間内に構造体および部材が設計限界状態に達することがないことを目標に行う．

e．本節に記載のない事項は，信頼できる資料による．

4.3.2　温度ひび割れ制御

a．温度ひび割れの制御は応力強度比で行うこととし，下記の(1)～(4)に示す項目の順に予測する．
 (1) 温度履歴・分布
 (2) ひずみ
 (3) 温度応力
 (4) 応力強度比

b．温度履歴・分布は，高炉スラグ微粉末の使用率，セメントの種類，単位セメント量，打込み

温度の影響を考慮し，試験，信頼できる資料に基づき予測する．

c．部材のひずみは，温度ひずみと自己収縮によるひずみとし，温度ひずみは，予測された温度の履歴と分布および線膨張率を用いて予測する．線膨張率は，調合・骨材の種類を考慮し，試験または信頼できる資料に基づき設定する．

d．自己収縮によるひずみは，試験または信頼できる資料によりその値を予測する．

e．部材に生じる応力は，対象部材のひずみの予測結果に基づき，境界条件，変形の適合条件および力の釣合い条件を満足する手法により予測する．

f．コンクリートの力学的特性値は，試験または信頼できる資料に基づき評価する．

g．漏水抵抗性を確保するための応力強度比の設計値は 0.8 以下とし，鉄筋腐食抵抗性を確保するための設計値は 1.3 以下とすることを標準とする．

h．検証の結果，応力強度比の予測値が設計値を満足することが確認された場合には，設計上の仕様ならびに使用するコンクリートの材料・調合および施工法等の仕様を確定する．予測値が設計値を超える場合には，設計上の仕様，または使用するコンクリートの材料・調合および施工法等の仕様を変更して再度検証を行う．

4.3.3 収縮ひび割れ制御

a．収縮ひび割れ制御では，設計対象の構造体および部材に要求される目標性能を達成するため，以下の(1)～(3)を評価指標とする．

(1) 収縮ひずみ

(2) 収縮ひび割れ幅

(3) ひび割れ発生確率

b．構造体および部材のコンクリートの収縮ひずみを予測し，設計値 800×10^{-6} 以下であることを検証するとともに，表 4.1 に示すような性能項目ごとに定める評価指標を予測し，おのおのの設計値を満足することを検証しなければならない．

表4.1 性能項目と評価指標ならびに一般環境下における標準的な設計値

性能項目	評価指標	標準的な設計値
鉄筋降伏に対する抵抗性	収縮ひび割れ部分の鉄筋応力	鉄筋の引張応力 ≦長期許容応力度
はく落抵抗性	乾燥収縮率	800×10^{-6} 以下
たわみ増大抵抗性	乾燥収縮率	800×10^{-6} 以下
外壁の漏水抵抗性	収縮ひび割れ幅　または　ひび割れ発生確率	0.067 mm 以下 5 % 以下
劣化抵抗性	収縮ひび割れ幅	屋外：0.2 mm 以下 屋外：0.3 mm 以下

c．高炉スラグコンクリートの収縮ひずみは，構造物の施工時期，周囲の相対湿度，部材断面の形状・寸法，コンクリートの材料・調合や材齢などの影響を考慮して，試験または信頼できる資料に基づいて予測する．

　d．ひび割れ発生確率および収縮ひび割れ幅は，本会「鉄筋コンクリート造建築物の収縮ひび割れ制御設計・施工指針（案）・同解説」，または信頼できる資料により予測する．

　e．予測に用いる高炉スラグコンクリートのヤング係数，ポアソン比，クリープ係数は，材齢の影響を考慮し，試験または信頼できる資料に基づいて定める．

　f．予測された収縮ひずみおよび収縮ひび割れ幅，またはひび割れ発生確率が構造体および部材の目標性能に対するおのおのの設計値以下であることを検証する．設計値を超える場合には，意匠・構造設計上の仕様および使用するコンクリートの材料・調合，あるいは施工法等の仕様を変更して再度検証を行う．

4.4　環境配慮性の検証

4.4.1　総　　則

　a．環境配慮性に関する性能設計の対象は，CO_2 排出削減とする．

　b．環境配慮性に関する性能設計は，原則として本会「鉄筋コンクリート造建築物の環境配慮施工指針（案）・同解説」に準拠して行う．

　c．環境配慮性に関する性能設計は，鉄筋コンクリート造建築物および鉄筋コンクリート造以外の構造形式による建築物の鉄筋コンクリート工事またはコンクリート工事を対象に行う．

　d．a項以外の環境配慮性の項目に関する性能設計は，信頼できる資料による．

4.4.2　CO_2 排出削減

4.4.2.1　適　用　範　囲

　CO_2 排出削減量または CO_2 排出削減率の算出・検証に基づく CO_2 排出削減の適用範囲は，対象とする建築物の構造体および部材の設計段階から，原材料の製造段階，コンクリートの製造・施工段階，建築物の施工段階，ならびに各段階で生じる運搬を含めた工事の全体またはその一部とする．

4.4.2.2　CO_2 排出削減量・削減率の算定

　a．対象とする建築物の CO_2 排出削減を算定するために，適用部位を特定する．

　b．CO_2 排出削減量および CO_2 排出削減率の算定に必要となる CO_2 排出量を算出するために，適用範囲に示される段階のシステム境界を適切に定め，インベントリを収集する．

　c．CO_2 排出量の算出は，収集したインベントリである，原材料・資機材の種類とその使用量，エネルギー原燃料の種類とその使用量，ならびに工事により生じる排出物の種類および発生量などに，CO_2 排出原単位を用いた CO_2 排出量の総量を求めることによって行う．

　d．CO_2 排出削減は，普通ポルトランドセメントを使用した基準コンクリートに対する高炉スラグコンクリートを使用した場合の CO_2 排出量の削減分の絶対値による CO_2 排出削減量，もしく

は削減分の割合による CO_2 排出削減率のいずれかにより定める．
e．CO_2 排出削減量および CO_2 排出削減率の計算に用いる CO_2 排出量原単位は，信頼できる資料を用いる．

4.4.2.3　CO_2 排出削減の検証

a．性能設計を検討した工事全体に関して，設定したシステム境界内で実際に発生したインベントリを収集する．

b．CO_2 排出削減量または CO_2 排出削減率の設計値に対し，当該工事において算出条件に変更があった場合は，変更内容を性能設計の算出条件に反映し，最終的な CO_2 排出削減量または CO_2 排出削減率を評価し，検証する．

c．検証された CO_2 排出削減量または CO_2 排出削減率のうち，コンクリート製造段階のみの値を抽出した値が，基本仕様に定める CO_2 削減等級の CO_2 排出削減率の範囲に該当する場合は，適合する等級により評価してもよい．

d．a〜c項で収集，検証した結果は，記録し，保管する．

高炉セメントまたは高炉スラグ微粉末を用いた鉄筋コンクリート造建築物の設計・施工指針(案)

解　　説

高炉セメントまたは高炉スラグ微粉末を用いた
鉄筋コンクリート造建築物の設計・施工指針（案）　解説

1章　総　　則

1.1　適用範囲

> a．本指針（案）は，高炉セメントまたは高炉スラグ微粉末を用いたコンクリート（以下，高炉スラグコンクリートという）を使用する鉄筋コンクリート造建築物（鉄骨鉄筋コンクリート造建築物を含む，以下「建築物」という場合はこれを指す）のコンクリート工事に関する設計および施工に適用する．
> b．本指針（案）では，高炉セメントA種，B種およびC種を用いたコンクリート，または高炉スラグ微粉末を用いた場合の結合材の全質量に対する高炉スラグ微粉末の質量の比が5％を超え70％以下のコンクリートを対象とする．
> c．本指針（案）に示されていない事項は，本会「建築工事標準仕様書・同解説　JASS 5　鉄筋コンクリート工事」（以下，JASS 5 という）のほか，関連指針による．

　a．本指針（案）は，本会「高炉セメントを使用するコンクリートの調合設計・施工指針・同解説」および「高炉スラグ微粉末を使用するコンクリートの調合設計・施工指針・同解説」の2つの既存の指針を統合し，新たな知見を加えたもので，JIS R 5211（高炉セメント）に規定する高炉セメントA種，B種およびC種を用いたコンクリート，または JIS A 6206（コンクリート用高炉スラグ微粉末）に定める高炉スラグ微粉末を主要な結合材とするコンクリートにより構築される鉄筋コンクリート造建築物を適用対象とする．

　本指針（案）は，建築物の構造体コンクリートの工事を対象に，高炉スラグコンクリートを採用する際の設計・施工に適用する．主たる適用対象は，鉄筋コンクリート造（以下，RC造という）とするが，鉄骨造建築物においても地下躯体や上部躯体の床スラブはRC造であるため，ここでの考え方を準用することが可能である．鉄骨造におけるRC造部分の算定は，RC造の標準的な基本仕様を選択する3章でなく，諸条件を勘案して計算を行う方法を定めた4章で行う．本指針（案）では，要求性能として環境配慮に関わる性能（以下，環境配慮性という）を新たに加え，本指針（案）で定義した建物全体に対するCO_2削減等級をその設計の指標として採用するため，建築物の設計・施工指針と題した．

　b．1.3節で定義するように，高炉セメントを用いた場合の結合材の全質量に対する高炉スラグの質量の比，または高炉スラグ微粉末を用いた場合の結合材の全質量に対する高炉スラグ微粉末の

質量の比を高炉スラグの使用率と呼び,この値が5％を超え70％以下のコンクリートを本指針（案）の対象とする．この5％は高炉セメントA種における高炉スラグの分量の下限，また70％は高炉セメントC種の分量の上限に等しいことから，高炉セメントA種，B種およびC種は，全て適用の範囲に含まれる．高炉スラグの使用率が70％を超える場合については，本指針（案）の適用の範囲外であるが，参考のため，巻末の付録にこのようなコンクリートの事例を示す．また，高炉スラグ微粉末は，高炉スラグ微粉末4000などJIS A 6206の規定を満足する4種類から選定して用いる．

c．本指針（案）に示されていない事項については下記などを参考に定める．

建築工事標準仕様書・同解説　JASS 5　鉄筋コンクリート工事（2015.8）

鉄筋コンクリート造建築物の環境配慮施工指針（案）・同解説（2008.9）

コンクリートの調合設計指針・同解説（2015.2）

鉄筋コンクリート造建築物の耐久設計施工指針・同解説（2016.7）

マスコンクリートの温度ひび割れ制御設計・施工指針（案）・同解説（2008.2）

鉄筋コンクリート造建築物の収縮ひび割れ制御設計・施工指針（案）・同解説（2006.2）

再生骨材を用いるコンクリートの設計・製造・施工指針（案）（2014.10）

コンクリートポンプ工法施工指針・同解説（2009.12）

コンクリートの品質管理指針・同解説（2015.2）

寒中コンクリート施工指針・同解説（2010.1）

高強度コンクリート施工指針・同解説（2013.11）

1.2 目的

> 本指針（案）は，高炉スラグコンクリートを用いた建築物を構築する際の調合設計，耐久設計，環境配慮性に関する設計および施工の標準を定め，高炉スラグコンクリートの建築物への適切な利用による環境負荷低減に資することを目的とする．

温室効果ガス排出量の削減に関する2015年のパリ協定では，これを批准した全ての国が，CO_2排出削減目標の策定・提出し，その達成に向けた対策義務を負っている．批准国の一つである日本では，2050年に向けて，技術革新をベースとしたCO_2排出量の大幅な削減と技術のゼロカーボン化を目標と掲げており，この実現のためには，建設産業分野においても，CO_2排出削減対策を講じていくことが，今後，ますます重要になってくる．

このような背景を受け，高炉スラグへの注目が高まっている．高炉スラグは，コンクリート用の混和材料として一般的であるが，コンクリート材料の製造に関わる環境負荷を削減できる材料として重要性が増している．これは，原料中の炭酸カルシウムから酸化カルシウムへの脱炭酸反応により，大量のCO_2排出を伴う製造過程があるセメントクリンカーに比べ，高炉スラグは副産物であり廃棄物削減効果が期待できるほか，製造時のCO_2排出負荷が極めて小さいことによる．

高炉スラグコンクリートには，水和熱が低い，水密性が大きい，化学抵抗性が大きいなどの性能上の長所がある．一方，中性化抵抗性が低い傾向がある，硬化後の性能が初期養生に支配される，

水和反応の進行へ及ぼす温度の影響が大きいなどの使用上の注意点があり，これらの性質をよく理解した上で，建築物への適用を適切に進める必要がある．

1.3 用　　　語

本指針に使用する用語を次のように定義する．

高炉スラグコンクリート	：高炉セメントまたは高炉スラグ微粉末を用いたコンクリートの総称．高炉セメントと高炉スラグ微粉末を併用したコンクリートも含む．
高炉セメントコンクリート	：高炉セメントを用いたコンクリート
高炉スラグ微粉末コンクリート	：高炉スラグ微粉末を用いたコンクリート
高炉スラグ	：ここでは，溶鉱炉で銑鉄と同時に生成する溶融状態のスラグを水によって急冷した高炉水砕スラグ，またはこれを粉砕乾燥した高炉スラグ微粉末の総称をいい，高炉スラグ骨材を除く．
結合材	：水と反応しコンクリートの強度発現に寄与する物質を生成するものの総称で，ここでは高炉スラグコンクリートに含まれるポルトランドセメント，高炉セメント，高炉スラグ微粉末，フライアッシュ，膨張材，シリカフュームをいう．
ベースセメント	：高炉スラグ微粉末を用いる場合に組み合わせるポルトランドセメントをいう．
水結合材比	：ここでは高炉スラグコンクリートに使用する結合材の全質量に対する水の質量の比をいい，通常百分率で表す．
高炉スラグの使用率	：高炉セメントを使用する場合，使用する結合材の全質量に対する高炉スラグの質量の比で，通常百分率で表す．高炉スラグ微粉末コンクリートの場合には，結合材の全質量に対する高炉スラグ微粉末の質量の比をいい，使用するポルトランドセメントに少量混合成分として含まれる高炉スラグ微粉末は，使用率に含まない．
高炉セメントA種相当	：普通ポルトランドセメントに加え，JIS A 6206に定義する高炉スラグ微粉末4 000を質量比で20以上30％以下含有する結合材
高炉セメントB種相当	：普通ポルトランドセメントに加え，JIS A 6206に定義する高炉スラグ微粉末4 000を質量比で40以上50％以下含有する結合材
高炉セメントC種相当	：普通ポルトランドセメントに加え，JIS A 6206に定義する高炉スラグ微粉末4 000を質量比で60以上70％以下含有する結合材
環境配慮性	：環境配慮に関わる性能で，本指針（案）では，構造体コンクリートのCO_2削減率による区分（以下，CO_2削減等級という）で主として表される．
CO_2削減等級	：対象建築物の構造体コンクリート全量について，普通ポルトランドセメントを結合材の全量に用いるコンクリートを使用する場合に対し，高炉スラグコンクリートを用いた時のCO_2排出量の削減率で表したCO_2削減への寄与度を表す等級．
単位ポルトランドセメント量	：高炉スラグコンクリート1 m³に含まれるポルトランドセメントの質量（kg/m³）
単位結合材量	：高炉スラグコンクリート1 m³に含まれる結合材の質量（kg/m³）

高炉スラグコンクリート，高炉セメントコンクリート，高炉スラグ微粉末コンクリート：本指針

（案）は，本会「高炉セメントを使用するコンクリートの調合設計・施工指針・同解説」および「高炉スラグ微粉末を使用するコンクリートの調合設計・施工指針・同解説」の2つの既存の指針を統合したものである．高炉セメントまたは高炉スラグ微粉末を用いる結合材は，同一の高炉スラグの使用率と水セメント比（水結合材比）の場合には同様の性能を示すので，調合設計，耐久設計，環境設計，施工の標準を本指針で統一して定めた．そのため，高炉セメントを用いる高炉セメントコンクリート，高炉スラグ微粉末を用いた高炉スラグ微粉末コンクリート，前記2つの材料のうちいずれか，または2つを併用したコンクリートの総称として高炉スラグコンクリートと3つの種類を定義した〔解説図1.3.1〕．

　高炉スラグ：高炉スラグには，広義の高炉スラグ（高炉で銑鉄と同時に生成する溶融スラグ）と狭義の高炉スラグ（高炉で銑鉄と同時に生成する溶融スラグを水によって急冷した高炉水砕スラグとそれを乾燥・粉砕した高炉スラグ微粉末）が一般にあり，前述の用語の定義に示したものは狭義の高炉スラグである．

　高炉スラグの使用率：高炉スラグコンクリートの結合材中に占める高炉スラグの質量の比率は，コンクリートの性質に大きな影響を与える．本指針（案）では，この比率を高炉スラグの使用率と呼ぶ．使用率に類似する既存の用語として JIS R 5211 高炉セメントに規定する高炉スラグの分量，本会「高炉スラグ微粉末を使用するコンクリートの調合設計・施工指針・同解説」で定義する高炉スラグ微粉末の置換率がある．ここでいう高炉スラグの使用率は，これら既存の2つの用語を統合したもので，高炉セメントコンクリートと高炉スラグ微粉末コンクリートの場合で若干定義が異なる．前者では高炉セメントの全質量に対する高炉スラグの質量の比，後者では全結合材の質量に対する高炉スラグ微粉末の質量の比を百分率で表したものとした．この違いは，それぞれの材料を用いる場合の試験成績表（いわゆるミルシート）の表記による．高炉セメントでは，使用時に製造者より発行される試験成績表に高炉スラグの質量比（分量）が示してあり，その使用率は，この成績表から容易に知ることができる．一方，高炉スラグ微粉末はせっこうが含まれている場合も一般的であり，高炉セメントの高炉スラグの使用率と同一の定義とすると，せっこうの質量により補正する必要があるが，製品により異なるその含有量が設計段階では確定できない．したがって，後者の場合には，高炉スラグ微粉末に含まれるせっこうを少量のため無視し，ポルトランドセメント等に混和するときの高炉スラグ微粉末の質量比をそのまま高炉スラグの使用率としてよいこととした．なお，本指針（案）では，使用する高炉スラグ微粉末を結合材に含めることが原則で，細骨材の一部に置換して用いることを想定していない．

　高炉セメントA種相当，高炉セメントB種相当，高炉セメントC種相当：本指針（案）では，高炉スラグ微粉末を普通ポルトランドセメントに混和して用いる場合について，JIS R 5211 に定める高炉セメントの3つの種類であるA種，B種，C種を使用する結合材と同等なものとして，それぞれA種相当，B種相当，C種相当の3つの定義を新たに設けた．これら3つの定義においては，一般的な高炉セメントに材料と品質を合致させるため，使用する高炉スラグは JIS A 6206 の高炉スラグ微粉末4000とした．一般に，高炉スラグ微粉末を使用する利点として，目標とするコンクリート品質を達成するために高炉スラグ微粉末の使用量，比表面積の大きさによる種類を選択でき，高炉

セメントによるコンクリートに比べ設計の自由度が大きいことが挙げられる．一方で，この自由度の高さが簡便な設計を阻み，高炉セメントと比較して高炉スラグ微粉末が実務で使用しづらい要因の一つとなっている．そこで，本指針（案）では，高炉スラグ微粉末を容易に使用できるように，一般的な高炉セメントA種，B種，C種と同等の性能を有する高炉スラグの使用率の範囲を限定したものである．これらの定義に合致する結合材によるコンクリートについては，3章で基本仕様が定められ，この仕様を選択することで，設計目標を容易に達成できるよう配慮している．なお，C種相当における高炉スラグの使用率は，JIS R 5211に定める高炉セメントC種の高炉スラグの分量と同じ範囲としたが，A種相当およびB種相当の使用率は，市販製品の実情を反映し，JIS R 5211に規定する高炉スラグの分量の範囲よりも限定した範囲となっている．A種相当，B種相当，C種相当の境界で，これら結合材の使用率の範囲に含まれない領域にある高炉スラグコンクリートの仕様は，4章で検討する〔解説表1.3.1〕．

環境配慮性，CO_2削減等級：環境配慮に関わる性能の指標として，構造体コンクリートのCO_2削減率の区分を表すCO_2削減等級を定義する．この指標により，高炉スラグコンクリートを使用したことによる結合材起源のCO_2の建物全体での排出削減への寄与度を表す．高炉スラグの使用率がより高いコンクリートを適切に採用し，高いレベルの等級を達成することが望ましいが，構造体コンクリートの品質も同時に確保する必要がある．

単位ポルトランドセメント量，単位結合材量：耐久性を確保するため，単位結合材量の最低値を確保する必要があり，3章にその値を定める．また，高炉スラグコンクリートでは，結合材に含まれるポルトランドセメント量が極端に少ない場合には耐久性上の問題を生じるおそれがあることから，単位結合材量と同様に，単位ポルトランドセメント量についても下限値を定める．

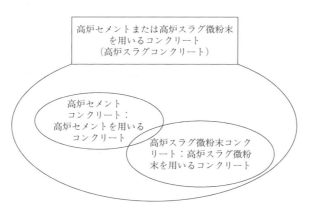

解説図1.3.1 高炉スラグコンクリートの定義

解説表 1.3.1 高炉スラグ微粉末コンクリートの高炉スラグの使用率に応じた仕様検討方法

範　囲	高炉スラグの使用率	仕様の検討方法
－	5 ％＜使用率＜20 ％	4 章　性能検証方法
A 種相当	20 ％≦使用率≦30 ％	3 章　基本仕様
－	30 ％＜使用率＜40 ％	4 章　性能検証方法
B 種相当	40 ％≦使用率≦50 ％	3 章　基本仕様
－	50 ％＜使用率＜60 ％	4 章　性能検証方法
C 種相当	60 ％≦使用率≦70 ％	3 章　基本仕様

2章 基本方針

2.1 適用の基本方針

> 本指針（案）では，高炉スラグコンクリートを使用することで，構造体コンクリートの品質を確保しつつ，建築物の構築に関わる環境配慮に資することを基本方針とする．

建築物の設計および施工における環境配慮の方法は，省資源型などいくつかに分類され[1]，考慮すべき環境負荷の指標にa）CO_2排出量，b）NO_x排出量，c）SO_x排出量，d）ばいじん排出量，e）資源消費量，f）廃棄物発生量，g）エネルギー消費量がある．本指針（案）では，環境配慮の方針として環境負荷物質低減型を採用し，環境負荷物質の少ない資材を選定することを主たる環境負荷低減の手段とする．前記の環境負荷指標のうち，a）からd）の4つが環境負荷物質に関する指標であるが，これらのうちCO_2が最も重要であることから，本指針（案）では，CO_2排出量の低減を主たる目標とする．

RC造建築物の施工において，構造体コンクリートの構築時のCO_2排出は，コンクリートの製造過程に起因するものが支配的である．解説表2.1.1は，RC構造物$100\ m^3$を構築するための構造体コンクリートに関わるCO_2排出の内訳を表し，ポルトランドセメントの製造に関わる負荷が突出して大きいことを示している[2]．

解説表2.1.1 $100\ m^3$のRC構造物を構築するための構造体コンクリートに関わる環境負荷[2]

発生源		CO_2発生量（t―CO_2）
材料製造時	セメント　　　（30 t）	22.74
	細骨材　　　　（80 t）	0.28
	粗骨材　　　（105 t）	0.29
運搬 （20 km）	セメント　　　（30 t）	0.05
	細骨材　　　　（80 t）	0.12
	粗骨材　　　（105 t）	0.16
生コン製造		1.78
生コン運搬（20 km）		0.35
施工（型枠，打込み，養生）		3.8
合　計		29.57

［注］コンクリート材料およびコンクリートの運搬距離はともに20 kmを想定

コンクリートにおける主要原材料であるポルトランドセメントは，その製造に全国の総量の4％に達する膨大なCO_2を排出し，この排出量の削減が社会的要請となっている．この課題の解決を図るための最も有効な方法は，高炉スラグを有効利用し，結合材におけるセメントクリンカーの構成比を低下させることであることは広く知られている．解説表2.1.2は，セメント各種のCO_2排出量の比較であるが，ポルトランドセメント（768.6 g/kg）と比較して，高炉セメントB種（459.2 g/kg）は6割程度の値となっており，削減効果が大きい[3]．このようなCO_2排出低減への効果を活用し，高炉スラグコンクリートを使用することで，建築物の構築に関わる環境負荷の低減に貢献することを本指針（案）の基本方針とする．したがって，本指針（案）では，高炉スラグ等の混和材料を有効利用しながら，建築物に求められる要求性能を満足させることが大きな目標となる．

また，高炉スラグコンクリートを用いて適切に設計することで，環境負荷の低減に加え，以下に示すようなさまざまな利点が生じる．

1）コンクリートの初期水和に伴う温度上昇が抑制され，温度ひび割れの制御に適する（高炉セメントC種およびC種相当の場合）．
2）長期強度が向上する．
3）耐海水性，耐酸性，耐硫酸塩性が向上する．
4）水密性，遮塩性が向上する．
5）アルカリシリカ反応の抑制効果が向上する．

一方，不利な点としては，初期強度の発現が遅れる，中性化抵抗性に劣るなどがあり，これらの短所に適切な対策を講じながら，上記の利点を生かした設計・施工を行う必要がある．

解説表2.1.2 各種セメントの製造時CO_2排出量（単位：g/kg）[3]

CO_2排出量	ポルトランドセメント	高炉セメントB種	フライアッシュセメントB種	備考
石灰石脱炭酸起源	468.5	274.5	356.7	―
化石エネルギー起源	300.1	184.7	220.5	―
（化石起源）廃棄物等燃焼起源	47.5	27.8	36.2	―
焼却不要による削減	▲47.5	▲27.8	▲36.2	化石起源廃棄物等をセメント製造用熱エネルギー代替として利用することで削減されるCO_2（このほか，焼却時の排ガス処理や残渣埋め立て処分等に伴うCO_2も削減されるが，具体的値は不明）
合計	768.6	459.2	577.1	―

2.2 設計および仕様を決定する方法

> a．設計者は，建築物の要求性能に応じて3章に従い基本仕様について検討を行い，基本仕様だけでは担保できない特別な要求性能がある場合や，定量的に性能を評価して要求性能を確保する場合には，4章に従い詳細検討を行う．なお，4章で定めた仕様は3章に対し優先するが，4章で記述のない項目については全て3章に従う．
> b．3章では，高炉セメントのA種，B種，C種，または高炉スラグの使用率が高炉セメントA種相当，同B種相当，同C種相当の結合材を使用する高炉スラグコンクリートを対象とすることを原則とし，それ以外のコンクリートについては，4章で必要な検討を行う．

a．b．本指針(案)に従いRC造建築物を構築するに際しては，高炉セメントまたは高炉スラグ微粉末を用いたコンクリートによる構造体および部材に対する要求性能を定め(2章)，この要求を満足するようにコンクリートの調合や部材の細目について基本的な仕様を定める(3章)．3章では対応できない要求性能がある場合は，4章で詳細な設計を行う．

要求性能としては，構造安全性，耐久性，使用性などの従来の項目に加え，環境配慮性を追加した．高炉スラグコンクリートにおいては，環境配慮性を高めるためには高炉スラグの使用率を増加させる必要がある．しかし，使用率が高くなると，環境配慮性以外の性能は，強度発現が遅延する，中性化抵抗性を損なうなど低下する傾向があることから，これらと環境配慮性との両立が本指針(案)における設計の大きな課題となる．

本指針(案)における設計・施工の検討に際しては，高炉スラグの使用率が支配要因の一つとなる．この使用率に関し，高炉セメントコンクリートについては，これまで土木工事を中心に普及している高炉セメントB種(市販製品の標準的な使用率40〜50％)に加え，高炉セメントA種(同20〜30％)，同じく高炉セメントC種(同60〜70％)の範囲についての設計・施工に関する記述を本指針(案)で充実させた．また，高炉スラグ微粉末コンクリートでは，高炉スラグの使用率を自由に選択できることが利点の一つであるが，設計・施工の標準を定める上で十分な研究蓄積がある高炉セメントA種，B種，C種の市販製品における前記の標準的な範囲に相当する使用率を念頭に，設計・施工の詳細を3章で定め，この使用率の範囲外のコンクリートについては，信頼できるデータに基づき設計・施工の詳細を4章で検討することにした．

解説図2.2.1に設計および仕様の決定までの基本フローを示す．3章では，2章で設定する構造安全性，耐久性，耐火性，使用性，環境配慮性に関する要求性能を満たすため，基本的な選択肢を示して仕様を定める．ただし，例えば塩害対策など，特別または高度要求性能については取り扱わないため，4章で詳細な検討を行い，要求に応じた仕様を決定する．4章では，3章を補完するための特別または高度な検討のみを行い，ここに記述されない基本的な事項については，3章に従う．

また，特殊コンクリートについても上記の基本方針を踏襲し，例えば3.8.1項のマスコンクリートでは，高炉セメントA種，B種，C種，または高炉スラグ微粉末によるA種相当，B種相当，C種相当を対象に，標準的な仕様について述べ，前記対象の範囲外のコンクリートを用いる場合，または高度な温度ひび割れ制御の要求がある場合には4.3.2項で検討を行う．

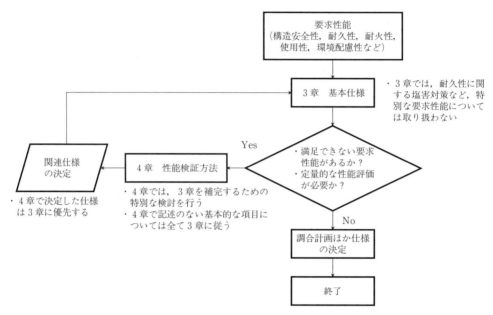

解説図 2.2.1 設計および仕様決定の基本フロー

2.3 高炉スラグコンクリートの特性と適用部位

> a. 高炉スラグコンクリートの適用部位は，使用する高炉スラグの使用率や高炉スラグ微粉末の粉末度等の影響に留意して定める．
> b. 適用部位のうち，基礎および杭（以下，地下部という）には高炉セメントC種およびC種相当による高炉スラグコンクリートを積極的に適用する．ただし，地上部へ前記のコンクリートの適用を計画する際には初期材齢における強度発現性や耐久性について十分な検討を行う．

a. 解説表2.3.1に高炉スラグ微粉末の粉末度と高炉スラグの使用率がコンクリートの性質に及ぼす影響を示す．高炉スラグ微粉末には，JIS A 6206に定める3 000，4 000，6 000，8 000の4種類があり，それぞれの数字は粉末度の指標である比表面積を表す．一般に流通する高炉スラグ微粉末は，これら4種類のうち4 000がほとんどであり，高炉セメントにもこの4 000相当が使用されることが一般的である．

高炉スラグコンクリートにおけるフレッシュコンクリートの性質では，流動性はポルトランドセメントのみを用いたコンクリートに比べ改善するが，ブリーディングへの抵抗性や分離抵抗性が低下する傾向にある．圧縮強度は，高炉セメントC種およびC種相当を用いた場合や養生温度が低い場合に初期の発現が遅れることがあるので注意が必要であるが，適切な養生をすれば長期的にはポルトランドセメントコンクリートに対し遜色がない．

耐久性については，水和物中に水酸化カルシウムが少なく，ポルトランドセメントの場合に比べ中性化抵抗性が劣る傾向にある．また，収縮ひび割れ抵抗性が夏期高温時に低下する場合があることが明らかになっている．一方で，耐塩害性や耐硫酸塩性に優れ，アルカリシリカ反応抑制の効果

解説表 2.3.1 高炉スラグ微粉末の粉末度と使用率がコンクリートの性質に及ぼす影響

コンクリート性質	高炉スラグ微粉末 種類	高炉スラグ微粉末 3000		高炉スラグ微粉末 4000			高炉スラグ微粉末 6000			高炉スラグ微粉末 8000		
	比表面積 (cm²/g)	2750以上 3500未満		3500以上 5000未満			5000以上 7000未満			7000以上 10000未満		
	使用率[(1)]	30	50	30	50	70	30	50	70	30	50	70
フレッシュコンクリートの性質	流動性	○	○	○	○	○	◎	◎	◎	◎	◎	○
	ブリーディング	○	△	○	○	△	◎	◎	◎	◎	◎	◎
	凝結遅延効果[(2)]	◎	◎	○	○	○	○	○	○	◎	◎	◎
	断熱温度上昇	◎	◎	─	◎	◎	─	○	○	○	○	◎
	発熱速度低減	◎	◎	◎	◎	◎	○	○	○	◎	◎	◎
強度性状	初期強度	△	△	○	○	△	○	○	△	○	○	○
	材齢28日強度	○	○	○	◎	◎	○	◎	◎	○	◎	◎
	長期強度	○	○	○	◎	◎	○	◎	◎	○	◎	◎
	高強度	─	─	○	△	○	○	◎	◎	○	◎	◎
耐久性状	乾燥収縮	○	○	○	○	○	○	○	○	○	○	○
	中性化	─	─	─	─	△	─	─	△	─	─	△
	耐凍害性	○	○	○	○	○	○	○	○	○	○	○
	水密性	○	◎	○	◎	◎	○	◎	◎	○	◎	◎
	塩分遮へい性	○	◎	○	◎	◎	○	◎	◎	○	◎	◎
	耐海水性	○	◎	○	◎	◎	○	◎	◎	○	◎	◎
	耐酸性・耐硫酸塩性	○	◎	○	◎	◎	○	◎	◎	○	◎	◎
	耐熱性	○	○	○	○	○	○	○	○	○	○	○
	アルカリシリカ反応抑制	○	◎	○	◎	◎	○	◎	◎	○	◎	◎
	耐摩耗性	○	○	○	○	○	○	○	○	○	○	◎

[記号] ◎：無混入コンクリートに比べて良好な性質が得られる．
　　　○：無混入コンクリートに比べて同程度または多少良好な性質が得られる．
　　　△：無混入コンクリートに比べて使用に際し注意を要する．
　　　─：条件により異なる，もしくは劣る場合がある．
[注] (1) ここに示す使用率の中間的な値で高炉スラグ微粉末を使用した場合のコンクリートは，それぞれのほぼ中間的な性質を示す．
　　 (2) 凝結遅延効果とは，コンクリートの凝結を遅らす効果を示し，夏期に施工性を確保するため有効である．

が顕著であるという長所がある．また，温度ひび割れ抵抗性については，高炉セメントC種またはC種相当のコンクリートにすることで優れた性能を確保できることがわかっている．

　b．環境配慮性の向上に顕著に貢献するC種またはC種相当のコンクリートは，温度ひび割れ抵抗性に優れることから，地下部への適用に適しており，この部位への適用を積極的に推進する．しかし，C種またはC種相当を地上部へ適用する場合には，初期強度発現に加えて中性化抵抗性に懸念があることから，十分な養生を行う，コンクリートの呼び強度を大きくするなどにより，要求性能を満たすことができるよう，事前に十分な検討を行うものとする．

2.4 構造体および部材の要求性能

> a．構造体および部材に要求される性能の種類は，JASS 5　2節によるほか，環境配慮性を加える．
> b．要求性能のうち耐久性については，一般的な劣化作用を受ける構造体の計画供用期間の級を次の3水準とし，その級に応じて，3.1節に定める耐久設計基準強度を超える水準を構造体にて実現することで要求性能を満足するものとする．ただし，特殊な劣化作用のうち，海水の作用，硫酸塩の作用，激しい凍結融解を受ける構造体の基本仕様については，3.8節に定める．
> (1) 短期供用級（計画供用期間としておよそ30年）
> (2) 標準供用級（計画供用期間としておよそ65年）
> (3) 長期供用級（計画供用期間としておよそ100年）

a．構造体および部材に要求される性能の種類は，次の6項目とする．
(1) 構造安全性
(2) 耐久性
(3) 耐火性
(4) 使用性
(5) 部材の位置・断面寸法の精度および仕上がり状態
(6) 環境配慮性

これらの要求される性能のうち，(1)〜(5)についてはJASS 5に従い検討を行うが，本指針(案)では，新たに(6)環境配慮性を加えた．

b．一般的な劣化作用として，構造体コンクリートの温度および含水率に影響を及ぼす環境条件および空気中のCO_2をJASS 5と同じく本指針(案)でも考慮する．前者の作用では，収縮ひび割れが問題となるが，その対策として3.8.8項で基本的な仕様について定めるほか，4.3節で性能設計に基づく仕様が検討できる．

後者の作用によるコンクリートの中性化は，本指針（案）における焦点の一つである．高炉スラグコンクリートは，ポルトランドセメントコンクリートに比べ中性化抵抗性が劣る傾向にある．これに対し，高炉スラグコンクリートの耐久設計基準強度をポルトランドセメントコンクリートと同等以上とすることで，中性化抵抗性を確保することを基本方針とする．

また，計画供用期間の級については，JASS 5の4つの級のうち，超長期を本指針（案）では対象外とする．これは，超長期供用級が実務ではほとんど用いられていないことに加え，前述のように中性化抵抗性に課題がある高炉スラグコンクリートを用いて超長期供用級を実現することは，現実性が乏しいことによる．

2.5 要求される環境配慮性およびCO_2削減等級

> a．構造体および部材の環境配慮性は，CO_2削減等級を用いて表す．
> b．CO_2削減等級は，CO_2削減率の範囲により次の4水準を定め，要求される環境配慮性に応じて等級を選択する．
> (1) 等級0　（0%≦CO_2削減率≦5%）

(2) 等級 1 （ 5 %＜CO_2削減率≦20 %）
(3) 等級 2 （20 %＜CO_2削減率＜40 %）
(4) 等級 3 （40 %≦CO_2削減率）

　a．環境配慮性には，2.1 節に示すようにさまざまな側面が考えられる．しかしながら，これらのうち最も重要視されている CO_2 排出量を主たる対象とし，設計の指標として CO_2 削減等級を定める．

　b．CO_2 削減等級は，環境配慮性が従来と同等の等級 0 から最も高い等級 3 まで 4 水準に設定し，コンクリートに使用する高炉スラグを含む単位量の結合材を製造する際の CO_2 発生量が，普通ポルトランドセメントのみを結合材として用いた基準となるコンクリートに比べて低減される程度を表す CO_2 削減率の範囲により，区分した．

　結合材中の高炉スラグの使用率は，それが高くなるほど CO_2 削減等級が高レベルとなり環境配慮性としては好ましいが，同時に満足する必要がある 2.4 節で述べた(1)〜(5)の要求性能のうち，例えば(2)の耐久性や(4)の使用性については反対に低下する場合もあるので，すべての要求性能をバランスよく満足するように使用率を最適化する必要がある．

参 考 文 献

1) 日本建築学会：鉄筋コンクリート造建築物の環境配慮施工指針（案）・同解説，2008
2) 日本コンクリート工学協会：環境時代におけるコンクリートイノベーション，2008
3) セメント協会：セメントの LCI データの概要，2015

3章 基本仕様

3.1 コンクリートの種類および品質

3.1.1 コンクリートの種類

> 高炉スラグコンクリートの使用骨材による種類は,普通コンクリート,軽量コンクリート1種および軽量コンクリート2種および重量コンクリートとする.

　高炉スラグコンクリートの使用骨材による種類は,普通ポルトランドセメントを使用するコンクリートの場合と特に異なるところはなく,いずれの骨材を用いたコンクリートにも使用することができる.ただし,軽量コンクリートでは使用実績が少ないのが現状であるため,特にC種相当とする場合には使用にあたって十分検討を行い,所要の品質が得られることを確認することが必要である.軽量コンクリートを使用する場合の一般的な技術基準は,JASS 5 14節による.なお,高強度コンクリート,マスコンクリート,水中コンクリートについては,3.8節を参照されたい.

3.1.2 設計基準強度,耐久設計基準強度および品質基準強度

> a. 高炉スラグコンクリートの設計基準強度の範囲は,JASS 5 3.4項による.
> b. 高炉スラグコンクリートの耐久設計基準強度は,表3.1による.
>
> 表3.1　コンクリートの耐久設計基準強度
>
> | 計画供用期間の級 | A種・A種相当 | B種・B種相当 | C種・C種相当 |
> |---|---|---|---|
> | 短　期 | 18 | 18 | 24 |
> | 標準期 | 24 | 24 | 27 |
> | 長　期 | 30 | 30 | 33 |
>
> c. 高炉スラグコンクリートの品質基準強度は,JASS 5 3.4 cによる.

　a. 高炉スラグコンクリートの設計基準強度の範囲は,普通ポルトランドセメントを使用するコンクリートの場合と特に異なるところはなく,18,21,24,27,30,33および36 N/mm²となる.
　b. 高炉スラグコンクリートの耐久設計基準強度は,高炉スラグ微粉末の使用率が一般に市販されている高炉セメントB種と同様の40〜45％程度であれば,普通ポルトランドセメントを使用するコンクリートの場合と特に変わることはない.ただし,高炉スラグ微粉末の使用率が高くなると,普通ポルトランドセメントを用いた場合に比べて中性化速度が速くなるため,耐久設計基準強度を大きく設定する必要がある.

コンクリートの耐久設計基準強度は，鉄筋コンクリート造の耐久性の確保を目的として1997年版JASS 5より採用されたものであり，信頼性設計の考えに基づき，計画供用期間の級に応じた耐久設計基準強度が示された．すなわち，一般的な環境下で考慮すべき劣化現象として中性化を想定し，計画供用期間中に中性化によって設計限界状態に達しないように，コンクリートの品質を圧縮強度により確保する考え方による．一方，本会「鉄筋コンクリート造建築物の耐久設計・施工指針・同解説」（以下，耐久設計指針という）では，これらの耐久設計の考え方について詳説されており，特に性能検証型一般設計法においては，定めた仕様の検証を行うのに必要な劣化予測式や限界状態の定め方，その他設計に必要なパラメータの決定方法などが示されている．

本指針（案）においても，一般的な環境下における高炉スラグコンクリートの耐久性確保を目的として，耐久設計基準強度の考え方を採用して計画供用期間の級に応じた仕様を定めた．すなわち，耐久設計指針の性能検証型耐久設計法に準拠し，提案した耐久設計基準強度について検証を行った．

JASS 5 では，高炉セメントは，計画供用期間の級が短期および標準期においては，普通ポルトランドセメントと同じ耐久設計基準強度が採用されているが，長期においては高炉セメントA種を用いることを標準としている．そこで，検証にあたっては，A～B種・A～B種相当の長期，およびC種・C種相当の短期，標準期，長期の3水準を対象とした．また，2015年版JASS 5では，普通ポルトランドセメントについて，28日標準水中養生供試体の圧縮強度と実暴露による中性化速度係数の関係を用いて検証を行っているが，高炉スラグコンクリートにおいては，このような実績が極めて限られており，同様の関係式の構築には至っていない．そのため，ここでは，水セメント比（または水結合材比，以下同じ）と中性化速度係数の関係式を用いる従来の手法を採用し，2016年版の耐久設計指針式によることとした．

検証結果を解説表3.1.1に示す．信頼性設計に基づく耐久設計法においては，設計かぶり厚さと計画供用期間が決定すると，所要の中性化速度係数が定まることとなり，中性化速度係数の予測式が定まれば，所要の水セメント比または強度が導かれることとなる．上述したとおり，中性化予測には，水セメント比と中性化速度係数の関係をモデル化した耐久設計指針式を用いているため，解説表3.1.1に示す所要の水セメント比が求まる．一方，市場に供給されるレディーミクストコンクリートの呼び強度と水セメント比の関係は1997年版JASS 5に示されており，各地域における各呼び強度に対する水セメント比の最大値および最小値という形でまとめられている．呼び強度と水セメント比の関係は，高炉スラグコンクリートの場合もその関係はおおむね同様と判断し，これらを援用して，表3.1に示す耐久設計基準強度に対応する水セメント比の最大値・最小値を算定した値も解説表3.1.1に示している．なお，この水セメント比の範囲は，構造体強度補正値を3 N/mm^{2}と仮定したときの呼び強度の強度値に対する値を示している．

同表より，計画供用期間の級が長期の水準については，屋根スラブ，非耐力壁を除くと，所要の水セメント比を十分に満たしていることが確認される．屋内の床スラブ，屋根スラブ，非耐力壁は，乾燥部位であり中性化の進行が速いことが想定され，一部の地域においては，呼び強度に対応する水セメント比が所要の水セメント比をわずかに満たしていない．しかし，屋内側では，水分供給がなく鉄筋腐食が想定されないか，鉄筋腐食が発生しても浮きさびにとどまり，進行が極めて遅いこ

解説表 3.1.1 高炉スラグコンクリートの所要の中性化速度係数と耐久設計基準強度の関係の検証

種類	部位		環境[1]	腐食確率 %	設計かぶり厚さ mm	計画供用期間 年	所要の中性化速度係数 cm/√年	所要の水セメント比 %	耐久設計基準強度 N/mm²	呼び強度 —	呼び強度に対応する水セメント比の範囲[2]	
											最大値 %	最小値 %
A種・A種相当	土または水に接しない	床スラブ 屋根スラブ 非耐力壁	屋内	20	30.0	100	0.409	46.4 %	30	33	47.3	41.8
			屋外		40.0		0.312	52.5 %				
		柱, 梁, 耐力壁	屋内		40.0		0.506	48.4 %				
			屋外		50.0		0.409	68.4 %				
	土または水に接する	柱, 梁, 床スラブ, 耐力壁	屋外		50.0		0.409	133.1 %				
		基礎・擁壁	屋外		70.0		0.602	177.9 %				
B種・B種相当	土または水に接しない	床スラブ 屋根スラブ 非耐力壁	屋内	20	30.0	100	0.409	45.5 %	30	33	47.3	41.8
			屋外		40.0		0.312	50.9 %				
		柱, 梁, 耐力壁	屋内		40.0		0.506	47.3 %				
			屋外		50.0		0.409	65.2 %				
	土または水に接する	柱, 梁, 床スラブ, 耐力壁	屋外		50.0		0.409	122.9 %				
		基礎・擁壁	屋外		70.0		0.602	162.9 %				
C種・C種相当	土または水に接しない	床スラブ 屋根スラブ 非耐力壁	屋内	20	30.0	100	0.409	43.8 %	33	36	44.1	38.7
			屋外		40.0		0.312	48.1 %				
		柱, 梁, 耐力壁	屋内		40.0		0.506	45.2 %				
			屋外		50.0		0.409	59.1 %				
	土または水に接する	柱, 梁, 床スラブ, 耐力壁	屋外		50.0		0.409	104.0 %				
		基礎・擁壁	屋外		70.0		0.602	135.2 %				
	土または水に接しない	床スラブ 屋根スラブ 非耐力壁	屋内	20	30.0	65	0.507	45.2 %	27	30	50.9	45.0
			屋外		40.0		0.387	50.5 %				
		柱, 梁, 耐力壁	屋内		40.0		0.627	47.0 %				
			屋外		50.0		0.507	64.2 %				
	土または水に接する	柱, 梁, 床スラブ, 耐力壁	屋外		50.0		0.507	119.9 %				
		基礎・擁壁	屋外		70.0		0.746	158.5 %				
	土または水に接しない	床スラブ 屋根スラブ 非耐力壁	屋内	20	30.0	30	0.747	48.7 %	24	27	54.7	48.5
			屋外		40.0		0.569	50.6 %				
		柱, 梁, 耐力壁	屋内		40.0		0.923	51.2 %				
			屋外		50.0		0.747	67.4 %				
	土または水に接する	柱, 梁, 床スラブ, 耐力壁	屋外		50.0		0.747	158.6 %				
		基礎・擁壁	屋外		70.0		1.099	215.4 %				

[注] (1) 屋内は乾燥条件, 屋外は雨がかり条件とした.
(2) 1997 年版 JASS 5 調査データによる.

と，実務では，耐久設計基準強度と設計基準強度の大きい方を品質基準強度とし，これに強度補正値を加えて呼び強度を決定するため，さらに発注水セメント比は小さくなることを勘案しつつ同規定を設定した．呼び強度に対応する水セメント比が所要の水セメント比を上回る強度発現性が良い地域においては，性能設計によるなど適切な処置が必要である．例えば，耐久設計基準強度を $3\,\mathrm{N/mm^2}$ 増加させる，あるいはかぶり厚さを $10\,\mathrm{mm}$ 増加させる，耐久性上有効な仕上げを施し維持保全する等の対応が有効である．一方，C種・C種相当の場合，計画供用期間の級が標準および短期の場合，土または水に接しない部位の一部において，一部地域では，所要の水セメント比を強度で確保できないケースが想定される．先述したように，本解説表は，普通ポルトランドセメントを用いた場合の一般的なコンクリートの水セメント比と強度の関係から求めたものである．しかしながら，C種・C種相当の高炉スラグコンクリートの場合，強度と水セメント比の関係は異なることが想定されるため，必要に応じて，使用するコンクリートの水セメント比を事前に確認するなどして対応を検討するとよい．これら対策の具体は，4章に示される性能設計による．なお，本指針（案）では，水セメント比の最大値を 3.3.5 項において定めているが，本項で想定する水セメント比が 3.3.5 項に定める水セメント比を上回る場合であっても，3.3.5 項の水セメント比を優先する．

　c．高炉スラグコンクリートの品質基準強度の求め方は JASS 5 と同様であり，a および b で求めた値のうち，大きい方の値を品質基準強度とする．

3.1.3　CO_2 削減等級

高炉スラグコンクリートによる構造体コンクリートの CO_2 削減等級は，表 3.2 による．

表 3.2　高炉スラグコンクリートによる構造体コンクリートの CO_2 削減等級

区　分	使用するセメントの種類	
	地上部分	地下部分
等級 0	普通ポルトランドセメント	普通ポルトランドセメント
		A種・A種相当
等級 1	普通ポルトランドセメント	B種・B種相当
		C種・C種相当
	A種・A種相当	A種・A種相当
等級 2	A種・A種相当	B種・B種相当
		C種・C種相当
	B種・B種相当	B種・B種相当
等級 3	—	—

　本項は，高炉スラグコンクリートによる構造体コンクリートの CO_2 削減等級について定める．建築物に使用する構造体コンクリートの CO_2 は各材料の製造時だけでなく，材料の輸送や貯蔵，レ

ディーミクストコンクリートの練混ぜなどの製造，運搬および現場内の運搬，型枠や養生などの施工段階など，さまざまな段階において排出される．一方で，コンクリートにおいてセメント・結合材の製造段階における排出量を除くCO_2排出量は相対的に小さく[1]，またセメント・結合材の違いによって大きく異なるものではないため，ここでは，単純に普通ポルトランドセメントのCO_2排出量に対して，高炉セメントまたは高炉スラグ微粉末とした場合の排出量の削減率として示し，削減率の範囲によって等級を分けている．この等級は，建築物を地上部分と地下部分に分け，それぞれに使用するセメント・結合材の種類に応じて，CO_2削減率の水準から定まる区分を基本として規定している．ここに示されていない組合せとする場合は，4章による．

表3.2に示す等級とCO_2削減率の関係は，地上部分と地下部分の比率を8：2とした場合に，結合材の組合せによって削減率が解説表3.1.2のように算出されることに基づき設定した．なお，この排出量を算出する前提として，解説表3.1.3に示す値を使用している．ここで示される区分は，地上部分と地下部分の設定を8：2と地下部分の比率を小さくしているので，地下部分の比率がこれより大きくなる場合には，ここに示すCO_2削減率よりも大きくなることが多い．したがって，地下部の比率が20％より大きい場合のほか，調合，セメント・結合材量，結合材中の高炉スラグの使用率などが明確となっている場合については，4章によって詳細に計算して区分を定めるのがよい．

ここで，表3.2に等級3の仕様を示していないが，等級3に相当するのは，解説表3.1.2においてセメント・結合材の組合せが地上部分に高炉セメントB種またはC種，地下部分に高炉セメントC種とした場合である．この組合せは，現状の建築工事を考えた場合に，施工上の配慮を含めて相当の注意が必要であり，これらの組合せを考える場合は，適用部位などや施工方法などを詳細に検討することが求められる．したがって，これらの組合せとする場合は，4章によって詳細に検討し，等級を設定する．

解説表3.1.2 地上部と地下部のコンクリート容量の比率を8：2として算出したCO_2削減率

結合材の種類		CO_2削減率
地上部分	地下部分	（％）
普通ポルトランドセメント	普通ポルトランドセメント	0
	A種・A種相当	3.8
	B種・B種相当	7.6
	C種・C種相当	11.4
A種・A種相当	A種・A種相当	19.1
	B種・B種相当	22.9
	C種・C種相当	26.7
B種・B種相当	B種・B種相当	38.2
	C種・C種相当	42.0
C種・C種相当	C種・C種相当	57.2

解説表 3.1.3 CO_2 排出量を算出する前提とした値

項　目	CO_2 排出量を算出する前提とした値
A 種・A 種相当における高炉スラグの使用率	20 %
B 種・B 種相当における高炉スラグの使用率	40 %
C 種・C 種相当における高炉スラグの使用率	60 %
普通ポルトランドセメント製造時の CO_2 排出量	772 kg/t[2)]
高炉スラグ微粉末製造時の CO_2 排出量	35.6 kg/t[3)]

3.1.4　気乾単位容積質量

> 高炉スラグコンクリートの気乾単位容積質量は，JASS 5　3.5 項による．

　高炉スラグコンクリートの気乾単位容積質量は，高炉スラグ微粉末の密度が普通ポルトランドセメントよりも若干小さめであるが，コンクリートの気乾単位容積質量に大きな影響を与えるほどではないため，普通ポルトランドセメントを使用するコンクリートの場合と同様に，普通コンクリートの場合は 2.1 t/m³ を超え 2.5 t/m³ 以下を標準とし，軽量コンクリートの場合は 2.1 t/m³ 以下，重量コンクリートの場合は 2.5 t/m³ を超える範囲となる．

3.1.5　ワーカビリティーおよびスランプ

> 高炉スラグコンクリートのワーカビリティーおよびスランプは，JASS 5　3.6 項による．

　高炉スラグコンクリートのワーカビリティーおよびスランプは，普通ポルトランドセメントを使用するコンクリートの場合と特に異なるところはない．コンクリートの荷卸し時のスランプは，調合管理強度が 33 N/mm² 以上の場合は 21 cm 以下，33 N/mm² 未満の場合は 18 cm 以下となる．

3.1.6　圧　縮　強　度

> 高炉スラグコンクリートの圧縮強度は，JASS 5　3.7 項による．

　高炉スラグコンクリートの圧縮強度は，普通ポルトランドセメントを使用するコンクリートの場合と大きく異なるところはない．ただし，高炉スラグの使用率を大きくしたコンクリートでは，一般に強度発現が遅くなる傾向にあるので，構造体コンクリート強度の管理材齢を 28 日以降に延長することが有効な場合が多い．

3.1.7 ヤング係数・乾燥収縮率および許容ひび割れ幅

> 高炉スラグコンクリートのヤング係数・乾燥収縮率および許容ひび割れ幅は，JASS 5 3.8 項による．

　高炉スラグコンクリートのヤング係数は，普通ポルトランドセメントを使用するコンクリートの場合と特に異なるところはない．高炉スラグコンクリートの乾燥収縮率および許容ひび割れ幅は，計画供用期間の級が長期の場合，それぞれ 8×10^{-4} 以下および 0.3 mm 以下とする．

3.1.8 耐久性を確保するための材料・調合に関する規定

> 高炉スラグコンクリートの所要の耐久性を確保するための材料・調合に関する規定は，JASS 5 3.9 項による．

　高炉スラグコンクリートに含まれる塩化物量の規定は，普通ポルトランドセメントを使用するコンクリートの場合と特に異なるところはなく，塩化物イオン量として 0.30 kg/m^3 以下とする．やむを得ず，これを超える場合は，鉄筋防錆上有効な対策を講じるものとするが，この場合においても，塩化物量は，塩化物イオン量として 0.60 kg/m^3 を超えないものとする．

　コンクリートはアルカリシリカ反応を生じるおそれがないものとする．高炉セメント B 種および B 種相当を用いたコンクリートでは，高炉スラグの使用率を 40 % 以上（ベースセメントのアルカリ量が 0.75 % 以下の場合）とする．

3.1.9 特殊な劣化作用に対する耐久性

> 高炉スラグコンクリートを特殊な劣化作用を受ける箇所に用いる場合は，3.8 節による．

　高炉スラグコンクリートを特殊な環境条件・施工条件の箇所に用いる場合に必要な留意点は，3.8「特別な仕様のコンクリート」に述べてある．これらの特殊な条件で用いる場合には，3.8 節で述べる内容に基づき，所要の品質のコンクリートが得られることを確認した上で使用することが必要である．

3.1.10 かぶり厚さ

> 高炉スラグコンクリートのかぶり厚さは，JASS 5 3.11 項による．

　高炉スラグコンクリートのかぶり厚さは，耐久設計基準強度が確保されていれば，普通ポルトランドセメントを使用するコンクリートの場合と特に異なるところはない．

参 考 文 献

1) 日本建築学会：鉄筋コンクリート造建築物の環境配慮施工指針（案）・同解説，2008
2) セメント協会：セメントのLCIデータの概要，2017
3) 日本コンクリート工学会：コンクリートの環境テキスト，2013

3.2 材　　料
3.2.1 総　　則

> 高炉セメントコンクリートおよび高炉スラグ微粉末コンクリートの材料は，あらかじめ品質が確かめられているものを使用する．

　コンクリートが所要の性能を発揮するためには，使用するセメント，骨材，混和材料など，コンクリート材料が所定の品質を有していることが必要である．

　高炉セメントコンクリートおよび高炉スラグ微粉末コンクリートの場合も一般のコンクリートと同様であり，コンクリートの目標性能に応じて材料を適切に選定し，工事開始前に個々の材料について必要な試験を行うか，またはコンクリートの生産者や材料メーカーから試験成績書を提出させ，所定の品質を有していることを確認しなければならない．

3.2.2 セメント

> a．高炉セメントコンクリートに使用するセメントは，JIS R 5211（高炉セメント）に適合するものを用いることを原則とする．
> b．高炉スラグ微粉末コンクリートに使用するセメントは，JIS R 5210（ポルトランドセメント）に適合するものを用いることを原則とする．

　a．高炉セメントコンクリートに用いる場合

　高炉セメントコンクリートに使用するセメントは，JIS R 5211（高炉セメント）に適合するものを用いる．高炉セメントは，セメント中の高炉スラグの使用率によってA種・B種およびC種に種類分けし，その品質を解説表3.2.1のように規定している．この品質規定において普通ポルトランドセメントと規定値が異なる項目は，酸化マグネシウム，三酸化硫黄（高炉A種セメントを除く）および比表面積であり，圧縮強さでは，高炉セメントA種のすべてとB種の28 dを除いた項目である．

　各種高炉セメントの物理的性質の一例を解説表3.2.2に示す．普通ポルトランドセメントに比べ特異な点は，高炉スラグが有する潜在水硬性を十分に発揮させるために比表面積を大きくしていること，また，高炉セメントの種類，すなわち高炉スラグの使用率の多寡により強度発現性が異なることなどである．

　なお，高炉セメントB種の高炉スラグの使用率の規定値は30％を超え60％以下であるが，現在市販されている高炉セメントB種のスラグ使用率は40～45％が一般的である．

高炉セメントコンクリートには，普通ポルトランドセメントを用いたコンクリートに比べ，水和熱が低いこと，強度増進が大きいこと，水密性が大きいこと，化学抵抗性が大きいこと，海水に対する抵抗性が大きいことなどの長所がある一方で，初期強度の発現が遅れること，中性化がやや早いなどの短所がある．したがって，高炉セメントコンクリートを使用する場合には，使用する部位などの条件に応じて，その性能が十分に発揮されるように配慮する必要がある．

これらの高炉セメントコンクリートの特性は，高炉セメントに含まれるポルトランドセメントの量が少ないために，水和生成する水酸化カルシウムの量が少ないこと，および生成した水酸化カルシウムの一部が高炉セメント中の高炉スラグと反応して，不溶性の安定な水和物になることなどに起因している．したがって，高炉スラグの分量の多い高炉セメントほど上記の特性は顕著となる．このように，高炉セメントには特有の性能があるので，コンクリートの使用箇所・施工の時期・施工方法などによってその特性を効果的に活用できるよう，高炉セメントの種類を選定する必要がある．

なお，水和熱による温度上昇の抑制を目的として高炉セメントを使用する場合は，JIS R 5211（高炉セメント）の品質規定に水和熱が規定されていないので，試験またはメーカーの試験値などでその品質をあらかじめ確認しておくことが望ましい．

解説表 3.2.1　高炉セメントの品質規定（JIS R 5211）

項　目		高炉セメントの種類 A種	B種	C種	参考 普通ポルトランドセメント
高炉スラグの分量（質量%）		5を超え 30以下	30を超え 60以下	60を超え 70以下	
比表面積（cm²/g）		3 000 以上	3 000 以上	3 000 以上	2 500 以上
凝　結	始発（min）	60 以上	60 以上	60 以上	60 以上
	終結（h）	10 以下	10 以下	10 以下	10 以下
安定性	パット法	良	良	良	良
	ルシャテリエ法（mm）	10 以下	10 以下	10 以下	10 以下
圧縮強さ (N/mm²)	3 d	12.5 以上	10.0 以上	7.5 以上	12.5 以上
	7 d	22.5 以上	17.5 以上	15.0 以上	22.5 以上
	28 d	42.5 以上	42.5 以上	40.0 以上	42.5 以上
酸化マグネシウム（%）		5.0 以下	6.0 以下	6.0 以下	5.0 以下
三酸化硫黄（%）		3.5 以下	4.0 以下	4.5 以下	3.5 以下
強熱減量（%）		5.0 以下	5.0 以下	5.0 以下	5.0 以下

解説表3.2.2 高炉セメントの物理的性質の一例(セメント協会会員会社による)

高炉セメントの種類	密度 (g/cm³)	粉末度		凝結			圧縮強さ (N/mm²)		
		比表面積 (cm²/g)	90μm残分 (%)	水量 (%)	始発 (h-min)	終結 (h-min)	3日	7日	28日
A種	3.10	3 360	0.5	28.0	2-35	3-55	25.2	41.4	61.9
B種	3.03	3 880	0.4	29.5	2-53	4-21	22.4	36.2	62.8
C種	2.96	3 830	0.4	29.7	2-50	4-40	16.7	32.1	53.4
参考 普通ポルトランドセメント	3.14	3 400	0.8	28.1	2-20	3-28	29.5	45.2	62.6

b. 高炉スラグ微粉末コンクリートに用いる場合

高炉スラグ微粉末コンクリートに使用するセメントは,原則としてポルトランドセメントを用いる.このうち,普通ポルトランドセメントについては,高炉スラグ微粉末を混和材料として併用した場合の研究成果や施工実績などが多数報告されており,これらからコンクリートの性質が比較的容易に推定できるため,標準的には普通ポルトランドセメントを使用するのがよい.この場合,普通ポルトランドセメントには5%以下の範囲で,高炉スラグ微粉末,シリカ質混合材,フライアッシュ,またはセメント製造用石灰石が混合材として含まれていることがあるが,高炉スラグ微粉末で普通ポルトランドセメントの一部を置換するにあたっては,実用上,この影響を考慮しなくてよい.高炉スラグ微粉末コンクリートで,特に初期強度を得ようとする場合などは,セメントとして早強ポルトランドセメントが用いられる.また,マスコンクリートなどで温度上昇の抑制が必要な場合は,セメントとして中庸熱ポルトランドセメントまたは低熱ポルトランドセメントが用いられる.一般に,高炉スラグ微粉末コンクリートの各種性状は,使用するセメントの種類だけでなく銘柄によっても変化することがあり,さらに高炉スラグ微粉末の種類や使用率によって,温度上昇の抑制効果や強度発現性状が変化する.したがって,使用実績がない場合には,工事に使用するセメントと高炉スラグ微粉末を用いて,あらかじめ試験によってその性質を確認するのがよい.

高炉スラグ微粉末コンクリートに使用するセメントに,高炉セメント,フライアッシュセメントなどの混合セメントを用いた実績は少なく,例えば,マスコンクリートの温度上昇の抑制を目的にしたフライアッシュセメントまたは高炉セメントの使用や,高流動コンクリートとした場合に高炉セメントが用いられた例などがある程度である.混合セメントの一部を高炉スラグ微粉末で使用する場合には,混合セメントの種類,高炉スラグ微粉末の粉末度や使用率などによってコンクリートの性質は大きく変化するものと予想される.特に混合セメント中の混合材の分量が多く,高炉スラグ微粉末の使用率も大きい場合には,凝結が遅延したり,初期強度の発現が遅れ,そのほかの性質も養生条件の影響を大きく受けやすいものと思われる.したがって,高炉スラグ微粉末コンクリートに使用するセメントに混合セメントを用いる場合には,あらかじめ凝結や強度発現などを試験によって確認するとともに,所要の品質のコンクリートを得るための養生など施工方法について,十

分に検討しておく必要がある．

本指針(案)では，高炉スラグ微粉末コンクリートの高炉スラグ微粉末の使用率を解説表3.2.3のように扱うこととする．

解説表3.2.3 高炉セメントA種・B種・C種相当の高炉スラグ微粉末の使用率

	セメント	高炉スラグ微粉末	使用率
高炉セメントA種相当	普通ポルトランドセメント	JIS A 6206に適合する高炉スラグ微粉末4 000	20～30 %
高炉セメントB種相当			40～50 %
高炉セメントC種相当			60～70 %

本指針（案）では，高炉スラグ微粉末コンクリートの基本仕様として，高炉セメントA種相当，B種相当，C種相当を設定した．それぞれ，普通ポルトランドセメントに高炉スラグ微粉末の4 000を高炉セメントA種相当であれば20～30 %，B種相当は40～50 %，C種相当は60～70 %としている．これは，セメント製造者への調査の結果，一般に市販されている高炉セメントA種，B種，C種の高炉スラグの分量がこの範囲にあること，ベースセメントが普通ポルトランドセメントであること，高炉セメントに使用されている高炉スラグ微粉末がJIS A 6206に規定された「高炉スラグ微粉末4 000」であることから定めている．

一方，高炉セメントまたは高炉スラグ微粉末を用いたコンクリートの過去の研究論文の場合，高炉セメントを使用する場合は市販のものを用い，高炉スラグ微粉末を使用する場合は使用率の設定が30，50，70 %としているものが多い．したがって，高炉スラグ微粉末を用いる場合の高炉セメントA種相当，B種相当，C種相当にこれらのものが含まれるように設定している．

これらを踏まえて設定した高炉スラグ微粉末を用いた高炉セメントA種相当，B種相当，C種相当は，それぞれ高炉セメントA種，B種C種と同様に扱うものとする．したがって，これらの範囲以外の使用率を設定する場合は，4章によって性能を検証する必要がある．

また，本指針(案)では適用範囲外であるが，環境等への配慮から高炉スラグ微粉末を70 %を超えて使用する場合には，凝結の遅延，初期強度の低下など，コンクリートの性状が大きく変わる場合があるので，事前に性状を確認しておく必要がある．

3.2.3 高炉スラグ微粉末

> 高炉スラグ微粉末は，JIS A 6206（コンクリート用高炉スラグ微粉末）に適合するものを用いる．

本指針（案）で対象とする高炉スラグ微粉末は，JIS A 6206に適合するコンクリート用高炉スラグ微粉末とする．JIS A 6206では，高炉スラグ微粉末を比表面積（粉末度）によって4種類に区分し，それぞれの品質を解説表3.2.4に示すように定めている．

高炉スラグ微粉末の使用に際しては，コンクリートの目標性能に応じて種類を選定するとともに，

選定した高炉スラグ微粉末の品質が解説表3.2.4の品質規格値を満足することを確認して使用する必要がある．

なお，市販の高炉スラグ微粉末には，せっこうを添加した製品と無添加の製品とがある．せっこうの添加の有無および添加率は，コンクリートの諸性状に大きな影響を及ぼす．一般に，適正量のせっこうの添加は，高炉スラグ微粉末の初期水和反応の促進や水和発熱量の低減に効果がある．また，せっこうの添加量が過剰な場合には，コンクリートの長期強度の発現性の低下，乾燥収縮量の増加などを招くおそれがある．したがって，高炉スラグ微粉末の品質を確認する際には，せっこうの添加の有無および添加率についても考慮する必要がある．

高炉スラグ微粉末の種類は，旧版のJIS A 6206（1997年改正，2002年確認）では，高炉スラグ微粉末4 000，6 000および8 000の3種類であった．しかし，コンクリート硬化時の温度上昇を抑制するため，比表面積が3 000 cm²/g程度の高炉スラグ微粉末が低発熱型高炉セメントの混和材やコンクリート用混和材料として広く利用されるようになり，2013年の改正時に「高炉スラグ微粉末3 000」が新設され，現在の4種類に至っている．なお，高炉スラグ微粉末3 000の新設に伴い，高炉スラグ微粉末4 000の比表面積の規格値（cm²/g）は，従来の「3 000以上5 000未満」から「3 500以上5 000未満」に改正されている．

参考として，JIS A 6206の解説に記載されている高炉スラグ微粉末3 000の特性に関する技術情報を解説表3.2.5に示す．

JIS A 6206に規定されている高炉スラグ微粉末の品質および実績について，以下に概説する．

密度については，高炉スラグ微粉末の種類にかかわらず2.80 g/cm³以上と規定されているが，実績は2.90 g/cm³前後の値である．

比表面積は，3 000 cm²/g程度から8 000 cm²/g程度の4種類が規定されている．一般に，比表面

解説表3.2.4　高炉スラグ微粉末の種類と品質（JIS A 6206から抜粋）

品質 \ 種類		高炉スラグ微粉末3 000	高炉スラグ微粉末4 000	高炉スラグ微粉末6 000	高炉スラグ微粉末8 000
密度	g/cm³	2.80以上	2.80以上	2.80以上	2.80以上
比表面積	cm²/g	2 750以上 3 500未満	3 500以上 5 000未満	5 000以上 7 000未満	7 000以上 10 000未満
活性度指数　%	材齢7日	—	55以上	75以上	95以上
	材齢28日	60以上	75以上	95以上	105以上
	材齢91日	80以上	95以上	—	—
フロー値比	%	95以上	95以上	90以上	85以上
酸化マグネシウム	%	10.0以下	10.0以下	10.0以下	10.0以下
三酸化硫黄	%	4.0以下	4.0以下	4.0以下	4.0以下
強熱減量	%	3.0以下	3.0以下	3.0以下	3.0以下
塩化物イオン	%	0.02以下	0.02以下	0.02以下	0.02以下

解説表 3.2.5　高炉スラグ微粉末 3 000 の特性（JIS A 6206 の解説から抜粋）

項　目	特　性
フレッシュ性状および単位水量	通常のコンクリートにおいて同一の高炉スラグ置換率で，高炉スラグ微粉末 3 000 と 4 000 とを比較すると，同一スランプとなる単位水量は同程度である．また，高炉スラグ置換率が大きくなると，高炉スラグ微粉末 3 000 の凝結時間が遅れ，ブリーディング量が多くなる．
発熱抑制効果	高炉スラグ微粉末 3 000 を使用したコンクリートは，高炉スラグ微粉末 4 000 に比べて断熱温度上昇は小さく，発熱抑制効果が向上する．高炉スラグ置換率 40 ％程度では，高炉スラグ微粉末 3 000 と 4 000 との断熱温度上昇の差は小さいが，高炉スラグ置換率の増加とともに両者の差は拡大する．
強度発現性	高炉スラグ微粉末 3 000 を使用したコンクリートは，同一の高炉スラグ置換率において高炉スラグ微粉末 4 000 に比べて強度発現が遅れる傾向がある．

積が 3 000～4 000 cm²/g 程度の高炉スラグ微粉末（高炉スラグ微粉末 3 000 または高炉スラグ微粉末 4 000）は，コンクリート硬化時の温度上昇の抑制を目的として使用されている．また，コンクリートの高流動化や高強度化を目的とする場合は，高炉スラグ微粉末 6 000 または高炉スラグ微粉末 8 000 が用いられる．

　活性度指数は，高炉スラグ微粉末を混和材として使用する場合の強度発現性の指標として規定されている．活性度指数とは，水結合材比を 50 ％とし，普通ポルトランドセメントだけを使用したモルタル（基準モルタル）と普通ポルトランドセメントに高炉スラグ微粉末を質量で 50 ％置換したモルタル（試験モルタル）との圧縮強度の比を百分率で表したものであり，比表面積が大きい高炉スラグ微粉末ほど活性度指数も高い値となる．一般に，活性度指数は，コンクリートの強度発現性状と相関があり，高い初期強度や高強度が必要な場合は，活性度指数が大きい，すなわち比表面積が大きい高炉スラグ微粉末が使用されている．ただし，コンクリートの調合条件によっては，活性度指数と強度発現性状との関係が異なる傾向を示す場合がある．したがって，コンクリートの目標性能によって高炉スラグ微粉末の種類および使用率を適切に選定するには，活性度指数を参考にして，信頼できる資料によるか，またはあらかじめ試験を行って検討するのがよい．

　モルタルのフロー値比は，高炉スラグ微粉末を使用する際のモルタルの粘性の程度を示す指標となるもので，基準モルタルのフロー値に対する試験モルタルのフロー値の比を百分率で表したものである．一般に，比表面積が大きい高炉スラグ微粉末ほどモルタルの粘性が高くなるため，フロー値比は小さくなる．

　化学成分については，高炉スラグ微粉末の種類にかかわらず，同様の品質規格値である．これは，高炉スラグ微粉末の種類が比表面積（粉末度）に基づいて区分されているためであり，高炉スラグ微粉末の化学成分は，原料である高炉水砕スラグに起因すると考えてよい．

　酸化マグネシウムについては，ポルトランドセメントの場合は 5 ％を超えると遊離マグネシアを生成し，異常膨張の原因になるとされているが，高炉スラグ微粉末に含まれるマグネシウムイオンは，ガラス相の中に安定した形で含有されているため，15 ％程度含まれていても無害であるとの報

告もある[1]．このことから，JIS ではわが国における実績を踏まえて，10.0％以下と規定されている．

三酸化硫黄については，4.0％以下と規定されている．高炉スラグ微粉末の原料である高炉水砕スラグの三酸化硫黄含有率は 0.3％程度以下であるため，これを超える分は，せっこうの添加に起因するものである．したがって，せっこうの添加の有無および添加率は，試験成績書に示されている三酸化硫黄の含有率によって推定することが可能である．

強熱減量および塩化物イオンについては，前回改正時（1997年）の JIS R 5210（ポルトランドセメント）に規定されている普通ポルトランドセメントの品質規格値を踏まえて，それぞれ 3.0％以下，0.02％以下と規定されている．

その他の化学成分として，高炉スラグ微粉末は，全アルカリ（$R_2O=Na_2O+0.658 K_2O$）を平均 0.5％，最高 0.7％程度含有しているが，一般に，高炉スラグ微粉末に含まれるアルカリ金属は溶出しにくく，これによりアルカリシリカ反応を生じるおそれはないといわれている．

なお，JIS A 6206 では，高炉スラグ微粉末の原材料である高炉水砕スラグについて，塩基度｛＝$(CaO+MgO+Al_2O_3)/SiO_2$｝を 1.60 以上と規定している．一般に，塩基度が大きいほど高炉スラグ微粉末の強度発現性が大きくなるといわれているが，原料として使用されている高炉水砕スラグの塩基度の実績は 1.75～1.95 の範囲である．

3.2.4 骨材および練混ぜ水

> a．骨材の種類および品質は，JASS 5　4.3項による．
> b．コンクリートの練混ぜ水は，JASS 5　4.4項による．

a．高炉スラグコンクリートに用いる骨材の種類および品質は，一般の建築用コンクリートの骨材と異なるところはない．したがって，骨材に関する規定は，JASS 5　4.3項の骨材の項によればよい．

JIS では，一部の骨材（高炉スラグ骨材，人工軽量骨材）を除き，"アルカリシリカ反応性による区分"を解説表 3.2.6 に示すように定めており，区分 B の骨材を使用する場合には，コンクリートの耐久性を確保するため，アルカリシリカ反応に対する抑制対策を講ずることが規定されている．

高炉セメントおよび高炉スラグ微粉末には，解説表 2.3.1 に示したように，アルカリシリカ反応に対する抑制効果がある．しかし，その抑制効果は，高炉スラグ微粉末の分量によって大きく異なる．JIS A 5308（レディーミクストコンクリート）の附属書 B（規定）（アルカリシリカ反応抑制対策の方法）では，アルカリシリカ反応を抑制する対策の一つとして，"アルカリシリカ反応抑制効果のある混合セメントなどを使用する抑制対策の方法"を取り上げ，解説表 3.2.7 のように規定している．

したがって，アルカリシリカ反応性による区分が B の骨材を使用する場合は，高炉スラグの分量（質量分率％）が 40％以上の高炉セメント B 種（高炉スラグセメント B 種相当）および高炉セメント C 種（高炉セメント C 種相当）を使用する必要がある．一方，設計段階で，高炉セメント A 種（高

解説表 3.2.6　アルカリシリカ反応性による区分

区　分	摘　　要
A	アルカリシリカ反応性試験の結果が"無害"と判定されたもの.
B	アルカリシリカ反応性試験の結果が"無害でない"と判定されたもの，又はこの試験を行っていないもの.

解説表 3.2.7　アルカリシリカ反応抑制対策の方法（JIS A 5308 附属書 B から抜粋）

JIS の箇条	内　容（抜粋）
B.4 a)	混合セメントを使用する場合は，JIS R 5211 に適合する高炉セメント B 種若しくは高炉セメント C 種を用いる．ただし，高炉セメント B 種の高炉スラグの分量（質量分率%）は 40 % 以上でなければならない．
B.4 b)	高炉スラグ微粉末を混和材として使用する場合は，併用するポルトランドセメントとの組合せにおいて，アルカリシリカ反応抑制効果があると確認された単位量で用いる．

炉セメント A 種相当）または，高炉スラグの分量が 40 % 未満の高炉セメント B 種を選定した場合，アルカリシリカ反応の抑制効果が期待できない[2)-4)]ため，アルカリシリカ反応性による区分が A の骨材を使用するか，別途，抑制対策を講じる必要がある．

　なお，JASS 5 4.3 項では，計画供用期間の級が長期および超長期の場合は，JIS A 1145（骨材のアルカリシリカ反応性試験方法（化学法））により"無害（区分 A）"と判定された骨材を使用することにしている〔JASS 5 4.3 d 解説〕．高炉スラグ微粉末の分量の多い高炉セメント（高炉セメント相当）を使用した場合，長期間にわたってアルカリシリカ反応を抑制できる可能性があると考えられるが，詳細なデータがないため，本指針（案）も JASS 5 4.3 項を踏襲することにした．

　b．高炉スラグコンクリートに用いる練混ぜ水は，一般の建築用コンクリートの場合と同様の品質を有するものとする．したがって，詳細は JIS A 5308 の 7.3「水」によればよい．この規定を満足していれば，JASS 5 4.4 項の練混ぜ水の規定も満足ことになる．

　なお，JASS 5 4.4 項では，"計画供用期間の級が長期および超長期の場合は，回収水を用いない．"ことを規定している．一方，JIS A 5308 では，水の区分（上水道水，上水道水以外の水，回収水）については，呼び強度が 36 を超えた場合，必要に応じて協議する事項としている．したがって，特に，計画供用期間の級が長期の場合は，回収水の取扱いについて注意する必要がある．

3.2.5　混和材料

　a．混和剤は，JIS A 6204（コンクリート用化学混和剤），JIS A 6205（鉄筋コンクリート用防せい剤）または JASS 5 M-402（コンクリート用収縮低減剤の性能判定基準）に適合するものとし，コンクリートの目標性能に応じて選定する．
　b．混和材は，JIS A 6201（コンクリート用フライアッシュ），JIS A 6202（コンクリート用膨張材）または JIS A 6207（コンクリート用シリカフューム）に適合するものとし，コンクリートの目標性

能に応じて選定する．
　c．上記a，b項以外の混和材料は，試験または信頼できる資料により，その性能および使用方法を確認する．

　a．高炉セメントを使用するコンクリートに用いる化学混和剤は，普通ポルトランドセメントを使用する場合と大きく変わることはないが，それを用いた場合の性状を信頼できる資料等によって確認し，JIS A 6204に適合するもののうちから適切に選定する．

　近年，骨材事情やコンクリートへの要求性能の高まりを受けて，従来のAE減水剤と高性能AE減水剤の中間的な性能を示すAE減水剤（高機能タイプ）が開発され，利用されている．このタイプの化学混和剤は，JIS A 6204ではAE減水剤に分類され，減水率が15％程度でスランプ保持性を有する．

　高炉スラグ微粉末を多量に使用すると，単位水量や混和剤の使用量が減少し，練混ぜ後の流動性が経時的に大きく低下する場合がある．対策として，最近，高炉スラグ微粉末を多量に使用したコンクリートに適した高性能AE減水剤やAE減水剤（高機能タイプ）が開発されている[5)-7)]．これらの各種減水剤は，高炉スラグ由来の活発な水和反応を停滞させる化合物を導入することで，この反応を抑制し，スランプの経時変化の安定性を改善するもの[5)]や，減水成分や保持成分の分子構造を最適化して高炉スラグに対する吸着性状や水和特性を調整し，長時間にわたり流動性を保持させるもの[6)]などが報告されている．

　上記の高炉スラグ高含有用のAE減水剤（高機能タイプ）を使用したコンクリートのスランプの経時変化試験結果の一例を解説図3.2.1[8)]に示す．W/B＝50％の調合では，普通ポルトランドセメントと通常のAE減水剤（高機能タイプ）の組合せでは緩やかにスランプが低下するのに対して，高炉セメントC種相当と通常のAE減水剤（高機能タイプ）の組合せでは，スランプが大きく低下している．一方，高炉セメントC種相当とスラグ用のAE減水剤（高機能タイプ）の組合せでは，いずれも90分後まで流動性を保持している．

　また最近では，解説表3.2.8に示すように，JIS A 6204の規格を満たしながら従来のものに新たな機能を付与したタイプの化学混和剤が使用されている．

　収縮低減タイプの各種減水剤は，収縮低減成分を各種の減水剤と一液化した化学混和剤である．この収縮低減効果を付与した各種減水剤は，従来の各種減水剤を使用したコンクリートと同様の製造・施工方法でコンクリートの乾燥収縮を5～15％程度低減することができるため，収縮ひび割れの低減対策の一手法とされている．収縮低減タイプの各種減水剤の種類や使用方法，留意事項については，本会「膨張材・収縮低減剤を使用するコンクリートの調合設計・製造・施工指針（案）・同解説」を参考にするとよい．

　増粘剤一液タイプの各種減水剤は，界面活性剤系の増粘成分を各種の減水剤と一液化した化学混和剤である．この分離抵抗性能を付与した化学混和剤は，通常の製造設備を用いて，比較的簡便に従来の高流動コンクリートよりも単位セメント量を低減した高流動コンクリートを製造することができるため，製造・施工の合理化や省力化に貢献できるとされている．

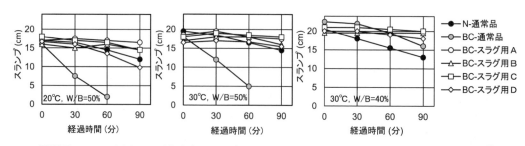

解説図 3.2.1 高炉スラグ高含有用の混和剤を使用したコンクリートのスランプの経時変化[8]

防せい剤を使用する目的は，コンクリート中の鉄筋が使用材料中に含有される塩化物イオンによって腐食することを抑制することである．JIS A 6204 と同様に，防せい剤も JIS A 6205 で塩化物イオン量，アルカリ量の上限値が規定されている．

収縮低減剤は，「コンクリートの乾燥収縮および自己収縮を低減する作用を持つ混和剤」と定義される．収縮低減剤の品質は，JASS 5 M-402（コンクリート用収縮低減剤の性能判定基準）の附属書1に規定されている「コンクリート用収縮低減剤の品質基準」による．収縮低減剤の使用に際しては，JASS 5 M-402（コンクリート用収縮低減剤の性能判定基準）に基づき，試し練りによってコンクリートのフレッシュおよび硬化性状への影響を確認することが重要である．収縮低減剤の種類や性能確保に必要な使用量，使用方法，留意事項については，本会「膨張材・収縮低減剤を使用するコンクリートの調合設計・製造・施行指針（案）・同解説」を参考にするとよい．

b．フライアッシュ，シリカフュームおよび膨張材については，それぞれの JIS に適合するものを使用する．高炉セメントや高炉スラグ微粉末を用いるコンクリートでさらに他の混和材を使用する場合には，凝結性状や強度発現性，発熱性状などの性能が大きく変化することも考えられるため，その材料の持つ特性を十分理解し，使用実績や試験または信頼できる資料等により，十分に性能を確認して使用する．

フライアッシュの品質は，JIS A 6201 で I 種～IV の 4 種類に区分されている．本会「フライアッ

解説表 3.2.8 新たな機能を付与した化学混和剤[9]

JIS A 6204 による分類		機能による細分類	
		収縮低減タイプ	増粘剤一液タイプ
高性能減水剤		○	○
AE 減水剤	標準形	○	―
	遅延形	○	―
高性能 AE 減水剤	標準形	○	○
	遅延形	○	○
流動化剤	標準形	―	○

［注］ ○：該当あり，―：該当なし（コンクリート用化学混和剤協会ホームページを基に作成）

シュを使用するコンクリートの調合設計・施工指針・同解説」においては，結合材として使用する場合は，JIS A 6201 のフライアッシュⅠ種またはⅡ種を使用することと規定しているが，Ⅱ種については JASS 5 M-401（結合材として用いるフライアッシュの品質基準）に適合するものに限定している．また，フライアッシュを結合材として用いない場合は，活性度指数が大きい必要がないため，フライアッシュⅡ種またはⅣ種に限定している．

フライアッシュの品質は，原炭の産地および石炭火力発電所の燃焼温度，NO_x 規制により物理的・化学的品質が変動することがあるので留意が必要である．フライアッシュ中の未燃カーボン量の増大やメチレンブルー吸着量の増加は，エントレインドエアの連行性に影響を及ぼす．フライアッシュ中の未燃カーボンに AE 剤が先行吸着することが原因である．空気量の調整が困難になる場合や空気量が低くなり凍結融解作用に対する抵抗性が低下する場合は，フライアッシュ用 AE 剤（JASS 5 M-404）を使用する．また，JIS A 6201 には品質項目として定められていないが，メチレンブルー吸着量と目標空気量となる AE 剤使用量には高い相関性があるため，フライアッシュコンクリートの品質管理を行う際，メチレンブルー吸着量を管理することもある．

最近では，CO_2 排出量抑制を目的とした環境配慮型コンクリートの開発の一環として，高炉スラグ微粉末を使用したコンクリートにさらにフライアッシュを併用する研究も行われている[10)-12)]．高炉スラグ微粉末の一部をフライアッシュに置換して使用すると使用率の増加に伴い単位水量は低減するが，凝結時間の遅延，圧縮強度の低下および多量に使用すると長期的な強度増進効果が小さくなる，などの報告もあるので，使用実績や試験または信頼できる資料等により，十分に性能を確認して使用する必要がある．

膨張材の品質は，JIS A 6202（コンクリート用膨張材）による．また，膨張材の使用に際しては，本会「膨張材・収縮低減剤を使用するコンクリートの調合設計・製造・施工指針（案）・同解説」を参考にするとよい．

膨張材は，従来コンクリートの収縮補償を目的とした場合，単位量 30 kg/m³ を標準として使用されていたが，近年では単位量 20 kg/m³ で 30 kg/m³ と同等の膨張性能が得られる低添加型の膨張材が一般的に使用されている．単位量が 20 kg/m³ を標準として使用される添加型の膨張材は，JIS A 6202 に品質基準がなかったが，2017 年の改正で膨張材 20 型として新たに追加された．

膨張材の膨張特性は，使用するセメントによって大きく異なる．低熱ポルトランドセメントや高炉スラグ微粉末およびフライアッシュなどの混合比率が高い混和材や混合セメントを使用する際は，膨張反応の開始時期や膨張特性が異なることもあるので，信頼できる資料や試し練りによって事前に確認する必要がある．必要な膨張性能の確保や使用方法については，前記の指針案および本会「鉄筋コンクリート造建築物の収縮ひび割れ制御設計・施工指針（案）・同解説」を参考にするとよい．

シリカフュームの品質は，JIS A 6207（コンクリート用シリカフューム）による．また，シリカフュームの使用に際しては，本会「シリカフュームを用いたコンクリートの調合設計・施工ガイドライン」を参考にするとよい．

　ｃ．上記ａ，ｂ項に定める種類以外の JIS あるいは本会指針などの一般的な品質基準がない混和

材料を使用する際は,信頼できる資料によって品質や効果が確認されている場合には,これを使用することができる.a項以外の混和材としては,石灰石微粉末(JASS 5 M-701(高強度コンクリート用セメントの品質基準)附属書2),高強度コンクリート用混和材(エトリンガイト系やスラグ石こう系(JASS 5 M-701(高強度コンクリート用セメントの品質基準)附属書3)),シリカ(ケイ酸)質粉末系の防水材がある.石灰石微粉末は,石灰石を微粉砕したもので,セメントまたは細骨材の一部として置換して使用した場合にコンクリートの流動性を改善することができる.また,石灰石微粉末は化学的に不活性であるため,水和熱の抑制を目的に使用される場合もある.

なお,上記b,c項に定める混和材料を使用するコンクリートの仕様は,すべて4章により決定する.

参考文献

1) 日本セメント技術協会:急冷砕高炉スラグの活用に関する研究2,1960.5
2) 国土開発技術研究センター:建設省総合技術開発プロジェクト コンクリートの耐久性向上技術の開発報告書＜第一編＞,pp.236-242,1988.11
3) 土木研究センター:建設省総合技術開発プロジェクト コンクリートの耐久性向上技術の開発(土木構造物に関する研究成果),pp.167-168,1989.5
4) セメント協会:コンクリートによるアルカリ・シリカ反応の防止に関する研究,コンクリート専門委員会報告 F-44,pp.22-24,1989.9
5) 檜垣 誠,小池晶子,守屋健一,西 祐宜:高炉スラグ微粉末を大量に使用したコンクリートの経時安定性に関する実験的研究(その1,2),日本建築学会大会学術講演梗概集,pp.291-294,2012.9
6) 新 大軌,玉木伸二,宮内雅浩,坂井悦郎:分子構造の異なる高分子系分散剤を添加した高炉セメントの流動特性,セメント,コンクリート論文集,No. 66,pp.28-33,2012
7) 木之下光男,黒田 萌,橋本 学,松下哲郎:高炉スラグ高含有セメントを用いたコンクリート用多機能混和剤の開発,コンクリート工学年次論文集,Vol. 35,No. 1,pp.121-12,2013
8) 齊藤和秀,鹿毛忠継,小島正朗,閑田徹志,檀 康弘,佐藤幸恵,土屋直子,百瀬晴基:高炉スラグ微粉末・高炉セメントを用いたコンクリートの特性に関する実験(その2),日本建築学会大会学術講演梗概集,pp.389-390,2016.8
9) 日本建築学会:コンクリートの調合設計指針・同解説,p.120,2015
10) 大澤友宏,平田隆祥,二戸信和,人見 尚:種々の混和材を高置換したセメント系混合材料の基礎物性とCO_2削減効果,コンクリート工学年次論文集,Vol. 32,No. 1,pp.179-184,2010.7
11) 溝渕麻子,小林利充,近松竜一,一瀬賢一:環境配慮型コンクリートの基礎的性質に関する一考察,コンクリート工学年次論文集,Vol. 33,No. 1,pp.215-220,2011.7
12) 溝渕麻子,小林利充,近松竜一,一瀬賢一:混和剤を高置換した各種コンクリートの基礎的性質およびCO_2排出量の削減効果,混和材を積極的に使用するコンクリートに関するシンポジウム,pp.167-172,2011.12

3.3 調　合
3.3.1 総　則

> a．高炉スラグコンクリートの調合設計は，荷卸し時または打込み時および構造体コンクリートにおいて所要のワーカビリティー，強度，ヤング係数および耐久性が得られ，かつ3.1節に示すその他の性能が得られるように定める．
> b．高炉スラグ微粉末の種類および使用率は，所要の性能が得られるように定める．
> c．計画調合は，原則として試し練りによって定める．ただし，JIS A 5308 に適合することが客観的に認められるレディーミクストコンクリートを用いる場合は，試し練りを省略することができる．

　a．高炉スラグコンクリートの調合設計において目標とする性能は，無混入のコンクリートの場合と同様である．計画調合は，荷卸し時または打込み時および構造体コンクリートにおいて，所要の性能を満足するように定める．

　b．コンクリートに高炉スラグ微粉末を使用する場合は，高炉スラグ微粉末の種類および使用率によって，得られるコンクリートの性能が大きく異なってくる．そのため，使用目的に応じた性能が得られるように高炉スラグ微粉末の種類および使用率を適切に定めることが重要である．

　c．高炉スラグコンクリートは，使用する高炉セメントの種類，高炉スラグ微粉末の種類や使用率によって得られる性能が大きく異なるため，計画調合は，試し練りによって定めることを原則とする．しかし，レディーミクストコンクリート工場で高炉スラグ微粉末を使用したコンクリートの製造実績が多く，かつ使用するコンクリートと同一条件のコンクリートを製造したことがあり，そのコンクリートが JIS Q 1001 および JIS Q 1011 に基づいて第三者機関によって認証されている場合などには，試し練りを省略してもよい．

3.3.2　調合管理強度および調合強度

> a．調合管理強度は，(3.1)式によって算出される値とする．
> $$F_m = F_q + {}_mS_n \ (\text{N/mm}^2) \tag{3.1}$$
> ここに，F_m：コンクリートの調合管理強度（N/mm²）
> 　　　　F_q：コンクリートの品質基準強度（N/mm²）
> 品質基準強度は，設計基準強度もしくは耐久設計基準強度のうち，大きい方の値とする．
> 　　　　${}_mS_n$：標準養生した供試体の材齢 m 日における圧縮強度と構造体コンクリートの材齢 n 日における圧縮強度の差による構造体強度補正値（N/mm²）．ただし，${}_mS_n$ は 0 以上の値とする．なお，28日≦m≦n≦91日とする．
> b．調合強度は，標準養生した供試体の材齢 m 日における圧縮強度で表すものとし，(3.2)式および(3.3)式を満足するように定める．
> $$F \geq F_m + 1.73\sigma \ (\text{N/mm}^2) \tag{3.2}$$
> $$F \geq 0.85F_m + 3\sigma \ (\text{N/mm}^2) \tag{3.3}$$
> ここに，F：コンクリートの調合強度（N/mm²）
> 　　　　F_m：コンクリートの調合管理強度（N/mm²）
> 　　　　σ：使用するコンクリートの圧縮強度の標準偏差（N/mm²）
> c．構造体強度補正値 ${}_mS_n$ は，コンクリートの水セメント比または水結合材比，セメントの種類または高炉スラグ微粉末の種類および使用率，ならびにコンクリートの打込みから所定の材齢までの予

想平均気温の範囲に応じて適切な値を定める．
  d．使用するコンクリートの圧縮強度の標準偏差 σ は，レディーミクストコンクリート工場の実績を基に定める．実績がない場合は，$2.5\,\mathrm{N/mm^2}$ または，$0.1F_m$ の大きい方の値を標準とする．
  e．調合強度は，b項によるほか，構造体コンクリートが施工上必要な材齢において必要な強度を満足するように定める．

　a．高炉スラグコンクリートの調合管理強度は，JASS 5　5.2項における(5.1)式と同じ式を適用する．

　調合管理強度 F_m を定める材齢は原則として28日とし，構造体コンクリートの強度が品質基準強度 F_q を満足しなければならない材齢は91日とする．これ以外の材齢で管理する場合は，あらかじめ試験により強度発現を確認する．

　b．調合強度は，a項と同様にJASS 5　5.2項における(5.2)および(5.3)式と同じ式を適用する．材齢が28日を超え91日以内の m 日における圧縮強度を基準にして調合強度を定めるためには，材齢 m 日におけるセメント水比と圧縮強度の関係をあらかじめ用意しておく必要がある．

　c．解説図3.3.1に，平均養生温度と構造体強度補正値 $_{28}S_{91}$ の関係について検討した結果を示す．解説図3.3.1は，水セメント比（水結合材比）38～60％のコンクリートで，柱，壁，床などの模擬部材を作製し，これらの模擬部材から切り出したコア供試体と標準養生した供試体の圧縮強度の関係に関する実験結果をまとめたものである．平均気温または平均養生温度はJASS 5と同様に材齢28日までとした．解説図より，高炉セメントA種相当の場合は，普通ポルトランドセメントに近い関係が得られていることから，今回の改定では普通ポルトランドセメントと同等とした．なお，昭和56年建設省告示第1102号（平成28年一部改正国土交通省告示第502号）においても，同様の温度範囲が提示されており，その技術的補助資料である「高強度領域を含むコンクリートの強度管理要領（案）」[1]では，高炉セメントA種については普通ポルトランドセメントの値を用いてよいとされていることから，本指針（案）においても同様の扱いとした．

　解説図3.3.1中には高炉セメントB種相当における $_{28}S_{91}$ を示す線を高炉セメントC種相当の図にも示した．本図より，高炉セメントB種相当の $_{28}S_{91}$ は図中に示す95％信頼限界線との関係が大きく変わらないため，高炉セメントC種相当の構造体強度補正値は，高炉セメントB種相当と同じ値を用いてよいこととした．解説図の関係から求めた平均温度と構造体強度補正値の標準値を解説表3.3.1に示した．これと異なる管理材齢を基に構造体強度補正値を求める場合は，打込み時の外気の条件，部材寸法などを考慮した上で，標準養生した供試体の圧縮強度と構造体コンクリート強度の差を求めるとよい．暑中期間においては，運搬および打込み時の品質変動を考慮して，構造体強度補正値 $_{28}S_{91}$ は一律 $6\,\mathrm{N/mm^2}$ とする．なお，解説図3.3.1はベースセメントを普通ポルランドセメントとしているが，これを中庸熱ポルトランドセメントや低熱ポルトランドセメント等の低発熱系のセメントとする場合は，温度履歴の強度発現に与える影響が小さくなると考えられるため，解説図3.3.1に示す構造体強度補正値よりも小さい値となる可能性がある．そのため，この場合は事前の実験などにより，強度発現特性を把握し適切な値を定めるとよい．

　d．調合強度を定めるときに用いるコンクリートの圧縮強度の標準偏差は，JASS 5と同様に，使

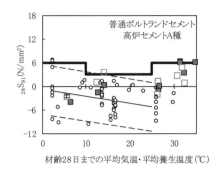
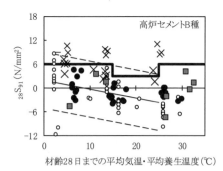
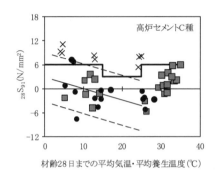

解説図 3.3.1 平均養生温度と構造体補正値 $_{28}S_{91}$ [2)-4)]

解説表 3.3.1 構造体強度補正値 $_{28}S_{91}$ の標準値

結合材種類	コンクリートの打込みから28日までの期間の予想平均気温 θ の範囲（℃）		
A種相当（使用率20～30 %）	$0 \leq \theta < 10$	$10 \leq \theta$	暑中期間補正あり
B種相当（使用率40～50 %）	$0 \leq \theta < 15$	$15 \leq \theta$	
C種相当（使用率60～70 %）	$0 \leq \theta < 15$	$15 \leq \theta$	
構造体強度補正値 $_{28}S_{91}$（N/mm²）	6	3	6

用するコンクリートの圧縮強度の変動を基に定めることとする．レディーミクストコンクリート工場に実績がない場合は，2.5 N/mm²または 0.1F_m の大きい方の値とすればよい．

e．施工上の理由などにより，早期に品質基準強度を得ようとしたときには，当然，材齢91日における構造体コンクリート強度は高くなることになる．

施工上要求される強度は，早期に所定の強度が要求される場合や施工上要求される圧縮強度が設計基準強度を上回る場合などに規定され，本会「コンクリートの調合設計指針・同解説」では，施工上要求される強度発現を考慮して，次のような調合管理強度算定式を示している[5]．

$$F_m = F_q + {}_mS_n \tag{解 3.3.1}$$

$$F_m = F_{work} + S_{work} \tag{解 3.3.2}$$

ここに，F_m：調合管理強度（N/mm²）

F_{work}：施工上要求される材齢における構造体コンクリートの圧縮強度（N/mm²）

S_{work}：標準養生した供試体の材齢 m 日における圧縮強度と施工上要求される材齢における構造体コンクリートの圧縮強度との差

　高炉セメントを使用したコンクリートは，材齢初期の強度発現が緩やかで，長期材齢における強度増進が大きくなる傾向がある．そのため，昭和56年建設省告示第1102号において，材齢91日における構造体コンクリートの圧縮強度が設計基準強度を満足すると同時に，材齢28日において設計基準強度の70％を満足しなければならないが，高炉スラグ微粉末の使用率や打込み時期などの温度条件によっては，これを施工上要求される強度に対する条件として調合管理強度を定めなければならない可能性が生じる．このような場合には，事前の調査によって S_{work} を求めておく必要がある．解説図3.3.2は，解説図3.3.1と同じ実験から得られた結果を $_{28}S_{28}$ との関係で整理したものである．施工上要求される強度を任意の材齢で満足する必要がある場合は，解説図3.3.2に示すような関係をあらかじめ求めておき，強度管理に用いるとよい．なお，解説図3.3.2中の直線は平均線であり，上下の点線は95％信頼限界を示している．

　材齢28日において，梁下，スラブ下の支柱取外しなどを行う場合は，構造体コンクリート強度が平均的に設計基準強度を満足していることを確認する必要がある．その場合は，図中に示すような平均線を基準として，目標とする強度に対する強度補正値を設定するとよい．

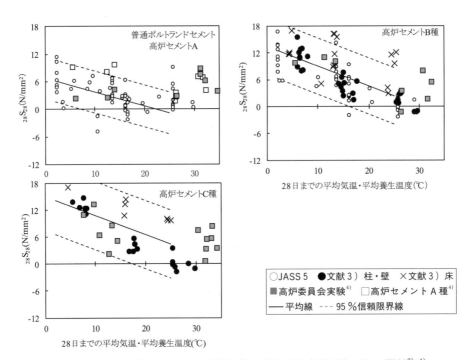

解説図3.3.2　材齢28日までの平均気温と構造体強度補正値 $_{28}S_{28}$ の関係[2)-4)]

3.3.3 スランプまたはスランプフロー

> a．コンクリートのスランプまたはスランプフローは，荷卸し時または打込み時に所要の目標スランプまたは目標スランプフローが得られるように定める．
> b．練上がりスランプまたはスランプフローは，製造場所から荷卸しする場所もしくは打込み箇所までのスランプの変化を考慮して定める．

a．スランプは，一般の場合，普通コンクリートで調合管理強度が 33 N/mm² 以上の場合は 21 cm 以下，33 N/mm² 未満の場合は 18 cm 以下とするが，コンクリートの打込み・締固めが比較的容易な基礎やスラブおよび梁部材などでは，これよりさらに小さい値とすることが望ましい．また，高炉セメント C 種相当では，マスコンクリート部材としての使用が主となると考えられる．その場合は，3.4 節の特別な仕様のコンクリートのスランプの規定を適用する．

b．本指針（案）におけるスランプまたはスランプフローは，荷卸し時を基準として考えている．また，打込み箇所において，打込み・締固めが十分に実施可能なワーカビリティーの指標ともなっている．そのため，練上がり時のスランプまたはスランプフローは，荷卸し時または打込み時に所要の品質が得られるよう，外気温や運搬時間による経時変化を考慮して定める．スランプまたはスランプフローの経時変化は，使用する混和剤によっても異なるため，事前の試し練りによって材料選定を行っておくことが望ましい．

3.3.4 空気量

> コンクリートの練上がり時の空気量は，運搬および圧送中の変化を考慮して，荷卸し時または打込み時に所要の目標空気量が得られるように定める．

目標空気量は，4.5％を標準とする．スランプと同様に，荷卸し時または打込み時において所要の品質が得られるように，経時変化を考慮して練上がり時の空気量を定める．

水結合材比の小さいコンクリートや凍結融解作用を受けるコンクリートなどの場合には，3.8 節または 4 章による．

3.3.5 水セメント比または水結合材比

> a．水セメント比または水結合材比は，調合強度が得られるように定める．
> b．水セメント比または水結合材比の最大値は表 3.3 による．

表3.3 水セメント比（水結合材比）の最大値

結合材種類	水セメント比（水結合材比）の最大値（％）
	短期・標準期・長期
A種・A種相当	65
B種・B種相当	60
C種・C種相当	55

a．高炉スラグコンクリートの圧縮強度は，長期材齢では影響が小さくなるが，材齢28日程度では使用する高炉スラグ微粉末の種類およびその使用率によって異なる．しかし，高炉スラグ微粉末の種類および使用率が同じであれば，結合材水比 X（水結合比 x の逆数：$X=1/x$）と28日圧縮強度（F_{28}）は，無混入コンクリートと同様に直線の回帰式で表すことができる．

解説表3.3.2は，研究機関で実施された材齢28日圧縮強度試験結果を基に，高炉スラグ微粉末4 000，6 000および8 000のそれぞれについて，高炉スラグ微粉末の使用率が30％，50％，70％の場合の結合材水比と材齢28日圧縮強度との関係を示したものである．

解説表3.3.2 高炉スラグ微粉末を使用するコンクリートの結合材水比と28日圧縮強度の関係［参考］
〔高炉スラグ微粉末の置換率30，50，70％の場合，F_{28}：28日圧縮強度（N/mm²），X：結合材水比〕

無混入コンクリート	高炉スラグ微粉末を使用するコンクリート								
	高炉スラグ微粉末の種類								
	4 000			6 000			8 000		
	置換率（％）								
	30	50	70	30	50	70	30	50	70
$F_{28}=$ 30.6X -23.5	$F_{28}=$ 32.1X -28.7	$F_{28}=$ 18.6X -7.5	$F_{28}=$ 9.0X $+6.0$	$F_{28}=$ 30.0X -21.8	$F_{28}=$ 19.2X -7.9	$F_{28}=$ 9.5X $+8.9$	$F_{28}=$ 30.4X -18.7	$F_{28}=$ 19.8X -8.2	$F_{28}=$ 10.3X $+12.9$

X：結合材水比，$X=1/x$　ここに x：水結合材比

一般に，高炉スラグ微粉末を使用するコンクリートの28日強度は，無混入コンクリートに比べて，高炉スラグの使用率が大きくなるに従って小さくなり，高炉スラグ微粉末の粉末度が大きくなるに従って大きくなる．したがって，解説表3.3.2に示されている推定式を参考にして，おおよその水結合材比を推定することができる．水結合材比を求めるためのコンクリートに要求される条件は，無混入コンクリートの場合と異なるところはないので，(1)，(2)のようにした．

(1) 調合強度に応じる水結合材比は，その工事の施工条件を考慮し，実際に使用する材料とほぼ同一の材料を用い，試し練りを行って定めることが基本である．この場合，スランプ・空気量などのフレッシュコンクリートの品質が所要の条件を満たすような調合について，水結合材比と圧縮強度の関係を求め，この結果から，調合強度（または呼び強度が保証される調合強度）が得られる水結合材比を求める．

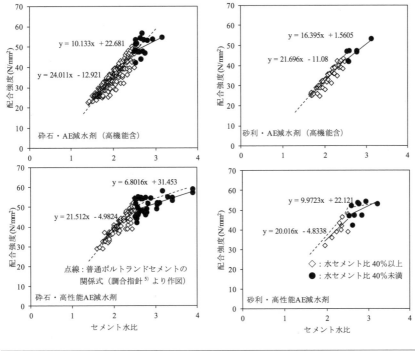

粗骨材	混和剤	回帰式（N/mm²）	
		水セメント比40％以上	水セメント比40％未満
砕 石	AE減水剤	$\sigma_{28}=-12.9+24.0\,C/W$	$\sigma_{28}=22.7+10.1\,C/W$
	高性能AE減水剤	$\sigma_{28}=-5.0+21.5\,C/W$	$\sigma_{28}=31.5+6.8\,C/W$
砂 利	AE減水剤	$\sigma_{28}=-11.1+21.7\,C/W$	$\sigma_{28}=1.6+16.4\,C/W$
	高性能AE減水剤	$\sigma_{28}=-4.8+20.0\,C/W$	$\sigma_{28}=22.1+10.0\,C/W$

解説図3.3.3　水セメント比と配合強度の関係（高炉セメントB種）[5),6)]

(2) 使用するレディーミクストコンクリート工場が，過去に高炉スラグ微粉末を使用するコンクリートを製造した経験を有している場合，かつ工場に使用するコンクリートと近い調合条件（特に高炉スラグ微粉末の種類および使用率）のコンクリートに関する資料がある場合には，それに基づいて所要の調合強度に応じる水結合材比を設定し，試し練りを行い，所要の性能が得られることを確認する．

全国のレディーミクストコンクリート工場における普通ポルトランドセメントおよび高炉セメントB種を使用したコンクリートのセメント水比と圧縮強度の関係の調査結果を解説図3.3.3に示す[6)]．本図より，図中に点線で示す既往の普通ポルトランドセメントに関する同様の調査結果[5)]と比較すると，高炉セメントB種を使用した場合においても，セメント水比と圧縮強度の関係には大きな差はないことがわかる．

b．調合強度を得るための水結合材比の求め方は，無混入コンクリートと変わることはないので，JASS 5と同様に定めた．

3.3.6 単位水量

> 単位水量は，185 kg/m³以下とし，2章に示すコンクリートの品質が得られる範囲内で，できるだけ小さく定める．

高炉スラグ微粉末を使用するコンクリートでは，所要のスランプを得るために必要な単位水量は，無混入コンクリートに比べて小さくなるといわれてきたが，最近の化学混和剤の開発等により，その差は小さくなっていると考えられる〔解説図3.3.4〕．また，解説図3.3.5に解説図3.3.4と同じ調査結果を用いてスランプと単位水量の関係を調べたものを示す[6]．解説図3.3.5より，スランプと単位水量の関係は，調合指針に示されている増減とほぼ同様であり，各調合量を定める際は，高炉セメントの種類や高炉スラグの使用率が単位水量に与える影響は大きくは変わらないと考えてよい．

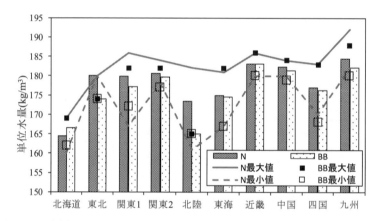

解説図 3.3.4　全国のレディーミクストコンクリート工場における単位水量の調査結果[6]

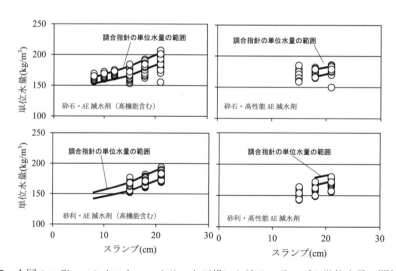

解説図 3.3.5　全国のレディーミクストコンクリート工場におけるスランプと単位水量の関係の調査結果[6]

3.3.7　単位結合材量および単位ポルトランドセメント量

> a．高炉スラグコンクリートの単位結合材量は，3.3.5「水セメント比および水結合材比」および3.3.6「単位水量」から算出される値以上とする．
> b．高炉スラグコンクリートの単位ポルトランドセメント量の最小値は，高炉A種および高炉A種相当の結合材の場合は 220 kg/m³，高炉B種および高炉B種相当で 180 kg/m³，高炉C種および高炉C種相当で 160 kg/m³ とする．

　a．b．単位セメント量および単位結合材量は，所要の強度，耐久性，水密性などが得られるように定めた水結合材比および所要のワーカビリティーが得られるように定めた単位水量から求めるべく規定したものであり，この方法は，ポルトランドセメントのみを用いたコンクリートと同じである．

　単位ポルトランドセメント量が極めて少ない場合には，耐久性上問題を生じる可能性が考えられる．そのため，JASS 5（2015 年版）の 5 節において定められている単位結合材量（JASS 5 の表現では単位セメント量）の最小値 C_{min} 270 kg/m³ を参考に，高炉スラグコンクリートの実績等を考慮して単位ポルトランドセメント量の最小値 PC_{min} を定めた．その算定に際して，文献 7）ではコンクリートの中性化抵抗性の向上に及ぼす結合材中の高炉スラグの寄与度 β_{BFS} を普通ポルトランドセメントと相対比較しており，A種ではポルトランド相当の 1 程度，B種では 0.84 程度，C種では 0.6 程度が報告されている．この β_{BFS} を基に，高炉スラグの使用率 α_{BFS} を A種，A種相当で 20 %，B種，B種相当で 40 %，C種，C種相当で 60 % を仮定することで，前述の JASS 5 における C_{min} に相当する中性化抵抗性を確保するために必要な PC_{min} として，高炉A種および高炉A種相当の結合材の場合は 220 kg/m³，高炉B種および高炉B種相当で 180 kg/m³，高炉C種および高炉C種相当で 160 kg/m³ と次式より安全側に設定した．

$$PC_{min} = C_{min} / \{1 + \frac{\alpha_{BFS}}{1 - \alpha_{BFS}} \beta_{BFS}\} \qquad (\text{解 }3.3.3)$$

　なお，マスコンクリート等の特別な仕様のコンクリートとする場合の単位ポルトランドセメント量は，3.8 節または 4 章による．

3.3.8　単位粗骨材かさ容積

> 単位粗骨材かさ容積は，2 章に示すコンクリートの品質が得られるよう適切な値を定める．

　建築工事で用いるコンクリートは，土木工事で用いるものに比べて比較的スランプの大きなものが多く，モルタルの多いコンクリートになりがちである．解説図 3.3.6 は，全国のレディーミクストコンクリート工場の調合実態調査結果から，スランプと単位粗骨材かさ容積の関係に関する調査結果を示したものである．解説図 3.3.6 より，調査結果自体は工場ごとのばらつきが大きいが，全体的には調合指針で示されている標準値よりも小さい値が採用されている傾向が見られる．ポンプ圧送性などを考慮した場合，モルタルの多いコンクリートがより好まれることが考えられるが，過

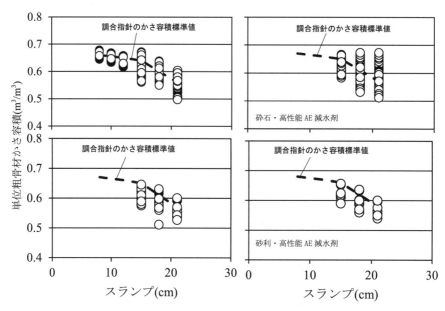

解説図 3.3.6　全国のレディーミクストコンクリート工場における
スランプと単位粗骨材かさ容積の調査結果[6]

剰に粗骨材を低減すると硬化コンクリートの物性にも影響を及ぼすため，フレッシュコンクリートおよび硬化コンクリートの品質それぞれを満足するように，単位粗骨材かさ容積を設定する必要がある．

3.3.9　細骨材率

> 細骨材率は，2章に示すコンクリートの品質が得られる範囲内でできるだけ小さく定める．

細骨材率は，良好なワーカビリティーのコンクリートを得るために非常に重要な要因である．コンクリートのワーカビリティーは，細骨材率を変えることで変化し，細骨材率が小さすぎても大きすぎても流動性の悪いコンクリートとなる．

一般に，高炉スラグ微粉末の密度はセメントに比べて小さいため，同一結合材量の場合，ポルトランドセメント単体と比較して粉体の容積が増加することになる．単位粗骨材かさ容積を一定とした場合，粉体量の影響の大きさによりペースト量も変化し，細骨材率に影響を及ぼすことに留意する必要がある．

近年，コンクリートをポンプにより圧送することが一般的であり，圧送性を良くするために細骨材率を大きくする傾向があるが，むやみに大きくすることは避けるべきである．

3章 基本仕様 —73—

3.3.10 混和材料の使用量

> a．AE剤，AE減水剤および高性能AE減水剤の使用量は，所要のスランプおよび空気量が得られるように定める．
> b．上記以外の混和材料の使用方法および使用量は，試験または信頼できる資料により定める．

　a．高炉スラグコンクリートのAE剤，AE減水剤，高性能AE減水剤の使用量の定め方は，基本的に無混入の場合と変わるところはない．

　ただし，高炉スラグコンクリートの場合は，高炉スラグの使用率や高炉スラグ微粉末の粉末度，または混和剤の銘柄によっても使用量が異なるため，あらかじめ試験によって確かめることが必要である．

　b．AE剤，AE減水剤および高性能AE減水剤以外の混和材料を用いる場合には，高炉スラグコンクリートの特徴を害することのないことを試験または信頼できる資料により確認した上で，用いることが重要である．

3.3.11 計画調合の表し方

> 高炉スラグコンクリートの計画調合は，表3.4によって表す．

表3.4　計画調合の表し方

品質基準強度 (N/mm²)	調合管理強度 (N/mm²)	調合強度 (N/mm²)	スランプ (cm)	空気量 (%)	水セメント比* (%)	高炉スラグ微粉末使用率 (%)	細骨材率 (%)	単位水量 (kg/m³)	絶対容積 (l/m³)				質量 (kg/m³)				化学混和剤の使用量 (ml/m³) または (B×%)	計画調合上の最大塩化物イオン量 (ml/m³)
									セメント	細骨材	粗骨材	高炉スラグ微粉末	セメント	細骨材	粗骨材	高炉スラグ微粉末		

［注］　＊：高炉スラグ微粉末を使用する場合は，水結合材比とする．

参 考 文 献
1）棚野博之，鹿毛忠継，宮内博之，土屋直子，桝田佳寛，中田善久，大塚秀三，佐藤幸恵：高強度領域を含めたコンクリート強度の管理基準に関する検討　第Ⅱ編　高強度領域を含むコンクリートの強度管理要領（案），建築研究資料，No.169，建築研究所，2016.3
2）日本建築学会：建築工事標準仕様書・同解説　JASS 5 鉄筋コンクリート工事，2015
3）桝田佳寛，中田善久，野口貴文，佐藤幸恵ほか：各種結合材を用いた構造体コンクリートの圧縮強度管理の基準に関する検討（その1～その17），日本建築学会大会学術講演梗概集，pp.141-174，2015.9

4) 蔦木啓斗, 佐藤幸恵, 鹿毛忠継ほか：高炉スラグ微粉末・高炉セメントを用いたコンクリートの特性に関する実験（その4）構造体コンクリートの強度発現性状, 日本建築学会大会学術講演梗概集, pp.393-394, 2016.9
5) 日本建築学会：コンクリートの調合設計指針・同解説, 2015
6) 佐藤幸恵, 桝田佳寛, 小島正朗, 宮野和樹, 陣内 浩, 伊藤智章：コンクリートの調合計算方法のための調査および実験（その7 高炉セメントB種を使用したレディーミクストコンクリートの調合実態), 日本建築学会学大会術講演梗概集, 2016.9
7) 辻大二郎, 桝田佳寛ほか：混合セメントを用いたコンクリートの耐久性能（その7 中性化抵抗性の寄与率), 日本建築学会大会学術講演梗概集, pp.49-50, 2016.9

3.4 発注・製造・受入れ

3.4.1 総 則

　本節は，高炉スラグコンクリートの発注，製造管理，レディーミクストコンクリート工場から荷卸し地点までの運搬および受入れに適用し，原則としてJASS 5 6節による．

　本節は，使用するコンクリートがレディーミクストコンクリートの発注，製造，運搬および受入れについて規定しており，原則としてJASS 5 6節による．
　また，現場練りで高炉スラグコンクリートを製造する場合も，JASS 5による．

3.4.2 レディーミクストコンクリート工場の選定

　a．レディーミクストコンクリート工場の選定は，JASS 5 6節による．
　b．高炉スラグコンクリートを使用する場合には，当該工事期間中において専用の貯蔵設備を確保できるとともに，工事期間中に必要な量が確保できる工場を選定する．

　a．高炉スラグコンクリートを製造する工場の選定については，JASS 5 6節により適切に行う必要がある．また，高炉スラグ微粉末を使用したコンクリートや高炉セメントC種を使用したコンクリートは，JIS A 5308の製品認証が得られていない場合があるため，他の認証された製品と同様の品質管理能力のある工場を選定することが重要である．
　b．現状では，高炉スラグ微粉末を常備しているレディーミクストコンクリート工場は少なく，工事期間中に他に使用していた貯蔵設備を転用して使用する場合がある．その場合には貯蔵設備の洗浄を十分に行い，他の材料の混入を防ぐとともに，工事期間中にはサイロを専用して使用できることを確認する．また，貯蔵設備の容量や高炉スラグ微粉末の供給場所(工場やSS)等の関係から，必要量の確保が困難な場合も想定される．このため，施工者はあらかじめ工事計画に従い，必要量が確保できることを確認することが必要である．

3.4.3 レディーミクストコンクリートの発注

> 高炉スラグコンクリートの発注においては，高炉セメントコンクリートの場合は高炉セメントの種類，高炉スラグ微粉末コンクリートの場合は高炉スラグ微粉末の種類および使用率を指定する．

　高炉セメントコンクリートを発注する場合は，その種類として，高炉セメント A 種，高炉セメント B 種，高炉セメント C 種の区別を，また高炉スラグ微粉末を使用したコンクリートを発注する場合は，JIS R 6206 に示された種類および使用率を指定する．

3.4.4 レディーミクストコンクリートの製造・運搬・品質管理

> 施工者は，レディーミクストコンクリートの製造・運搬・品質管理について，JASS 5 6 節に従うとともに，3.4.3 項で生産者と協議して定めた事項に適合して行われていることを確認する．

　施工者は，レディーミクストコンクリートの製造・運搬・品質管理について，JASS 5 6 節に従うとともに，高炉スラグコンクリートに関して，3.4.3 項で指定した事項について，確認を行う必要がある．3.4.3 項で指定した，高炉セメントの種類，高炉スラグ微粉末の種類については，高炉スラグ微粉末の製造者より提出される試験成績表によって，高炉スラグ微粉末の使用率については，レディーミクスト工場より提出されるレディーミクストコンクリート納品書によって確認する．

3.5 打込み・締固め・打継ぎ・上面の仕上げ

3.5.1 総　　則

> 本節は，高炉スラグコンクリートの打込み・締固め，打継ぎおよび上面の仕上げに適用する．

　本節では，高炉スラグコンクリートの打込み・締固め，打継ぎおよび上面の仕上げについて規定した．基本は，一般のコンクリートと同様である．

3.5.2 打込み・締固め

> a．コンクリートの練混ぜから打込み終了までの時間の限度は，JASS 5 7.5 項による．
> b．打込み前の準備は，JASS 5 7.2 項および 7.3 項による．
> c．打込みおよび締固めは，コンクリートが均質かつ密実に充てんされ，所要の品質の構造体コンクリートが得られるように行う．

　a．高炉スラグコンクリートの練混ぜから打込み終了までの時間の限度は，一般のコンクリートと同様であり，外気温が 25 ℃ 未満の場合は 120 分，外気温 25 ℃ 以上の場合は 90 分とする．ただし，遅延形化学混和剤の使用や冷却水を用いてコンクリート温度を下げるなどの対策を取れば，工事監理者の承認を受けて，練混ぜから打込み終了までの時間の限度を延長することができる．

b．打込み前の準備として，現場の状況と施工管理体制および打込み計画の確認を行う．コールドジョイントの発生を防止するためには，打重ね時間間隔の管理が重要であり，打込み計画を立てる上でのポイントとなる．打重ね時間間隔は一般のコンクリートと同様であり，外気温が25℃未満の場合は150分，外気温25℃以上の場合は120分とし，先に打ち込まれたコンクリートの再振動可能時間以内とする．

なお，高炉スラグコンクリートは，高炉スラグの使用率が多いほど，ポルトランドセメントを単体で用いる場合よりも温度の影響を強く受ける傾向にあるため，打込み計画の立案，仕上げ方法や養生方法の決定および事前の打合せにおいて，季節による温度の違いに配慮する．

c．打込み・締固めの際の留意事項も，一般のコンクリートと基本的には同様である．

3.5.3 打継ぎ

> 打継ぎはJASS 5 7.8項による．

一般のコンクリートと基本的に同様であり，打継ぎ面はレイタンスを取り除き，コンクリートの打込み前に水湿しを行う．

3.5.4 上面の仕上げ

> 上面の仕上げはJASS 5 7.7項による．

一般のコンクリートと基本的に同様であり，所定の平たんさが得られるように仕上げる．コンクリート表層部は，外気温，日射，風，雨などの影響を受けやすいことや，ブリーディング水の上昇や放熱などがあり，コンクリート内部とは異なる凝結硬化性状を示すことに留意する．

なお，高炉スラグ微粉末の使用率が大きくなると，解説図3.5.1に示すように，凝結時間が遅く

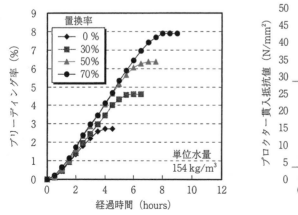
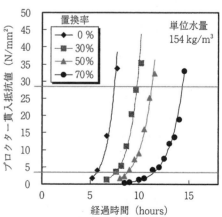

解説図3.5.1 高炉スラグ微粉末がブリーディングと凝結硬化に及ぼす影響[1]

なり，ブリーディング量が多くなる傾向にある点に注意する．こて押さえが難しくなる場合もあるので，必要に応じて事前検討を行い，対策を立てておくのがよい．

参考文献
1) 伊代田岳史：高炉スラグ微粉末を大量使用したコンクリート，コンクリート工学, Vol.52, No.5, pp. 409-414, 2014.5

3.6 養生・型枠存置期間
3.6.1 総　　則

> 本節は，高炉スラグコンクリートの養生および型枠の存置期間について適用する．

　高炉セメントおよび高炉スラグ微粉末を使用したコンクリートの養生および型枠存置期間は，他の種類のセメントを用いたコンクリートと同様に，施工上必要な強度の確保，初期の凍結融解作用への抵抗性の確保，およびその他重大な変形による損傷（クリープ等）が生じないよう決定する．また，耐久性への影響も確認されているため，これらを考慮して決定する．

3.6.2 養　　生

> a．高炉スラグコンクリートは，打込み終了直後からセメントの水和およびコンクリートの硬化が十分に進行するまでの間，急激な乾燥，過度の高温または低温の影響，急激な温度変化，振動および外力の悪影響を受けないように養生する．
> b．施工者は，養生の方法・期間および養生に用いる資材などの計画を定めて，工事監理者の承認を受ける．

　a．コンクリートが硬化後に本来の性能を発揮するためには，硬化初期において十分な養生を施さなければならない．そのための留意事項として，一般に次の4つが挙げられる．
(1) 硬化初期の期間中に十分な水分を与えること．
(2) 急激な温度変化のないよう，適当な温度に保つこと．
(3) 日光の直射，風などの気象作用に対してコンクリートの露出面を保護すること．
(4) 振動および外力を加えないよう保護すること．
　硬化初期の期間中に十分な水分が与えられないと，セメントの水和反応に必要な水分が不足し，コンクリートの強度発現に支障をきたすことになる．養生期間中の温度が過度に低いと強度発現が著しく遅延し，過度に高いと長期材齢における強度増進が小さくなる．若材齢のコンクリートが日光の直射や急激な乾燥にさらされると，コンクリートの表面にひび割れが発生し，耐久性を損なう可能性がある．また，硬化の進んでいないコンクリートに振動・外力が作用すると，コンクリートにひび割れが発生する危険性が大きい．

コンクリートの養生は，できるだけ長期にわたり行うことが望ましいが，高炉スラグコンクリートは，初期の水和反応速度が普通ポルトランドセメントに比べていくぶん遅いので，この点を考慮した初期材齢の養生が特に重要である．

b．コンクリートの養生に伴う作業は，墨出し，配筋，型枠の組立てなどの工程と密接に関連し，かつ養生方法は，前述のようにコンクリートの硬化後の品質を左右するので，施工者は，養生の方法・期間およびそれに用いる資材などを事前に十分に検討して計画を作成しなければならない．

3.6.2.1 湿潤養生

a．打込み後のコンクリートは，散水，噴霧，養生マットまたは水密シートによる被覆，膜養生剤などにより湿潤に保つ．その期間は，計画供用期間の級および高炉セメント種類および高炉スラグ微粉末の使用率に応じ，表3.5に示す日数以上とする．

表3.5 必要な湿潤養生期間

計画供用期間の級	湿潤養生の期間（日）		
	高炉セメントA種・ 高炉セメントA種相当	高炉セメントB種・ 高炉セメントB種相当	高炉セメントC種・ 高炉セメントC種相当
短期・標準	5	7	9
長期	7	10	14

b．気温が高い場合，または直射日光を受ける場合には，コンクリート面が乾燥することのないよう，十分に養生の管理を行う．

c．コンクリート部材の厚さが18 cm以上の場合は，表3.5の養生期間の終了以前であっても，コンクリートの圧縮強度が，計画供用期間の級が短期および標準の場合は10 N/mm²以上，長期の場合は15 N/mm²以上に達したことを確認すれば，以降の湿潤養生を打ち切ることができる．

d．マスコンクリートの養生については，JASS 5 21.7項による．

a．c．高炉セメントおよび高炉スラグ微粉末を使用したコンクリートの初期の水和は，普通ポルトランドセメントに比べていくぶん遅いので，その点を考慮して養生を行う必要がある．特に初期の養生が不十分だと，強度や耐久性の増進が望めなくなるばかりか，乾燥によりひび割れが生じやすくなる．したがって，コンクリート打込み後の一定期間は，十分な湿潤状態に保つことが必要であり，コンクリートの露出面をシートまたはマットで覆うなどして水分の蒸発を防ぐか，外部から水分を供給する必要がある．その期間は，JASS 5 8節「養生」に準拠し，計画供用期間の級に応じて定めた．なお，高炉セメントA種および高炉セメントA種相当は，普通ポルトランドセメントと同等と見なしている．JASS 5 8節では，セメントの種類および養生条件を変えたコンクリートに関する中性化促進試験結果から，初期の湿潤養生の期間が短いほど，かつ水和速度の遅いセメントほど中性化が早く進行することを示唆し，そのため，計画供用期間の級が長期および超長期の場合においては，初期の養生を十分に行うことで強度発現や耐久性を確保できるように考慮したとしている．よって，高炉セメントC種・C種相当については，高炉セメントA種・A種相当および

高炉セメントB種・B種相当に比べて強度発現が遅いため，高炉セメントA種・A種相当および高炉セメントB種・B種相当より長い湿潤養生期間とした．

また，JASS 5 8節では，必要な湿潤養生について満たすべき脱型時強度の考え方を示しており，これを高炉スラグコンクリートに適用した場合について，以下に示す．

解説図3.6.1～3.6.3は，高炉セメントB種相当，高炉セメントC種相当および普通ポルトランドセメントを用いたコンクリートのせき板存置期間を1，3，7，10日とした場合の脱型時強度と，材齢7日までせき板を存置した場合を基準にした各存置期間の材齢28日圧縮強度比，ヤング係数比および促進中性化期間26週における中性化深さの関係を示したものである[1]．解説図3.6.1から脱型時強度を10 N/mm²以上とすれば，せき板を材齢7日以前に取り外してその後の湿潤養生を行わなくとも，7日存置に対する28日強度比は，少なくとも90％以上を確保できることがわかる．また，この程度の値が確保できていれば，材齢91日において7日存置の28日圧縮強度を十分に上回る．解説図3.6.2から，ヤング係数はせき板存置期間に依存せず，早期に取り外しても，7日存置の場合に比して大差ないことがわかる．解説図3.6.3から，促進中性化期間26週の中性化深さは，脱型時強度が大きくなるに従って小さくなる傾向にあることがわかる．本会「高耐久性鉄筋コンクリート造設計施工指針（案）・同解説」[2]では，温度20 ℃，相対湿度60 ％，CO_2濃度5 ％の促進中性化試験で25 mm以下の中性化深さの値を要求している．解説図3.6.3の値は，温度20 ℃，相対湿度60 ％，CO_2濃度5 ％の促進中性化試験の中性化深さを示しており，脱型時強度が10 N/mm²以上であれば，上記の値25 mm以下となることがわかる．

また，脱型時の圧縮強度と中性化速度係数には相関があり，脱型時圧縮強度を確保すれば，十分な耐久性が得られることになる．

以上により，計画供用期間の級が短期および標準の場合においては，構造体コンクリートの圧縮強度が10 N/mm²以上であれば，以降の湿潤養生を行わなくとも所要の品質を確保できることになる．また，脱型時強度を15 N/mm²とすれば，せき板を材齢7日以前に取り外してその後の湿潤養生を行わなくとも，7日存置に対する28日強度比はほぼ100 ％確保できることから，計画供用期間

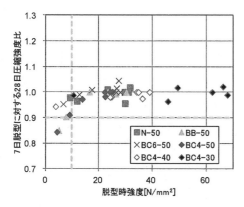

解説図3.6.1 脱型時強度と7日強度を基準とする28日圧縮強度比の関係[1]

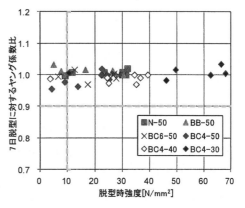

解説図3.6.2 脱型時強度と7日強度を基準とする28日ヤング係数比の関係[1]

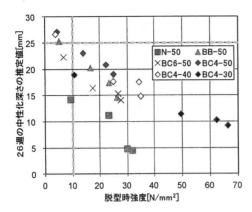

解説図 3.6.3 脱型時強度と促進中性化 26 週での中性化深さの関係[1]

の級が長期の場合の脱型時強度の基準として設定した．

b．コンクリートの打込み面などでコンクリートが露出している場合や透水性の大きいせき板を用いる場合は，気温が高いとき，風が強いときまたは直射日光を受けるときなどの条件でコンクリート表面からの乾燥が大きくなる．このため，それぞれの状況に対応した適切な養生が行われていることを管理しなければならない．

d．部材断面の最小寸法が大きく，かつセメントの水和熱による温度上昇で有害なひび割れが入るおそれがある部分のコンクリートでは，コンクリート内部と表面部の温度差が大きくなり，初期養生時の温度および強度発現が異なることが考えられる．そのため，マスコンクリートとして適切な養生が必要となるため，JASS 5 21.7 項によるとした．

3.6.2.2 養生温度

> a．外気温の低い時期においては，コンクリートを寒気から保護し，打込み後5日間以上はコンクリートの温度を2℃以上に保つ．
> b．コンクリートの打込み後，初期凍害を受けるおそれがある場合は，3.8.9項により養生を行う．
> c．コンクリートの打込み後，セメントの水和熱により部材断面の中心部温度が外気より25℃以上高くなるおそれがある場合は，3.8.2項に準じて温度応力による悪影響が生じないような養生を行う．

a．一般にセメントの種別にかかわらず，低温時におけるコンクリートの強度増進は，常温時に比べて緩慢である．高炉スラグコンクリートでは，高炉スラグ微粉末の使用率が高くなるほど，また水セメント比・水結合材比が大きくなるほど，この傾向が強くなる．しかし低温時に高炉セメントおよび高炉スラグ微粉末を使用する場合は，比較的水セメント比・水結合材比の小さいコンクリートとなるので，高炉セメントA種・A種相当および高炉セメントB種・B種相当を使用するコンクリートでは，普通ポルトランドセメントを使用した場合と同じで，寒冷期における初期養生として，5日間以上はコンクリート温度を2℃以上に保つこととした．しかし，高炉スラグ微粉末の使用率が高い高炉セメントC種・C種相当のコンクリートでは，初期養生の期間を1日延ばして6日間以

上とすることが望ましい．

なお，JASS 5 では，外気温の低い時期とは「コンクリート打込み後 4 週までに平均気温約 10 ℃ ～ 2 ℃の月を含む期間と考えればよい」としているので，本指針（案）も同様に扱う．

b．上記 a 項の規定は，凍結温度があまり低くない場合であり，コンクリートの圧縮強度が 3.5 N/mm² 以上あれば，初期凍害のおそれがないものとして，この強度が確保できるような初期養生の期間と温度の下限値を定めたものである．したがって，初期凍害を受けるおそれがある場合は，寒中コンクリートにおける養生方法を適用しなければならない．寒中コンクリートにおける養生方法は，本指針（案）の 3.8.9 項によるほか，JASS 5 12.9～12.11 項の初期養生，保温養生および温度管理，または本会「寒中コンクリート施工指針・同解説」を参照する．

c．一般に打ち込まれたコンクリートの断面寸法が大きい場合は，セメントの水和熱により断面の中心部の温度がかなり高くなる．このため，部材の表面と内部との温度差が大きくなることや，断面の異なる部材間に温度差が生じることなどから，温度応力や収縮量の違いなどによりひび割れが生じやすくなる．

高炉スラグ微粉末の使用率が高い高炉セメント C 種・C 種相当は，水和熱の発生量が小さく，部材断面が大きいコンクリートに適しているが，断面中心部の温度が外気温より 25 ℃ 以上高くなることが予想される場合は，マスコンクリートとしての養生を行い，ひび割れの発生を防止する必要がある．

3.6.2.3 振動・外力からの保護

> a．硬化初期のコンクリートが，有害な振動や外力による悪影響を受けないように，周辺における作業の管理を行う．
> b．コンクリートの打込み後，少なくとも 1 日はその上で作業してはならない．ただし，C 種は 2 日間以上とする．

a．凝結硬化中のコンクリートに振動・衝撃または過大な荷重を加えると，ひび割れやコンクリートの一部に損傷を与えることになる．振動や外力の発生源としては，近隣の杭打ち作業，コンクリート圧送時のポンプ配管の振動，コンクリート上での重量物の設置・運搬および交通振動などがある．また，若材齢のコンクリートに過大な荷重を加えると，すぐにひび割れや破損を生じなくても，クリープによってたわみが大きくなり，最終的にひび割れを生じることになるので，このような外力や振動が加わらないように注意する．

b．高炉スラグ微粉末の使用率が高い高炉セメント C 種・C 種相当を使用する場合，コンクリートの強度発現がいくぶん遅くなるため，歩行などの禁止期間を 1 日延ばして 2 日間以上とする．

3.6.3 型枠の存置期間

> a．基礎・梁側・柱および壁のせき板の存置期間は，構造体コンクリートの圧縮強度が所定の値を超

えたことが確認されるまでの期間とし，その値は，短期および標準期にあっては5 N/mm²，長期にあっては10 N/mm²とする．なお，取外し後の湿潤養生は3.6.2.1に準じて行う．
b．構造体コンクリートの圧縮強度の確認方法は，JASS 5 T-603による．また，せき板の存置期間に係る強度の確認方法には，有効材齢による方法を用いてもよい．
c．計画供用期間の級が短期および標準の場合で，せき板存置期間中の平均気温が2℃以上の場合は，コンクリートの材齢が表3.6に示す日数以上経過すれば，取り外すことができる．なお，取外し後の湿潤養生は3.6.2.1に準じて行う．

表3.6 基礎・梁側・柱および壁のせき板の存置期間を定めるためのコンクリートの材齢

平均気温	コンクリートの材齢（日）		
	高炉セメントA種・高炉セメントA種相当	高炉セメントB種・高炉セメントB種相当	高炉セメントC種・高炉セメントC種相当
15℃以上	3	5	6
5℃以上15℃度未満	5	7	8
5℃未満	8	10	12

d．床スラブ下・屋根スラブ下および梁下のせき板および支保工の存置期間は，JASS 5 9.10項による．

a．せき板の存置期間は，基礎などのようにコンクリートに引張応力が生じない場合は，初期凍害や外力により容易に損傷するおそれのない圧縮強度を確保できる期間として定められている．せき板はコンクリート形状を決定するだけでなく，若材齢のコンクリートを寒気や外力から保護する役割もある．そのため，初期凍害を受けることなく，容易に傷つけられることのない最低限の強度を確保することが必要であるため，所定の強度以上が確認された後にせき板を取り外すこととしている．1969年版のJASS 5では，型枠存置期間を定めるにあたり，初期凍害の防止のためには50 kgf/cm²の強度が必要としていた．これは，1日1回のサイクルで空中凍結水中融解をした供試体の動弾性係数が，初めの60％になる凍結融解回数と凍結開始のときの引張強度の関係図を参照し，引張強度が動弾性係数の初期値の60％となる凍結融解回数を上回る値として定められ[3]，当時のRILEMの施工指針と同じ値を採用している．

また，計画供用期間の級により型枠を取り外す圧縮強度の基準値が異なるのは，解説図3.6.3に示したように，脱型時強度と中性化抵抗性には相関関係があることによる．

圧縮強度5 N/mm²が得られる材齢を，解説図3.6.4[4)-6)]，解説図3.6.5[7)]および解説表3.6.1[4)]などを参考として推定した後，圧縮強度試験を行うとよい．なお，解説図3.6.4(a)は，高炉セメントA種を普通ポルトランドセメントと同等とし，JASS 5の解説図9.3を引用した．また，解説表3.6.1[4)]には，高炉セメントB種について呼び強度および養生温度ごとに対応する養生日数を示した．

解説図3.6.5[7)]は，打込み季節ごとのせき板取外し時の材齢における圧縮強度の結果を示したもので，高炉セメントB種相当およびC種相当のセメントを用いたW/B 47％および60％のコンクリートについて，夏期，標準期，冬期に打ち込み，所定の材齢で圧縮試験を行ったものである．試

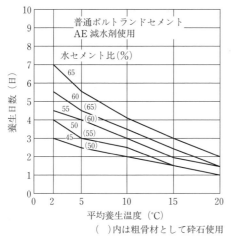

(a) 高炉セメント A 種[4]

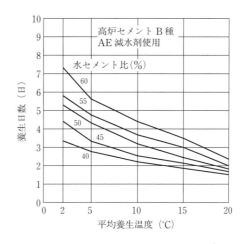

(b) 高炉セメント B 種[5),6)]

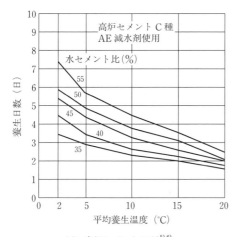

(c) 高炉セメント C 種[5),6)]

解説図 3.6.4 圧縮強度 5 N/mm² が得られるコンクリートの材齢

解説表 3.6.1 高炉セメント B 種を用いたコンクリートの圧縮強度 5 N/mm² が得られる材齢[4]

呼び強度	調合強度	養生温度に対応する養生日数（日）				
		2 ℃	5 ℃	10 ℃	15 ℃	20 ℃
21	25	9.0	6.5	4.5	3.0	2.0
24	28	8.0	6.0	4.0	2.5	2.0
27	31	7.5	5.5	3.5	2.5	1.5
30	35	6.5	5.0	3.0	2.0	1.5
33	38	6.0	4.5	3.0	2.0	1.5
36	42	5.5	4.0	2.5	2.0	1.5
40	46	5.0	4.0	2.5	1.5	1.0

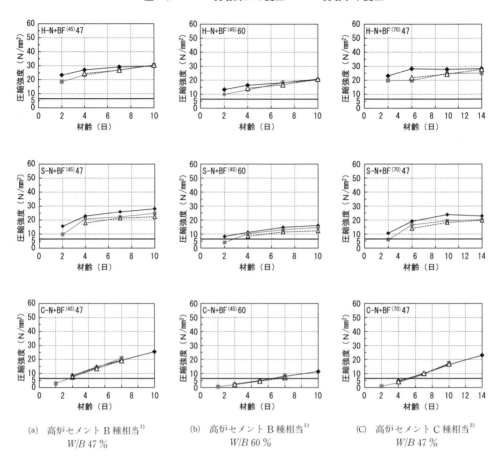

(a) 高炉セメント B 種相当[1]　(b) 高炉セメント B 種相当[1]　(C) 高炉セメント C 種相当[2]
　　W/B 47 %　　　　　　　　　W/B 60 %　　　　　　　　　W/B 47 %

上段：夏期（H），中段：標準期（S），下段：冬期（C）．（解説表 3.6.2 にせき板存置期間中の平均外気温を示す）
1) 高炉スラグ微粉末の普通ポルトランドセメントに対する重量置換率 45 % を使用
2) 高炉スラグ微粉末の普通ポルトランドセメントに対する重量置換率 70 % を使用
図中の記号（例えば S—N—BF[(45)] 47）は解説表 3.6.2 の調合欄の記号と同一．末尾の数字が W/B を示し，(45) は高炉セメント B 種相当，(70) は高炉セメント C 種相当を示す．

解説図 3.6.5　打込み季節別のせき板取外し時の圧縮強度（高炉セメント B 種・B 種相当およびC 種・C 種相当）[7]

解説表 3.6.2　解説図 3.6.5 におけるせき板存置期間中の平均外気温

打込み時期	調合	せき板存置期間中の平均外気温（℃）			
		2日	4日	7日	10日
夏期	H−N+BF$^{(45)}$47	28.6	26.4	24.7	24.4
	H−N+BF$^{(45)}$60	28.4	26.2	24.7	24.4
	H−N+BF$^{(70)}$47	28.2	26.1	24.6	24.4
標準期	S−N+BF$^{(45)}$47	15.6	15.5	16.3	15.7
	S−N+BF$^{(45)}$60	15.4	15.4	16.3	15.7
	S−N+BF$^{(70)}$47	15.3	15.4	16.2	15.7
冬期	C−N+BF$^{(45)}$47	3.5	3.4	3.6	4.2
	C−N+BF$^{(45)}$60	3.6	3.4	3.6	4.2
	C−N+BF$^{(70)}$47	3.6	3.4	3.6	4.2

験体は，模擬壁から採取したコア，封かん養生試験体，水中養生試験体とした．解説表3.6.2にせき板存置期間中の平均外気温を示す．

10℃未満では，気温，調合強度または水セメント比などによって所定の強度に達する材齢に差を生じることが懸念されるため，留意されたい．

b．構造体コンクリートの圧縮強度の確認方法は，JASS 5T-603によるものとし，供試体の養生方法は，構造体コンクリートにできるだけ近い状態となるように，現場水中養生または現場封かん養生としている．また，昭和46年建設省告示第110号「型枠及び支柱の取外しに関する基準を定める件」では，有効材齢を用いた計算式により強度の確認を行うことができるとしている．告示においては，推定する強度の計算式およびそれらの係数や係数の算出式が示されている．

また，建築研究資料 No.168 の「型枠の取外しに関する管理基準の検討」第Ⅱ編「せき板の取外しに係わる積算温度を用いた管理要領(案)」[8]では，具体的なコンクリートの温度を基に算出した積算温度等を用いてコンクリート強度を推定する手法を鉄筋コンクリート造建築物の型枠工事におけるせき板の取外し時期の確認に適用する場合について，要領が記述されている．ここでは，有効材齢による強度推定を行う際に必要となる温度測定装置の概要，コンクリートの温度の測定方法，また，これらを適用してせき板を取り外す際の検査要領が示されているので，参照されたい．

c．計画供用期間の級が短期および標準で，平均気温が2℃以上の場合は，構造体コンクリートの圧縮強度試験を省略し，表3.6に示す日数以上を経過すればせき板を取り外してよい．昭和46年建設省告示第110号「型枠及び支柱の取外しに関する基準を定める件」は2016年に改正が行われ，新たに高炉セメントC種が規定された．

d．早期材齢のコンクリートに過大な荷重を加えるとクリープによりたわみが大きくなり，ひび割れを生じる可能性がある．また，鉄筋との付着強度や打継部の強度に大きく影響する懸念もある．そのため，構造体コンクリートの強度が十分に発現する以前に過大な施工荷重をかけることは，強

度増進中のコンクリート部材に変形を生じさせることになるため，十分な強度が発現するまで型枠存置期間を厳守することが重要である．JASS 5 9.10項では，スラブ下および梁下の支保工の存置期間は，構造体コンクリートの圧縮強度がその部材の設計基準強度に達したことが確認されるまでとしており，また，スラブ下および梁下のせき板は支柱の盛替えを原則として認めないため，支保工を撤去したのちに取り外すこととしている．

3.6.3.1　支柱の盛替え

> JASS 5　9.11項による．

　支柱の盛替えは，いったん型枠を取り外し，再び支柱のみを立て直す作業である．実施の際は細心の注意が払わなければならないにもかかわらず，無造作に行われやすく，また若材齢のコンクリートに荷重が作用するということは，本来望ましい作業ではないので，原則として盛替えを行わないこととしている．

3.6.3.2　型枠の取外し

> a．型枠は，3.6.3項に定める期間に達した後，静かに取り外す．
> b．せき板の取外し後は，ただちに3.6.2項に従い養生を行う．
> c．せき板の取外し後の検査および打ち込み欠陥などの補修については，JASS 5　11.9項による．
> d．型枠の取外し後，有害なひび割れおよびたわみの有無を調査し，異常を認めた場合は，ただちに工事監理者の指示を受ける．

　型枠の取外しの考え方については，JASS 5　9.12項によるが，型枠存置期間や養生の期間については，本指針（案）で定めた期間とする．

参　考　文　献

1) 松下哲郎, 辻大二郎, 井上和政, 閑田徹志：脱型時期が高炉スラグ高含有セメントを用いたコンクリートの圧縮強度，ヤング係数，中性化抵抗性に及ぼす影響, コンクリート工学年次論文報告集　36-1, 2014
2) 日本建築学会：高耐久性鉄筋コンクリート造設計施工指針（案）・同解説, 2004
3) 日本建築学会：建築工事標準仕様書・同解説　JASS 5　鉄筋コンクリート工事, 1969
4) 日本建築学会：建築工事標準仕様書・同解説　JASS 5　鉄筋コンクリート工事, 2015
5) 日本建築学会：高炉スラグ微粉末を使用するコンクリートの調合設計・施工指針・同解説, 2001
6) 日本建築学会：高炉セメントを使用するコンクリートの調合設計・施工指針・同解説, 2001
7) 桝田佳寛ほか：各種結合材を用いた構造体コンクリートの圧縮強度管理の基準に関する検討, 日本建築学会大会学術講演梗概集, pp.160-174, 2015.9
8) 棚野博之ほか：型枠の取外しに関する管理基準の検討 第Ⅱ編 せき板の取外しに係わる積算温度を用いた管理要領（案）, 建築研究資料, No.168, 建築研究所, 2016.3

3.7 品質管理・検査
3.7.1 総則

> a．コンクリートの品質管理および検査は，コンクリートが所定の品質を確保していることを確認するために行う．
> b．品質管理および検査は，品質管理計画を作成し，品質管理責任者を定めて行う．
> c．品質管理および検査の結果は記録に残すとともに，適時利用できるように保管しておく．

a．高炉スラグコンクリートを使用するコンクリート工事では，高炉スラグ微粉末などの使用材料の品質管理および検査，使用するコンクリートの受入検査，構造体コンクリートとしての仕上がり状態，かぶり厚さおよび圧縮強度の検査を行い，コンクリートが所定の品質を確保していることを確認する必要がある．

b．施工者は，鉄筋コンクリート構造体の品質が確保されるように，工事に先立ち，品質管理計画を作成するとともに，品質管理責任者を定める．品質管理責任者は，鉄筋コンクリート工事の全工程における品質管理を行う．品質管理責任者は，通常の工事では，一級および二級建築士，1級および2級建築施工管理技士，(公社)日本コンクリート工学会の認定によるコンクリート主任技士およびコンクリート技士のいずれかの有資格者であることが望ましい．難度の高い工事では，一級建築士，1級建築施工管理技士，技術士（コンクリートを専門とする者）またはコンクリート主任技士のいずれかの有資格者であることが望ましい．

c．品質管理および検査の結果の記録は，納入されたコンクリートおよび打ち込まれたコンクリートの品質が仕様書に適合したものであることを証明するとともに，品質変動の実態を示すものでもある．また，これらの記録は，コンクリートの品質が変化した時の原因究明に役立つため，適時利用できるように保管しておく．

3.7.2 使用材料の品質管理および検査

> 使用材料の品質管理および検査は，JASS 5 11.3項によるほか，高炉スラグ微粉末については表3.7による．

表3.7 高炉スラグ微粉末の品質管理および検査

項　目	品質管理・検査方法	判定基準	時期・回数
高炉スラグ微粉末の種類	高炉スラグ微粉末の試験成績書および納入書による確認	特記されたものまたは工事監理者の承認を受けたものであること	コンクリート工事開始前，工事中1回/月および製造所が変わった場合
高炉スラグ微粉末の品質	JIS A 6206に定める試験または製造会社の試験成績書による確認	JIS A 6206の品質に適合していること	コンクリート工事開始前，工事中1回/月および製造所が変わった場合

高炉スラグ微粉末以外の使用材料の品質管理および検査は，JASS 5 11.3項(2015年版)の規定

に従えばよい．高炉スラグ微粉末については，あらかじめ製造会社の試験成績書および納入書により，高炉スラグ微粉末の種類が特記されたもの，または工事監理者の承認を受けたものであることを確認しておく必要がある．特に，JIS A 6206 では，比表面積によって高炉スラグ微粉末の種類を4種類に区分しているが，目視での判別は困難であるため，必ず試験成績書および納入書により確認する必要がある．

高炉スラグ微粉末の品質の確認は，JIS A 6206 に定める試験または製造会社の試験成績書による確認によって検査する．後者の場合，試験成績書は最新のもので，納入された高炉スラグ微粉末のものでなければならない．

3.7.3 使用するコンクリートの品質管理および検査

> 使用するコンクリートの品質管理および検査は，JASS 5 11.4 項によるほか，高炉スラグ微粉末コンクリートの場合，必要に応じて調合および高炉スラグ微粉末の使用率について表 3.8 により行う．

表 3.8 使用するコンクリートの調合の検査

項　目	検査方法	判定基準	時　期
調　合	調合表およびコンクリートの製造管理記録による確認	計画調合を基に算出された現場調合に対して，製造管理記録が規定の計量誤差範囲内にあること	①打込み当初 ②打込み中に品質の変化が認められたとき
高炉スラグの使用率	同上	同上	同上

使用するコンクリートの品質管理および検査では，JASS 5 11.4 項（2015 年版）に規定されている検査に加えて，高炉スラグ微粉末コンクリートの場合には調合および高炉スラグ微粉末の使用率の確認が重要である．すなわち，表 3.8 に示すように，調合表およびコンクリートの製造管理記録により確認するほか，必要に応じて材料使用量をコンクリート製造者の計量印字記録またはそれに代わる記録によって確認する．

3.7.4 構造体コンクリートの検査

> 構造体コンクリートの検査は，JASS 5 11 節による．

構造体コンクリートの検査は，JASS 5 の規定に従えばよい．すなわち，構造体コンクリートの仕上がりの検査は JASS 5 11.9 項（2015 年版）に，構造体コンクリートのかぶり厚さの検査は JASS 5 11.10 項（2015 年版）に，また，構造体コンクリート強度の検査は JASS 5 11.11 項（2015 年版）にそれぞれ従えばよい．

3.8 特別な仕様のコンクリート
3.8.1 高強度コンクリート
3.8.1.1 適用範囲

> a．本項は，設計基準強度が 36 N/mm² を超え 60 N/mm² 以下の高強度コンクリートに高炉セメントまたは高炉スラグ微粉末を用いる場合に適用する．設計基準強度が 60 N/mm² を超える高強度コンクリートへの適用は，本項に記載する諸規定を参考に，必要に応じて試験または信頼できる資料により，設計で要求される構造体の性能が得られることを確かめ，仕様の詳細を定める．
> b．本項に記載されていない事項については，3.1～3.7 節および JASS 5 17 節による．

　高強度コンクリートとは，設計基準強度が 36 N/mm² を超える場合のコンクリートのことであり，JASS 5 では設計基準強度 60 N/mm² 以下，本会「高強度コンクリート施工指針・同解説」では，設計基準強度 120 N/mm² 以下を対象に具体的な手法が示されている．高炉スラグコンクリートについては設計基準強度 60 N/mm² を超える領域についての実績が少ないことから，本指針（案）では，高強度コンクリートの適用範囲を 60 N/mm² 以下に限定することとした．設計基準強度 60 N/mm² を超える高強度コンクリートの品質・材料・調合・製造・施工および品質管理の方法については，信頼できる資料または試験により，設計で要求される構造体の品質が得られることを確かめて定める．

3.8.1.2 品　　質

> 　高強度コンクリートの品質は，JASS 5 17.3 項による．

　高強度コンクリートに要求される品質は，高炉セメントまたは高炉スラグ微粉末を使用するコンクリートも普通ポルトランドセメントの場合と変わるところはない．JASS 5 17.3 項に規定される高強度コンクリートの品質を解説表 3.8.1 に示す．JASS 5 では，調合強度を定めるための基準とする材齢は，特記のない場合は 28 日とし，解説において，材齢 28 日以降も大きな強度発現を示すセメントや混和材料を用いる場合などでは，実験または信頼できる資料により定めるとよいとしている．高炉セメントまたは高炉スラグ微粉末を使用する高強度コンクリートにおいても，調合強度を定めるための基準とする材齢は，28 日以上 91 日以内の範囲で定めてよい．

解説表 3.8.1　JASS 5　17.3 項に規定される高強度コンクリートの品質

フレッシュコンクリート	・適度な流動性を有し，材料分離を生じることなく型枠内に確実に打ち込むことができるもの
フレッシュコンクリートの流動性	・スランプまたはスランプフローで表す ・F_c 45 N/mm² 未満：スランプ 21 cm 以下またはスランプフロー 50 cm 以下（標準） ・F_c 45 N/mm²〜60 N/mm²：スランプ 23 cm 以下またはスランプフロー 60 cm 以下（標準）
使用するコンクリートの強度	・調合強度を定めるための基準とする材齢は，特記．特記ない場合は 28 日 ・上記の材齢において調合管理強度以上
構造体コンクリート強度	・構造体コンクリート強度を保証する材齢は，特記．特記ない場合は 91 日 ・上記の材齢において設計基準強度以上 ・①標準養生した供試体の圧縮強度を基に合理的な方法で推定した強度，または②構造体温度養生した供試体の圧縮強度で表す 　①調合強度を定めるための基準とする材齢において調合管理強度以上 　②構造体コンクリート強度を保証する材齢において設計基準強度に 3 N/mm² 加えた値以上

3.8.1.3　材　　料

> a．高炉スラグ微粉末およびセメントは，3.2 節による．
> b．骨材は，JASS 5　17.4 項による．
> c．練混ぜ水には，回収水を用いない．
> d．化学混和剤は，JIS A 6204 に適合するものとする．
> e．上記 a〜d 項に定める材料以外の材料を用いる場合は，コンクリートが所要のワーカビリティー・強度・耐久性およびその他の性能を有することを試験または信頼できる資料により確認する．

　a．高強度コンクリート用としては，高炉スラグ微粉末 4 000 に加えて，より比表面積が大きく活性度指数の下限値が大きく設定されている高炉スラグ微粉末 6 000 および 8 000 が使用されることが多い．

　d．化学混和剤のうち，高性能 AE 減水剤は高強度コンクリートにとって必須の材料である．このため，その使用にあたっては，使用する高強度コンクリートの材料の組合せによって所要の品質が得られることを試験または信頼できる資料によって確認する．

3.8.1.4　調　　合

> a．コンクリートの調合は，3.3 節および JASS 5　17 節によるほか，高強度コンクリートの製造・施工条件を考慮して，所要のワーカビリティー・強度・耐久性およびその他の性能が得られる範囲内で，単位セメント量（単位結合材量）ができるだけ少なくなるよう，必要に応じて試し練りを行って定める．

b．水結合材比・単位結合材量および単位ポルトランドセメント量は，所定の構造体コンクリート強度および耐久性が得られるように定める．
　c．構造体強度補正値 $_mS_n$ は，試験または信頼できる資料により定める．

　a．～c．高炉セメントまたは高炉スラグ微粉末を用いた高強度コンクリートの構造体強度補正値 $_{28}S_{91}$ に関する報告は増えている．

　解説図 3.8.1[1])に，高炉セメント B 種を用いた高強度コンクリートの構造体強度補正値 $_{28}S_{91}$ の一例を示す．JASS 5 の解説に示される普通ポルトランドセメントの標準値は，36 N/mm²を超え 48 N/mm²以下までを 9 N/mm²，48 N/mm²を超え 60 N/mm²以下までを 12 N/mm²としているが，同図の高炉セメント B 種を用いた高強度コンクリートの構造体強度補正値 $_{28}S_{91}$ も，概ねその範囲にある．

　解説図 3.8.2[2])に，高炉スラグ使用率 75 ％，水結合材比 30 ％，37 ％および 44 ％の高強度コンクリートの構造体強度補正値 $_{28}S_{91}$ の一例を示す．同図の構造体強度補正値 $_{28}S_{91}$ は，JASS 5 の解説に示される普通ポルトランドセメントの標準値よりいずれも小さく，特に標準期および冬期に小さい．

　セメントに高炉スラグ微粉末とシリカフュームを混入した 100 N/mm²級の高強度コンクリートの検討も報告されており[3)-5)]，いずれも構造体強度補正値 $_{28}S_{91}$ は，おおむね 0 以下となっている．

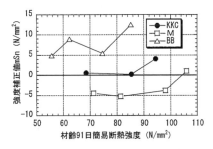

解説図 3.8.1　高炉セメント B 種を用いた高強度コンクリート（図中に KKC と表記）の $_{28}S_{91}$ の例[1)]

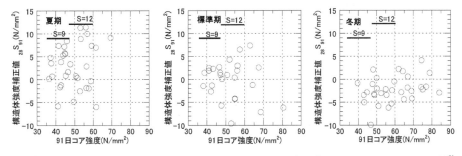

解説図 3.8.2　高炉スラグ使用率 75 ％の結合材を用いた高強度コンクリートの $_{28}S_{91}$ の例[2)]

3.8.1.5 施　　工

> a．高強度コンクリートの発注・製造，施工および品質管理・検査は，JASS 5　17節による．
> b．打込み後の湿潤養生の期間は，A種およびA種相当は5日間以上，B種およびB種相当は7日間以上，C種およびC種相当は9日間以上とする．ただし，試験または信頼できる資料により構造体コンクリートの強度および耐久性の品質を確認した場合は，この限りではない．
> c．コンクリートの厚さが18 cm以上の部材においては，上記b項の湿潤養生期間の終了以前であっても，コンクリートの圧縮強度が15 N/mm²以上に達したことを確認すれば，以降の湿潤養生を打ち切ることができる（JASS 5T-603による．養生方法は現場封かん養生とする）．
> d．せき板の存置期間は，コンクリートの圧縮強度が10 N/mm²以上に達したことが確認されるまでとする．ただし，せき板取外し後，上記b項に示す期間まで湿潤養生を継続できない場合は，コンクリートの圧縮強度が15 N/mm²に達するまでとする．

　　a．b．JASS 5　17節のポルトランドセメントの場合の湿潤養生期間は，設計基準強度が高くなると短くなっており，高炉スラグコンクリートの場合も同様の傾向になると予想される．しかし，高炉スラグを用いた高強度コンクリートの初期養生に関する研究は少ない．また，一般に，高炉スラグコンクリートは湿潤養生の影響を受けやすく，長期強度の確保には湿潤養生が重要とされる．そこで，湿潤養生期間は，3.6.2.1の一般仕様のコンクリートと同様とし，試験または信頼できる資料により定めることができることを追加した．なお，高炉セメントA種およびA種相当については，JASS 5　17.11項の普通ポルトランドセメントの場合の設計基準強度36 N/mm²を超え40 N/mm²以下の場合は5日間以上，40 N/mm²を超え50 N/mm²以下の場合は4日間以上，50 N/mm²を超え60 N/mm²以下の場合は3日間以上が参考になる．

　　c．d．高炉セメントC種相当で水結合材比30％，40％および50％のコンクリートを比較した研究例[6]では，脱型時強度を15 N/mm²とすれば，せき板を材齢7日以前に取り外してその後の湿潤養生を行わなくとも7日存置に対する28日強度比はほぼ100％確保できること，および促進中性化試験において十分な中性化抵抗性が認められることが示されている．そこで，JASS 5　17.11項において，普通および中庸熱ポルトランドセメントを用いた場合に限定されている15 N/mm²を高炉スラグコンクリートにも適用することとした．

参 考 文 献

1）依田和久，笠井　浩，全　振煥，淺岡　茂：環境配慮型CFT充填コンクリートの開発（その2　圧縮強度と強度補正値），日本建築学会大会学術講演梗概集，pp.319-320，2012.9
2）小林利充，溝渕麻子，並木憲司，一瀬賢一：混和材を高含有したコンクリートの基礎的性状（その13　2成分系の構造体コンクリート強度），日本建築学会大会学術講演梗概集，pp.559-560，2015.9
3）小林利充，齊藤　賢，一瀬賢一，溝渕麻子：混和材を高含有したコンクリートの高強度化に関する一考察，コンクリート工学年次論文集，Vol.37，No.1，pp.217-222，2015.9
4）辻大二郎，村上裕貴，井上和政，米澤敏男，黒田　萌，玉木伸二，依田和久，閑田徹志：高炉スラグ高含有セメントを用いた100 N/mm²級超高強度コンクリートの研究（その1　模擬部材の検討　実験概要），日本建築学会大会学術講演梗概集，pp.169-170，2013.8
5）齊藤　賢，小林利充，木村大地，一瀬賢一：混和材を高含有したコンクリートの高強度化に関する検

討(その1 フレッシュ性状,その2 硬化性状),日本建築学会大会学術講演梗概集,pp.329-332,2014.9
6) 松下哲郎,辻大二郎,井上和政,閑田徹志:脱型時期が高炉スラグ高含有セメントを用いたコンクリートの圧縮強度,ヤング係数,中性化抵抗性に及ぼす影響,コンクリート工学年次論文報告集 36-1, 2014

3.8.2 マスコンクリート
3.8.2.1 適用範囲

> a．本項は，高炉セメントまたは高炉スラグ微粉末を用いた設計基準強度が 36 N/mm² 以下のマスコンクリートに適用する．
> b．本項に記載されていない事項については，3.1～3.7節およびJASS 5 21節による．

マスコンクリートの定義は，JASS 5において「部材断面の最小寸法が大きく，かつセメントの水和熱による温度上昇で有害なひび割れが入るおそれがある部分のコンクリート」とされている．

部材断面の大きい部材に打ち込まれたコンクリートは，硬化中にセメントの水和熱が蓄積されて内部温度が上昇する．このとき，コンクリート部材の表面と内部の温度差が生じ，あるいは部材全体の温度が降下するときの収縮変形の拘束によって応力が生じ，ひび割れが発生するなどの問題が起きやすい．このため，マスコンクリートの施工に際しては，次のような点に留意する必要がある．

(1) 打込み後のコンクリート部材の内部温度をできるかぎり低くする．
(2) 内部温度が最高温度に達した後の温度降下速度をできるかぎり遅くする．
(3) 内部と外部の温度差に留意し，部材表面を急冷しない．
(4) 外部拘束が小さくなるように，打込み区画の大きさや打込み順序，打込み時間を定める．
(5) コールドジョイントが発生しないように，コンクリートの打込みは連続的に行う．

一般に流通している高炉セメントB種は，同一単位セメント量の場合のコンクリートの断熱温度上昇量が普通ポルトランドセメントと同等であり，マスコンクリートに使用するにあたっては，注意が必要である．高温履歴を経た場合に自己収縮が顕著になる場合があることや線膨張率がポルトランドセメントより大きい傾向があることなど，温度ひび割れの面で不利な指摘もある．

一方，高炉スラグ微粉末3 000を混合したり，混合材の分量を多くしているマスコンクリート用途の高炉セメントB種，高炉セメントC種，高炉スラグ微粉末を混和材として用いたコンクリートは，コンクリートの所要の品質を確保しながら単位セメント量を減少させ，水和熱の緩和が期待できるため，マスコンクリートに適している．

3.8.2.2 品　　質

> マスコンクリートの品質は，JASS 5 21.3項による．

マスコンクリートに要求される品質は，高炉スラグコンクリートも普通ポルトランドセメントの場合と変わるところはない．ただし，JASS 5 21.3項では，低発熱形のセメントを用いたコンク

リートは強度発現が緩やかであり,材齢28日以降にも強度増進が期待できることから,調合強度を定めるための基準とする材齢を延長することにより,単位セメント量(単位結合材量)を少なくできることが解説されている.高炉スラグコンクリートにおいても,長期材齢での強度増進を利用して,調合強度を定めるための基準とする材齢を長期に定めることが有効となる場合がある.

3.8.2.3 材　　　料

> a．セメントは,3.2.2項による.ただし,早強ポルトランドセメントは用いない.
> b．高炉スラグ微粉末の種類は,3.2.3項のうち高炉スラグ微粉末4 000を原則とする.
> c．化学混和剤は,JIS A 6204に適合するAE剤,AE減水剤(標準形,遅延形)または高性能AE減水剤(標準形,遅延形)を用いる.
> d．上記a～c項に定める材料以外の材料を用いる場合は,コンクリートが所要のワーカビリティー・強度・耐久性およびその他の性能を有することを試験または信頼できる資料によって確認する.

　a．水和熱の抑制の観点では,混合材の分量を多くし,高炉スラグ微粉末3 000を混合しているマスコンクリート用途の高炉セメントB種や高炉セメントC種は,マスコンクリートに適したセメントである.早強ポルトランドセメントや高温のセメントは水和熱が大きく,発熱速度も大きいので用いない.

　b．高炉スラグ微粉末コンクリートは,無混入のコンクリートと比較して使用する高炉スラグ微粉末の活性度が低いほど,また,高炉スラグの使用率が大きいほど強度発現が遅くなる.したがって,高炉スラグ微粉末の特性を有効に生かせるよう,コンクリートの打込み部位および強度に応じて使用する種類を選定し,高炉スラグの使用率を定めることが必要である.

　c．高性能AE減水剤は,単位水量の低減やスランプの経時変化を小さくする効果があるが,使用実績などを考慮して,あらかじめ試し練りを行って,その効果を確認することが必要である.また,高炉スラグの使用率が大きく,単位ポルトランドセメント量が少ないコンクリートは,一般のAE減水剤では運搬時のスランプの低下が大きくなる場合があるので,あらかじめ試し練りまたは信頼できる資料によって確認しておくとよい.なお,AE減水剤には本文に規定したもののほかに促進形があるが,これはセメントの水和反応を促進させ,初期の水和発熱を増大させるので,使用してはならない.

3.8.2.4 調　　　合

> a．コンクリートの調合は3.3節およびJASS 5　21.5項によるほか,マスコンクリートの製造・施工条件を考慮して,所要のワーカビリティー・強度・耐久性およびその他の性能が得られる範囲内で,単位セメント量ができるだけ少なくなるよう,試し練りを行って定める.この場合,3.3節の規定値は適用しない.
> b．高炉スラグ微粉末の種類および使用率は,所定の構造体コンクリート強度および水和熱量に応じて選定する.

3章 基本仕様 —95—

> c．単位結合材量の最小値は，原則として高炉セメントA種・B種およびA種相当・B種相当では270 kg/m³，高炉セメントC種およびC種相当では300 kg/m³とする．
> d．水結合材比および単位ポルトランドセメント量は，所定の構造体コンクリート強度および耐久性が得られるように適切に定める．
> e．マスコンクリートの構造体強度補正値 $_mSM_n$ は，試験または信頼できる資料により定める．
> f．スランプは，15 cm 以下を原則とする．ただし，高性能AE減水剤または流動化剤を用いる場合は，18 cm以下とすることができる．

a．単位セメント量については，事前にコンクリートが所要の品質・性能を満足することを試験によって確認する必要がある．この場合，3.3節の規定値を必ずしも満足しなくてもよい．

b．高炉スラグ微粉末は，種類や使用率によって断熱温度上昇量と発熱速度の性状が異なる．所定の構造体コンクリート強度が得られる範囲内で，温度上昇の抑制とひび割れ低減のために，適切な種類と使用率を選定することが必要である．温度ひび割れの検討は，4.3.2項による．

c．高炉スラグを用いたマスコンクリートの単位結合材量の最小値は，所要のワーカビリティー，コンクリートの運搬時や圧送時に必要な材料分離抵抗性の確保および耐久性を考慮して原則を定めた．ただし，これらの性能を試験または信頼できる資料により確認した場合は，この限りではない．

d．マスコンクリートの場合の水結合材比および単位ポルトランドセメント量は，所定の構造体コンクリート強度が確保でき，かつ中性化などの耐久性に問題が生じないように設定する．3.2.7項で単位ポルトランドセメント量の最小値を規定し，さらに本会「高炉スラグ微粉末を使用するコンクリートの調合設計・施工指針・同解説」（2001年）では，マスコンクリートの単位ポルトランドセメント量を110 kg/m³以上と定めていたが，中性化に対して特別な配慮を要さない部位に使用する場合などを考慮し，本指針（案）では，マスコンクリートに限りこの最小値を削除した．

e．JASS 5 21節（2015年）の解説において，高炉セメントB種のマスコンクリートの構造体強度補正値 $_{28}SM_{91}$ が見直され，予想平均養生温度0℃以上の場合が3 N/mm²，暑中期間の場合が6 N/mm²となった．解説図3.8.3[1)]に，高炉スラグの使用率が大きいコンクリートの構造体強度補正値の一例を示す．高炉スラグ微粉末を65％程度大量に置換した高炉スラグ高含有セメントを用いたコンクリートの構造体強度補正値 $_{28}SM_{91}$ は，2009年版JASS 5に示される高炉セメントB種の標準値と同等以下となっている．

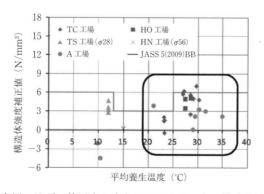

解説図 3.8.3　高炉スラグの使用率が大きいコンクリートの構造体強度補正値の例[1)]

f．マスコンクリートでは，単位結合材量の低減のために単位水量を低減し，小さいスランプとすることが調合設計上の有効な方策である．このような観点から，スランプの最大値を原則15 cmとした．ただし，高性能AE減水剤や流動化剤などの性能向上により，単位水量や単位セメント量（単位結合材量）を増加させることなく，流動性や材料分離抵抗性などの品質の優れたコンクリートを製造することが可能となったため，それらの混和剤を用いる場合は，18 cmまで許容することとした．

3.8.2.5　施　　工

> a．マスコンクリートの発注・製造，施工および品質管理・検査は，JASS 5　21節による．
> b．コンクリートの打込みは，温度ひび割れに配慮した打込み計画に従って行う．

　a．高炉スラグコンクリートの性状は，高炉スラグの使用率や水結合材比などによって異なる．使用率が大きく粉体量が多いコンクリートは，ブリーディングが少なく，暑中期のプラスチック収縮ひび割れに配慮が必要な場合がある．一方，冬期の施工で結合材の量が少ない場合は，凝結が遅いためにブリーディング処理が必要なケースが考えられる．使用する高炉スラグコンクリートの性状を事前に把握し，初回の打込みは慎重を期して行い，次回の打込みに反映させるとよい．

　b．マスコンクリートの施工に際しては，温度ひび割れに配慮して，打込み工区の大きさ，打込み順序，打込み時間間隔等の打込み計画を定める必要がある．解説表3.8.2に，1工区の打込み長さと打上がり高さの比（L/H）の限度の目安を示す．これは，本会「マスコンクリートの温度ひび割れ制御設計・施工指針（案）・同解説」の6章（仕様設計）から，一般環境下において鉄筋腐食抵抗性を確保するための最大ひび割れ幅の許容値0.4 mm以下に対応する部分を抜粋したものであり，打込み計画の立案に利用するとよい．ただし，漏水抵抗性を確保するために最大ひび割れ幅の許容値を厳しく制限する場合，解説表3.8.2を超えるL/Hでマスコンクリート用の高炉セメントB種や高炉セメントC種を使用する場合，複雑な形状の部材や厚い部材をいくつかの層に分割して打ち込むといった条件の場合については，4.3.2の温度ひび割れの検討を行う必要がある．

解説表3.8.2　1工区の打込み長さと打上がり高さの比（L/H）の目安

地盤条件	結合材の種類	版状部材[1]		壁状部材[2]	
		単位結合材量 350 kg/m³以下	単位結合材量 450 kg/m³以下	単位結合材量 350 kg/m³以下	単位結合材量 450 kg/m³以下
軟弱(粘性土)	高炉セメントA種およびB種（A種相当およびB種相当）	L/H=40以下	L/H=40以下	L/H=6以下	対応不可
普通(砂質土)		L/H=40以下	L/H=40以下	L/H=4以下	対応不可
岩盤		L/H=10以下	L/H=9以下	L/H=2以下	対応不可

［注］　一般環境下において鉄筋腐食抵抗性を確保するための最大ひび割れ幅の許容値0.4 mm以下を対象
（1）　適用できる版状部材の寸法は，厚さ3.5 m以下，長さ40 m以下
（2）　適用できる壁状部材の寸法は，厚さ1 m以下の版状部材の上に打ち込まれる高さ4 m以下，厚さ3.5 m以下，長さ40 m以下

参 考 文 献
1) 依田和久，閑田徹志，全　振煥，百瀬晴基，田中秀樹，玉木伸二：高炉スラグ高含有セメントを用いたコンクリートにおける構造体強度補正値の標準値の検討，日本建築学会大会学術講演梗概集，pp. 535-536，2015.9

3.8.3　水中コンクリート
3.8.3.1　適用範囲

> a．本項は，高炉セメントまたは高炉スラグ微粉末を用いた水中または安定液中に打ち込む場所打ちコンクリート杭，または鉄筋コンクリート地中壁の鉄筋コンクリート工事に適用する．
> b．本項に記載されていない事項については，3.1～3.7節およびJASS 5　24節による．

　a．b．高炉セメントおよび高炉スラグ微粉末を用いたコンクリートは，場所打ち杭や地中壁などの水中コンクリートに適していることが知られている．その理由は，水中または高湿度である地中環境においては中性化の進行が遅いこと[1),2)]，海水や酸・硫酸塩といった地中環境中の劣化因子に対して抵抗性が高いことが理由である．したがって，水中コンクリートに適した材料として積極的な利用が望まれる．

3.8.3.2　品　　質

> a．コンクリートの品質は，3.1節およびJASS 5　24.3項による．
> b．コンクリートは，水中または安定液中で高い材料分離抵抗性を有するものとする．
> c．水中コンクリートには，乾燥収縮の規定は適用しない．

　a．水中コンクリートは，トレミー管を通じて打ち込まれ，一般工事のように振動や外力を加えて締め固めることが困難である．特に大口径の場所打ち杭や地中壁は，トレミー管から2～3m程度の距離までコンクリートが流動し，分離することなく広がって充填されることが必要となる．したがって，水中コンクリートでは，打ち込まれるコンクリートの品質の良否が，打上がりコンクリートの品質を直接左右するため，高い流動性と材料分離抵抗性の確保が必要となる．

　一般仕様のコンクリートのスランプは原則として18cm以下としているが，スランプが小さいことで大口径杭の杭頭部に未充填部が発生するなどの報告[3)]もあり，留意しなければならない．すなわち，水中コンクリートは水中または安定液中にトレミー管で打ち込むため，スランプは，コンクリートが自重によって円滑に流下し，横方向にもなめらかに流動し，隅々まで行き渡る程度の大きさが必要である．

　一方，近年，杭や地中連続壁に使用するコンクリートは高強度化していく傾向があるが，コンクリートが高強度化すると粘性が大きくなり，同一スランプでは流動性や充填性が低下する場合がある．したがって，調合管理強度が33N/mm²未満の場合のスランプは21cm以下，33N/mm²以上の場合は材料分離を起こさない範囲で23cm以下としてよいとし，JASS 5　24.3項の規定と同じと

している．

　b．水中コンクリートは，水や安定液と完全に置き換えるために通常より粘性を高く，材料分離を少なくする必要があるが，打ち上げられる高さが高く，材料分離やブリーディングが生じやすい．一方，高炉セメントおよび高炉スラグ微粉末を用いたコンクリートは，通常の化学混和剤を用いると，経時によって流動性の大きな低下を招く事例があることが報告[4]されている．特に，高い流動性の確保が必要である水中コンクリートでは注意する必要があり，高炉スラグ微粉末の分量が多い高炉スラグコンクリートには，専用の化学混和剤などを適切に選定する必要がある．

　c．水中コンクリートは，施工後の多くは水中または湿潤状態にあり，乾燥収縮は生じにくい部位である．したがって，水中コンクリートには，乾燥収縮の規定は適用しないこととした．

3.8.3.3 材　　　料

> a．高炉スラグ微粉末を使用する場合のベースセメントは，原則として普通ポルトランドセメントとする．
> b．上記に記載のないコンクリートの材料は，3.2節およびJASS 5　24.3項による．

　a．b．水中コンクリートはマスコンクリートとなることがあるが，通常は拘束が小さいため，温度ひび割れ発生の可能性は小さい．高炉セメントおよび高炉スラグ微粉末を用いたコンクリートは，置換率が高いほど一般に水和熱が小さく，コンクリートの温度上昇を低減させることができるため，水中コンクリートの使用に適している．ただし，水中コンクリートには，これまで高炉セメントまたはベースセメントに普通ポルトランドセメントを使用した場合の実績や試験結果が多いことを考慮し，高炉スラグ微粉末を使用する場合は，普通ポルトランドセメントを使用することを原則とした．

3.8.3.4 調　　　合

> a．構造体強度補正値 $_mS_n$ の値は，3 N/mm²とする．ただし，試験または信頼できる資料によって確認した場合は，この限りではない．
> b．水結合材比の最大値は，場所打ちコンクリートでは60％，地中壁では55％とする．
> c．単位セメント量(単位結合材量)の最小値は，場所打ちコンクリート杭では330 kg/m³，地中壁では360 kg/m³とする．
> d．単位水量の最大値は，200 kg/m³とする．
> e．上記に記載のないコンクリートの調合は，3.3節およびJASS 5　24.3項による．

　a．水中コンクリートは，ほとんどの場合，地中に打ち込まれる．地中の温度は，一般に季節による変化がなくほぼ一定であり，打ち込まれたコンクリートの温度は15℃以上を確保できると考えられる．したがって，養生温度による強度の補正は行わず，2003年版のJASS 5における ΔF の 3 N/mm²を構造体強度補正値 $_mS_n$ とすることとした．ただし，試験または信頼できる資料によって定めた場合は，その値を用いてよい．

b.～d．高炉セメントおよび高炉スラグ微粉末を用いたコンクリートを用いた場合でも，調合は一般の水中コンクリートと特に変わらないため，JASS 5と同じとしたが，試し練り時に流動性・材料分離抵抗性・ブリーディング等を確認するとよい．

3.8.3.5　施　　工

> コンクリートの施工は，JASS 5　24.3項による．

　高炉セメントおよび高炉スラグ微粉末を使用したコンクリートの施工に関しては特に異なることがないため，JASS 5と同じとした．ただし，高炉スラグ微粉末を用いた場合でC種相当とした場合は凝結が遅延する傾向があり，逆打工法で場所打ちコンクリート杭に構真柱を事前に打ち込む場合などは，構真柱サポートの取外し時期に注意する必要がある．

参考文献
1) 椿原康則，山田　毅，山下　清：場所打ちコンクリート杭の中性化調査例，日本建築学会大会学術講演梗概集，pp.563-564，2003.9
2) 辻　泰一，角田光正ほか：超高層建築物における既存杭利用（その1）（その2），日本建築学会大会学術講演梗概集，pp.565-568，2007.8
3) 池本宏文，鈴木啓晋，渡邉久智，今野博史：生まれかわるJR千葉駅　駅改良工事での大口径場所打ち杭の施工，セメント・コンクリート，No.799，pp.9-15，2013.9
4) 辻大二郎，村上裕貴，若井修一，小島正朗：高炉スラグ高含有セメントを用いた場所打ちコンクリート杭の品質，コンクリート工学年次論文集，Vol.37，No.1，pp.1357-3462，2015

3.8.4　海水の作用を受けるコンクリート
3.8.4.1　適　用　範　囲

> a．本項は，海水の作用を受ける高炉スラグコンクリートに適用する．
> b．塩害環境の区分は，準重塩害環境，塩害環境および重塩害環境とする．海水に接する部分で潮の干満を受ける部分および波しぶきを受ける部分は重塩害環境，海水に接する部分で常時海中にある部分は準塩害環境とし，飛来塩分の影響を受ける部分は，飛来塩分量に応じて表3.9によって区分する．
> c．海水および飛来塩分の作用を受ける構造体の計画供用期間の級は，塩害環境においては短期，準塩害環境においては短期，標準または長期を原則とする．

表 3.9 飛来塩分量による塩害環境の区分

塩害環境の区分	飛来塩分量[1]（NaCl）	地域と立地条件の例[2]
重塩害環境	25 mdd を超える	・日本海側，沖縄県全域，伊豆諸島・奄美諸島等の離島部などの地域で，汀線から 20 m 程度の範囲．
塩害環境	13 mdd を超え 25 mdd 以下	・日本海側，沖縄県全域，伊豆諸島・奄美諸島等の離島部などの地域で，汀線から 20～70 m 程度の範囲． ・東北地方の太平洋側の地域で，汀線から 20 m 程度の範囲．
準塩害環境	4 mdd 以上 13 mdd 以下	・日本海側，沖縄県全域，伊豆諸島・奄美諸島等の離島部などの地域で，汀線から 70～150 m 程度の範囲． ・東北地方の太平洋側の地域で，汀線から 20～100 m 程度の範囲． ・オホーツク海側，太平洋側，九州地方の東シナ海側の地域で，汀線から 50 m 程度の範囲．

[注] (1) mdd は，飛来塩分量の単位で mg/dm²/day の意味で，1 dm＝0.1 m である．
(2) 建築物が遮蔽物で囲まれて海に面していない場合，重塩害環境は塩害環境に，塩害環境は準塩害環境に，準塩害環境は海水の作用を受けるコンクリートの対象外と考えてよい．

a．高炉セメントまたは高炉スラグ微粉末を用いたコンクリートは，海水の作用を受けるコンクリートに適していることが知られている．その理由は，コンクリート中への塩分の浸透抵抗性が高いこと，海水中の硫酸塩類による劣化に対して抵抗性が高いことである．したがって，海水の作用を受けるコンクリートに適した材料として，積極的な利用が望まれる．

b．c．塩害環境は JASS 5 と同じ区分とし，計画供用期間の級もそれに準じることとした．

3.8.4.2 品　　　質

塩害環境または準塩害環境に位置し，海水および飛来塩分の影響を受ける部分の最小かぶり厚さおよびコンクリートの耐久設計基準強度は，特記による．特記がない場合は，表 3.10 による．

表 3.10 最小かぶり厚さと耐久設計基準強度

塩害環境の区分	計画供用期間の級	最小かぶり厚さ（mm）	耐久設計基準強度（N/mm²）	
			普通ポルトランドセメント 高炉セメント A 種および A 種相当	高炉セメント B 種および B 種相当 高炉セメント C 種および C 種相当
塩害環境	短期	50	36	33
		60	33	30
	短期	40	30	24
		50[1]	24[1]	21[1]

		40	36	33
準塩害環境	標　準	50	33	30
		60[(1)]	30[(1)]	24[(1)]
	長　期	50	36	33
		60[(1)]	33[(1)]	30[(1)]
[注]　(1)　海中にある部分に適用する．（陸上部へも適用可能）				

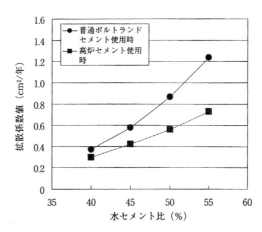

解説図 3.8.4　セメント種類別の水セメント比と拡散係数の関係

　高炉セメントまたは高炉スラグ微粉末を使用すると，海水の作用に対する抵抗性が向上することが知られている．解説図 3.8.4（JASS 5　解説図 25.4）は，普通ポルトランドセメントと高炉セメント B 種における水セメント比と塩分の拡散係数の関係を示している．高炉セメント B 種の場合は，普通ポルトランドセメントよりも同じ拡散係数が得られる水セメント比を約 5 ％程度大きくすることができる．したがって，JASS 5 では，表 3.10 に示すように，普通ポルトランドセメントを使用したコンクリートよりも耐久設計基準強度を低く設定することができるとしている．ここではこれにならい，高炉セメント A 種および A 種相当の場合は普通ポルトランドセメントと同じ，B 種相当は高炉セメント B 種と同じとした．また，高炉セメント C 種および C 種相当の場合は，高炉セメント B 種と比較して海水作用で抵抗性が向上するといった試験結果もあるが，実績が少ないことから，高炉セメント B 種と同じ耐久設計基準強度とした．なお，表 3.10 では，塩害環境の区分として，重塩害環境について最小かぶり厚さおよび耐久設計基準強度を示していないが，この環境区分に用いる場合は，4 章にてこれらの値を定めるものとする．

3.8.4.3　材　　料

　高炉スラグ微粉末を使用する場合のベースセメントは，原則として普通ポルトランドセメントとする．

コンクリートに海水が作用すると、セメントペーストは主としてエトリンガイトの生成による膨張反応を起こし劣化する可能性があり、海水に対する耐久性を向上させるためには、アルミン酸三カルシウム（C_3A）の含有量が少ないセメント、または$Ca(OH)_2$の生成量が少ないセメントを使用することが望ましいとされており、中庸熱ポルトランドセメントや低熱ポルトランドセメントを選択するのがよいといえる。一方で、高炉スラグ微粉末を用いたコンクリートのベースセメントにこれらのセメントを使用した例は少なく、試験結果も少ないことから、ベースセメントに普通ポルトランドセメント以外のセメントを使用する場合は、試験または信頼できる資料により確認する必要がある。

3.8.4.4 調　合

水セメント比は、塩害環境の区分に応じて表3.11の値以下とし、特記による。

表3.11　水結合材比の最大値

塩害環境の区分	水結合材比の最大値（％）	
	普通ポルトランドセメント 高炉セメントA種およびA種相当	高炉セメントB種およびB種相当 高炉セメントC種およびC種相当
塩害環境	45	50
準塩害環境	55	60

品質の項でも示したとおり、高炉セメントB種は普通ポルトランドセメントと比較して水セメント比を大きくできる。ここでも同様に、高炉セメントA種およびA種相当の場合は普通ポルトランドセメントと同じ、B種相当、ならびに高炉セメントC種およびC種相当の場合は、高炉セメントB種と同じとした。

3.8.5　激しい凍結融解作用を受けるコンクリート
3.8.5.1　適用範囲

a．本項は、高炉セメントおよび高炉スラグ微粉末を用いた激しい凍結融解作用を受けるコンクリートに適用する。
b．本項に記載されていない事項については、3.1～3.7節およびJASS 5　26節による。

a．本項の適用は、凍結融解作用の強さ（その建物の建つ地域の気象条件、コンクリートの使用される部位、コンクリートの含水条件など）、構造物や部材の重要度などを総合的に考慮して決定する。本項を適用しないコンクリートでも目標空気量の標準値が4.5％であり、ある程度の凍結融解作用に対する抵抗性を有するものとなっている。本項で対象とする「激しい凍結融解作用」とは、湿潤状態での凍結融解作用を想定している。凍結融解作用の強さは、凍結最低温度が低いほど、含

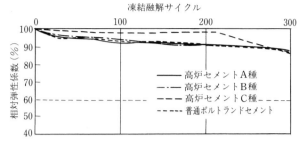

解説図 3.8.5　AE コンクリートの相対動弾性係数[1]

水率が高いほど強くなるが，金属笠木の使用や水分の滞留しないディテールの工夫など，コンクリートへの水の浸透の抑制やコンクリートの含水率を高くしないための十分な対策が講じられている場合には，凍結融解作用の強さが大きくても本項を適用する必要はない．

なお，高炉セメントおよび高炉スラグ微粉末を使用したコンクリートの凍結融解作用に対する抵抗性は，解説図 3.8.5 に示すように，AE コンクリートであれば，同一水セメント比（水結合材比）の場合にはセメントの種類（A 種，B 種および C 種）によってそれほど著しい差異は認められない．

3.8.5.2　品　　質

> 激しい凍結融解作用を受けるコンクリートの品質は，JASS 5　26.3 項による．

激しい凍結融解作用を受けるコンクリートに要求される品質は，高炉セメントおよび高炉スラグ微粉末を用いたコンクリートも普通ポルトランドセメントの場合と変わるところはない．

耐久設計基準強度は特記により定めるが，特記がない場合は，計画供用期間の級が短期の場合には 21 N/mm²，標準の場合には 27 N/mm² とし，一般環境における値よりも 3 N/mm² 大きい値としている．これは，コンクリートの高強度化は凍結融解抵抗性，特にスケーリング抵抗性の向上に有効なためである．なお，計画供用期間の級が長期および超長期の場合については，想定される期間に対する調査データがないため，耐久設計基準強度の標準値を示していないが，仕上材などによるコンクリートへの水の浸透の抑制対策と併せた対応が必要である．

また，AE コンクリートとして適切な空気を連行することが凍害対策の基本であり，空気量の下限値を 4 ％ とし，施工要因等による変動を考慮して目標空気量を定める必要がある．

3.8.5.3　材　　料

> コンクリートに用いる材料は，3.2 節および JASS 5　26.4 項による．

高炉セメントおよび高炉スラグ微粉末を用いた激しい凍結融解作用を受けるコンクリートに用いる材料は，普通ポルトランドセメントの場合と同様である．

3.8.5.4 調　　合

> コンクリートの調合は，3.3節およびJASS 5　26.5項による．

　高炉セメントおよび高炉スラグ微粉末を用いた激しい凍結融解作用を受けるコンクリートの調合は，一般的なコンクリートと同様である．なお，寒冷地では，施工期間が寒中コンクリートの適用期間となることがあり，この場合の調合は3.3節によるほか，JASS 5　12.5項および本会「寒中コンクリート施工指針・同解説」による．

3.8.5.5 施　　工

> 施工は，3.4～3.7節およびJASS 5　26.6～26.8項による．

　高炉セメントおよび高炉スラグ微粉末を使用したコンクリートは，普通ポルトランドセメントを使用した場合と比べて，凝結が遅れる傾向にある．凝結の遅延が，コンクリートの打込みまたは締固めに対して不利になることはないが，凝結・硬化の過程で著しい乾燥を受けると硬化後の耐凍害性が劣る場合が多いため，打込み後のコンクリートの適切な養生が必要である．

参 考 文 献
1) 依田彰彦，横室　隆，枝広英俊：山陰地方において28年経た高炉セメントC種を用いたRC造建物の耐久性調査，セメント・コンクリート論文集，No.43，1989.5

3.8.6　再生骨材コンクリート
3.8.6.1　適用範囲

> a．本項は，高炉セメントおよび高炉スラグ微粉末を用いた再生骨材コンクリートHおよびMに適用する．ただし，高炉セメントC種・C種相当を用いる場合は，4章による．
> b．本項に記載されていない事項については，JASS 5　28節による．

　a．高炉セメントおよび高炉スラグ微粉末を用いた再生骨材コンクリートは，CO_2削減の側面だけでなく，リサイクルの側面からも環境負荷の低減効果は高いため，その特性を生かした積極的な利用が望まれる．本項では，高炉セメントおよび高炉スラグ微粉末を用いた再生骨材コンクリートを用いる際の規定について示す．高炉セメントC種・C種相当の結合材を用いる再生骨材コンクリートについてはデータが乏しいため，4章により性能検証を行う．

　b．再生骨材の品質を勘案した再生骨材コンクリートの適用箇所を解説表3.8.3に示す．高炉セメントおよび高炉スラグ微粉末を用いた再生骨材コンクリートの適用に関しても，同様とする．

　再生骨材コンクリートM（耐凍害品）の満たすべき条件は，下記に示すとおりである．

解説表 3.8.3 再生骨材コンクリートの種類による適用部位

種　類	適用部位・部材
再生骨材コンクリート H	構造部材および非構造部材
再生骨材コンクリート M（耐凍害品）	乾燥の影響を受けない 構造部材および非構造部材
再生骨材コンクリート M（標準品）	乾燥および凍結融解作用の影響を受けない 構造部材および非構造部材
再生骨材コンクリート L	無筋の非構造部材

・粗骨材最大寸法は 20 mm または 25 mm とする．
・呼び強度は 27 以上とする．
・空気量およびその許容差は 5.5±1.5％とする．
・粗骨材には，FM 凍害指数が 0.08 以下のコンクリート用再生粗骨材 M を単独で使用するか，または FM 凍害指数が 0.08 以下のコンクリート用再生粗骨材 M と JIS A 5308 の附属書 A に適合する骨材（人工軽量骨材は除く）を併用する．
・細骨材には，JIS A 5308 の附属書 A に適合する骨材（人工軽量骨材は除く）を使用することとし，コンクリート用再生細骨材 M は使用しない．

なお，再生骨材 M の凍結融解試験のロットの最大値は，不特定多数の建設現場から搬入されるコンクリート解体材から再生骨材を製造する場合には，500 トンまたは 1 週間で製造できる量とし，原コンクリートが特定され，かつ AE コンクリートであることが配合報告書等の書類によって確認できる場合には，3 か月で製造できる量とすることができる．

3.8.6.2　再生骨材コンクリートの品質

> 高炉セメントおよび高炉スラグ微粉末を用いた再生骨材コンクリート H および M の品質は，JASS 5　28.3 項による．

再生骨材コンクリート H と再生骨材コンクリート M の満たすべき品質は，所要のワーカビリティー，スランプ，圧縮強度，ヤング係数，気乾単位容積質量および耐久性である．再生骨材コンクリート L の場合，再生骨材の品質が低く，耐久性の確保が困難なことが予想されるため，耐久性

解説表 3.8.4 再生骨材コンクリートの耐久設計基準強度

計画供用期間の級	再生骨材コンクリート H	再生骨材コンクリート M
短　期	18	18
標　準	24	24
長　期	30	—

が必要な有筋の構造体コンクリートへの使用は一般には認められていない．再生骨材コンクリートHの設計基準強度の上限値は 36 N/mm² であり，再生骨材コンクリート M の設計基準強度の上限値は 30 N/mm² である．なお，耐久設計基準強度は，解説表 3.8.4 のとおりである．

再生骨材コンクリートに必要な耐久性としては，中性化に対する抵抗性があること，鉄筋の腐食に対して防せい性があること，凍結融解作用に対する抵抗性があること（再生骨材コンクリート M（標準品）を除く），アルカリシリカ反応が生じないことなどが挙げられる．

3.8.6.3 材　　　料

> ａ．再生骨材は，JIS A 5021 または JIS A 5022 附属書 A に適合する骨材とする．
> ｂ．再生骨材以外の材料については，3.2 節による．

ａ．ｂ．本項で用いる再生骨材は，JIS に規定されている再生骨材とし，再生骨材以外の材料については，本指針の 3.2 によるとした．

3.8.6.4 調　　　合

> 高炉セメントおよび高炉スラグ微粉末を用いた再生骨材コンクリート H および M の調合は，JASS 5　28.5 項による．

高炉セメントおよび高炉スラグ微粉末を用いた再生骨材コンクリート H および M の調合は，JASS 5　28.5 項によるとした．なお，混合セメントや混和材が有用に用いられるケースとして，マスコンクリート対策や塩害対策と並んで，アルカリシリカ反応（ASR）の抑制対策が挙げられる．

再生骨材コンクリートの場合も同様である．混合セメントなどを使用する抑制対策は，次の 3 つの ASR 抑制対策のうちの 1 つである．

・コンクリート中のアルカリ総量を規制する抑制対策
・ASR 抑制効果のある混合セメントなどを使用する抑制対策
・安全と認められる再生骨材を使用する抑制対策

再生骨材コンクリートの場合の混合セメントなどを使用する抑制対策について，JIS A 5022 附属書 C には，①ASR 抑制効果のある混合セメント等を使用し，かつアルカリ総量を 3.5 kg/m³ 以下に規制する抑制対策の方法，②ASR 抑制効果のある混合セメント等を使用し，かつアルカリ総量を 4.2 kg/m³ 以下に規制する抑制対策の方法，③ASR 抑制効果のある混合セメント等を使用し，かつ単位セメント量の上限値を規制する抑制対策の方法，の 3 つの規定がある．

アルカリ総量の計算が必要ない③の抑制対策において，高炉セメントおよび高炉スラグ微粉末を用いたケースを抜粋すると，解説表 3.8.5 のようになる．

解説表 3.8.5 高炉セメントおよび高炉スラグ微粉末を用いた ASR 抑制対策の方法

再生骨材コンクリートMの種別	高炉スラグの使用率	付帯事項
再生M1種（耐凍害品） または 再生M1種（標準品）	40％以上 50％以上	単位結合材量の上限値 400 kg/m³ 単位結合材量の上限値 500 kg/m³
再生M2種	50％以上	単位結合材量の上限値 350 kg/m³

3.8.6.5 発注・製造・施工

> a．高炉セメントおよび高炉スラグ微粉末を用いた再生骨材コンクリート H および M の発注・製造は，JASS 5 28.6 項による．
> b．高炉セメントおよび高炉スラグ微粉末を用いた再生骨材コンクリート H および M の施工は，3.5 節および 3.6 節による．

　a．再生骨材コンクリートの製造は，JIS A 5308 または JIS A 5022 の規定，あるいは国土交通大臣が指定した指定建築材料の製造に関する社内規格の製造マニュアルに従って行う．
　b．高炉セメントおよび高炉スラグ微粉末を用いた再生骨材コンクリートであっても，施工は一般のコンクリートと基本的に同様であることから，その施工に関わる事項，つまり打込み・締固め・打継ぎ・上面の仕上げや脱型・養生は 3.5 節および 3.6 節によるとした．

3.8.6.6 品質管理・検査

> 高炉セメントおよび高炉スラグ微粉末を用いた再生骨材コンクリート H および M の品質管理・検査は，JASS 5 28.8 項による．

　高炉セメントおよび高炉スラグ微粉末を用いた再生骨材コンクリート H および M の品質管理・検査は，JASS 5 28.8 項によるとした．

3.8.7 酸および硫酸塩の作用を受けるコンクリート
3.8.7.1 適用範囲

> 本項は，高炉セメントおよび高炉スラグ微粉末を用いた酸および硫酸塩の作用を受けるコンクリートに適用する．ただし，高炉セメント C 種・C 種相当を用いる場合は，4 章による．

　高炉セメントおよび高炉スラグ微粉末を用いたコンクリートは，酸性や硫酸塩性などの化学薬品や温泉水，下水などに対する抵抗性に優れていることが知られている．コンクリートの劣化を引き起こすとされる化学成分としては，塩酸や硫酸などの酸類や硫酸カルシウムや硫酸ナトリウムなどの硫酸塩類をはじめとして油類などが挙げられる．これら化学薬品による劣化のメカニズムは膨張

や溶脱などさまざまであり単純ではないが，セメントの水和によって生じた水酸化カルシウム（Ca(OH)$_2$）が，これらの劣化要因となる化学成分により分解されることが大きな要因の1つとされている[1]．高炉セメントや高炉スラグ微粉末は，水和過程において水酸化カルシウムの生成が少なく，水密性や物質移動に対する抵抗性が高いため，化学薬品に対する抵抗性が高く，構造物の延命に寄与できる．よって，ここでは，JASS 5には取り上げられていないが，これらの化学的な劣化のうち，比較的試験結果の多い酸性および硫酸塩性に対する抵抗性を必要とするコンクリートについて，特別な仕様のコンクリートとして規定した．なお，高炉セメントC種・C種相当の結合材を用いたコンクリートについては，酸および硫酸塩の作用を受けた場合のコンクリートの性状に関するデータが乏しいため，4章により性能検証を行う．

酸性や硫酸塩性に配慮する建築物としては，これらの薬品を取り扱う施設や工場，温泉地帯，炭鉱跡地や海水の影響を受けたと考えられる土壌中に打ち込まれる場合，下水などの排水施設などであり，これらの場合には配慮が必要である．

ただし，化学薬品に対する劣化においては，薬品の種類や濃度によって劣化の程度がさまざまであり，特に酸性条件では，セメントなどの結合材の種類や水セメント比（水結合材比）だけでは十分な耐久性を得られない場合がある．このため，結合材や水結合材比の選定だけでなく，骨材の選定やかぶりの確保，表面保護などの対策を併せて行うことも重要である．

3.8.7.2 品　　質

> a．酸性環境または硫酸塩環境に位置するコンクリートの耐久設計基準強度は，計画供用期間の級が短期および標準の場合には 24 N/mm²，長期の場合には 30 N/mm² とする．
> b．最小かぶり厚さは，劣化作用を及ぼす薬品の種類や濃度などによって適切に定める．

a．前項の解説に示したとおり，高炉スラグコンクリートは，普通ポルトランドセメントを使用したコンクリートに対して，耐酸性または耐硫酸塩性で劣るところはない．したがって，2004年版の本会「鉄筋コンクリート造建築物の耐久設計施工指針（案）・同解説」（以下，耐久設計施工指針（案）という）の標準仕様のコンクリートの耐久設計基準強度は，計画供用期間65年では24 N/mm²，同じく100年では30 N/mm²と定められていることに準じて，ここでの耐久設計基準強度は，計画供用期間の級が短期および標準の場合に 24 N/mm²，長期の場合に 30 N/mm² とした．

b．かぶり厚さについては，耐久設計施工指針（案）において劣化しろ（代）を取るのがよいとの記載があるが，明確な基準は示されていない．このため，ここでは劣化作用を及ぼす薬品の種類や濃度によって適切に定めることとしたが，通常のかぶり厚さに対して大きめの値とするのがよい．

3.8.7.3 材　　料

> a．コンクリートに用いる材料は3.2節による．
> b．高炉スラグ微粉末を使用する場合のベースセメントは，原則として普通ポルトランドセメントと

する．

a．b．高炉セメントおよび高炉スラグ微粉末を使用したコンクリートは耐酸性，耐硫酸塩性に優れており，その特性は比表面積および置換率が大きいほど優れている．ただし，これらの特性が高炉セメント，あるいはベースセメントに普通ポルトランドセメントを使用した場合の実績や試験結果が多いことを考慮し，高炉スラグ微粉末を使用する場合は普通ポルトランドセメントを使用することを原則とした．このため，その他のセメントを使用する場合やその他の混和材を使用する場合などは，信頼できる試験または資料による．

要求性能として耐酸性が指定される場合には，骨材の選定なども重要である．例えば，高炉スラグ骨材を使用することで耐酸性が向上するとの結果があり，骨材の種類によっては，より高い性能が得られることがあるので，使用骨材の選定を検討することが望ましい．

3.8.7.4 調　合

a．酸および硫酸塩の作用を受けるコンクリートにおいては，高炉セメントB種またはC種，高炉スラグ微粉末を使用する場合は高炉セメントB種相当またはC種相当とする．
b．水結合材比は55％以下とし，特記による．

a．b．前述のように水酸化カルシウムの生成量の多さが劣化に関係すると考えると，できるだけ高炉スラグの使用率を高くすることが重要であると考えられるため，ここでは，高炉セメントB種またはC種，高炉スラグ微粉末を使用する場合でB種相当またはC種相当とした．また，水セメント（結合材）比については，同様の理由でセメント量が少ないことが劣化を助長しないこと，および耐久設計基準強度などを鑑みて，55％以下とした．

3.8.7.5 施　工

酸および硫酸塩の作用を受けるコンクリートの施工は，JASS 5による．

高炉セメントおよび高炉スラグ微粉末を使用したコンクリートの施工に関して，特に異なることはないため，JASS 5と同じとした．

ただし，これらの化学薬品に対する劣化からコンクリートを保護する目的で，かぶり厚さを増すことや表面処理を行うことは大きな効果があり，耐久設計施工指針（案）でもこれを推奨している．いずれの場合も，対象とする化学成分の種類や予想される劣化の程度に応じて適切に行うことが重要である．

以下に，施工上配慮するとよいと思われる項目を列挙しておくので，参考にするとよい．
(1) かぶり厚さ
　かぶり厚さは，劣化を見越して劣化しろを取るのがよい．かぶり厚さに関して明確に示した指針は少ないが，土木構造物において，温泉地の酸性環境に曝される場合のかぶり厚さに関して，

以下のような式[2]が提案されている．

$$\delta = k(7-\text{pH})t \tag{解 3.8.1}$$

ここに，δ ：かぶり厚さ（単位 mm，なお，文献[2]では防食コンクリート厚と表現されている）

　　　　k ：構造部位に応じた係数（境界部 1.4，土中部 0.4）

　　　　pH ：酸性度

　　　　t ：鉄筋まで腐食が達しない年数（年）

同様に土木構造物であるが，鉄筋の最小かぶりの目安として解説表 3.8.6[3]がある．

解説表 3.8.6 鉄筋の最小かぶり（単位：cm）

腐食環境区分			A 非常に厳しい	B 厳しい	C 穏やか	D 通常
コンクリートの腐食の程度			非常に大きい	大きい	小さい	ない
かぶり*1	上部工	床版*2	5	4.5	4	3*4
		桁*2	5	4.5	4.5	3.5*4
		プレテン桁	3.5	3.5	3	2.5*4
	下部工	空中部	8	7	6	4*4
		境界部，土中部	13	12	11	7*4
	基礎工	場所打ちコンクリート杭	18	17	16	12*5
		ケーソン	13	12	11	7*4
		深礎（ライナープレート埋設）	13*3	12	11	7*4
	カルバートおよびトンネル坑門工	盛土部	下部工空中部を適用			
		土中部	下部工土中部を適用			

［注］ *1 すべての鉄筋の有効コンクリート断面の表面からの純かぶり．
　　　*2 箱桁の内面等直接外気に曝されない部分のかぶりは別途検討のうえ，低減できる．
　　　*3 ライナープレートを埋設した場合でも，地山との間はセメント系グラウトを行わず，ライナープレートに穴あきタイプ等を用いて本体と同等コンクリートで充填する．
　　　*4 道路公団規定値の最小かぶりの値を適用している．
　　　*5 場所打ちコンクリート杭のかぶりの公団規定値は，主鉄筋位置からの値で 15 cm であり，帯鉄筋の純かぶりで約 12 cm となる．本指針では，この純かぶりを適用した．

(2) コーティングまたはライニング

コンクリートの表面にコーティングまたはライニングを施すことは，これら化学的な劣化には効果的な対策である．これらに使用する材料には有機系（エポキシ系やアスファルト系など），無機系（水ガラス系など）をはじめ，さまざまなものが開発されており，対象とする化学成分によって効果も異なることが考えられるので，事前にコンクリートがさらされる環境に応じて適した材

料を選定しておく必要がある．
(3) その他の施工上の対策

その他の施工上の対策としては，以下のようなものがある．

・排水に配慮し，できるだけ滞留させない．
・土壌が対象となる場合は，これを改良する（例えば石灰処理工法や地下水位低下法など）．

参 考 文 献
1) 水上国男：コンクリート構造物の耐久性シリーズ 化学的腐食，技報堂出版，1986
2) 九州横断自動車道湯布院―大分間コンクリート構造物の温泉対策研究，高速道路技術センター，1986
3) 九州横断自動車道湯布院―大分間コンクリート構造物の温泉腐食対策調査研究，高速道路技術センター，1984.3

3.8.8 収縮ひび割れを低減するコンクリート
3.8.8.1 基本事項

> a．本項は，壁，スラブなど板状の RC 部材で，有害な収縮ひび割れの発生が懸念される場合，これを制御するための仕様の標準を定める．本項に記載されていない事項については，3.1～3.7 節および関連指針類による．
> b．本項は，設計基準強度が 36 N/mm² 以下の高炉セメント B 種または高炉セメント B 種相当の結合材による高炉スラグコンクリートを用い，暑中期にコンクリート工事を行う場合に適用する．
> c．ひび割れ発生確率やひび割れ幅を目標とした性能検証を行う場合には，調合，鉄筋比，ひび割れ誘発目地等の仕様を定めるため，4.3.3 項に従い詳細検討を行う．また，本項の適用範囲外の条件において収縮ひび割れを低減することを意図する場合についても，同項による．

a．平面部材で問題となる収縮ひび割れの制御について定めた資料として，本会「鉄筋コンクリート造建築物の収縮ひび割れ制御設計・施工指針（案）・同解説」（以下，ひび割れ制御指針という）があり，本項に記述されていない事項については，これに従う．有害なひび割れとは，例えば幅 0.5 mm 以上，またはさび汁を伴うものが相当し，本項では，このようなひび割れを制御し建物の性能の低下を招かないことを目指す．調合，鉄筋比，ひび割れ誘発目地等の仕様決定に際し，目標とするひび割れ発生確率もしくはひび割れ幅を設定し，性能検証を行う場合には，4.3.3 項に従い検討する．

b．高炉スラグコンクリートの収縮ひび割れに対する抵抗性は，環境温度が高くなるほど，高炉スラグ使用率が高くなるほど低下する傾向があり，その原因として，乾燥収縮に加え自己収縮が卓越することが指摘されている．特に，解説図 4.3.4 に示すように，高炉セメント B 種または高炉セメント B 種相当の結合材による高炉スラグコンクリートは，夏期高温時に収縮ひび割れに対する抵抗性が著しく低下し，ひび割れによる不具合のリスクが顕在化するおそれがある．このことから，これら高炉スラグコンクリートを用い暑中期に施工する場合を対象に，ひび割れ制御のための仕様を以下に定める．

c．本項で定める仕様の標準は，さまざまな要因を考慮し安全側となるよう定めており，より合理的に使用を決定したい場合には，4.3.3項の詳細な性能検証により検討を行う．

3.8.8.2 壁部材の設計

> a．コンクリート全断面積に対する鉄筋比として水平，垂直両方向とも0.4％以上とする．
> b．雨がかりの外壁においては，遮水性のある仕上材または防水材の使用を基本とし，壁厚を180 mm以上，複筋配置とする．また，同外壁で，最下階および最上階の端部スパンにおいては，斜めひび割れに対して補強筋を配置するなど，適切な補強を行う．

a．本項の適用範囲では，通常よりも多くのひび割れが発生することが予想され，これを有害でない範囲に制御するにはひび割れ幅の抑制が最も重要で，その手段としては，鉄筋比の確保が必要となる．ひび割れ制御指針に定める屋外における耐久性確保のための許容ひび割れ幅である0.3 mm以下を実現するため，0.4％以上の鉄筋比を確保するものとした．

b．外壁の漏水抵抗性を確保するための許容値は，ひび割れ制御指針によれば0.15 mm以下で，これを鉄筋比だけで達成するには0.8％以上の大きな鉄筋比が必要となり，実工事での実施は容易でない．このことから，漏水対策として，雨がかりの外壁は，タイルや合成樹脂系塗り材などの遮水性を有する仕上材を施すことを原則とする．また，外壁では，温度変化の影響を受けひび割れ幅が拡大することが懸念されることから，ひび割れ幅の拡大の抑制へ寄与すべく複筋配置とし，さらに温度変化を緩和するため壁厚をできるだけ大きくし，少なくとも180 mm以上を確保する．

また，最下階の端部スパンでは，主応力が水平方向から斜め方向に変化し，最上階でハの字，最下階で逆ハの字型の斜めひび割れが生じることがよく知られている．したがって，これらの位置では，前記の斜めひび割れの幅の拡大を抑制するため，最上階で逆ハの字，最下階でハの字に補強筋，もしくは溶接金網を増設するのがよい[1]．

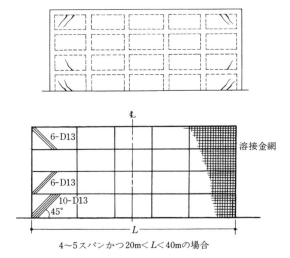

解説図 3.8.6 外壁に発生する斜めひび割れ（上図）および補強筋の例（下図）[1]

3.8.8.3 スラブ部材の設計

> コンクリート全断面積に対する鉄筋比として0.4％以上，スラブの厚さを150 mm以上とする．

前項の壁部材と同様の考え方に基づき，ひび割れ幅を抑制するため鉄筋比とスラブの厚さに制限を加える．合成デッキスラブのうち，異形断面のスラブは，通常のコンクリートを用いた場合でもひび割れ本数やひび割れ幅が増大する傾向となるので，適用の範囲外とする．

3.8.8.4 ひび割れ誘発目地

> ひび割れ誘発目地を設けることを原則とし，目地の深さは全壁厚に対して1/5以上，目地の間隔は2m以下とする．

ひび割れ制御指針では，ひび割れ誘発目地の間隔を3m以下としているが，本項では2m以下とより安全側の値を採用する．この理由として，解説図3.8.7にあるように，30℃の環境温度における高炉セメントB種コンクリートの収縮ひずみは，20℃の環境での値や通常のコンクリートよりも15％程度大きくなることによる[2]．この収縮ひずみの増加は，自己収縮ひずみの増大に起因すると考えられ，その結果，発生するひび割れの間隔が短くなるため，これに対応してひび割れ誘発目地の間隔を狭く設定する必要がある．

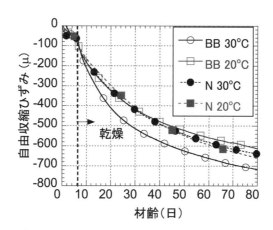

解説図 3.8.7 高炉セメントB種コンクリートの収縮に及ぼす環境温度の影響
（BB：高炉セメントB種コンクリート，N：普通ポルトランドセメントコンクリート）[2]

3.8.8.5 調合設計

> a．単位水量は180 kg/m³以下とし，所要のワーカビリティーが得られる範囲でできるだけ小さく定める．また，水結合材比は60％以下とする．
> b．乾燥収縮率は 7.0×10^{-4} 以下を目標とする．

a．b．収縮ひび割れ制御指針では，乾燥収縮率の上限が 8.0×10^{-4} 以下と記述されているが，解説図 3.8.7 で示した夏期高温時における収縮ひずみの増大を考慮し，7.0×10^{-4} 以下を目標として定める．乾燥収縮率は JIS A 1129（モルタル及びコンクリートの長さ変化測定方法）に従い，環境温度 20 ℃，相対湿度 60 ％の環境で長さ変化試験を行って求めることが一般的である．しかし，環境温度に大きな影響を受けないポルトランドセメントによるコンクリートと異なり，高炉セメント B 種コンクリートは，環境温度が高くなると前述のように収縮ひずみが大きくなるため，20 ℃による試験で得られる乾燥収縮率の目標値について，環境温度の影響を勘案し，小さく定める．

参 考 文 献
1） 日本建築学会：鉄筋コンクリート造建築物の収縮ひび割れ制御設計・施工指針(案)・同解説，2006
2） 閑田徹志，百瀬晴基，依田和久，今本啓一，小川亜希子：高炉セメント B 種コンクリートの収縮ひび割れ抵抗性に及ぼす各種要因の影響およびその向上対策に関する実験検討，日本建築学会構造系論文集，No.695，pp.9-16，2014.1

3.8.9 寒中コンクリート
3.8.9.1 基本事項

a．本節は，高炉セメントおよび高炉スラグ微粉末を用いる寒中コンクリート工事に適用する．
b．マスコンクリートや高強度コンクリートなどで打込み後のコンクリートに水和発熱による十分な温度上昇が期待できる場合には，本節の規定の一部または全部を適用しないことができる．
c．本節に記載されていない事項については，3.1～3.7 節，JASS 5　12 節および本会「寒中コンクリート施工指針・同解説」による．

a．寒中コンクリートとは，コンクリートの打込み後の養生期間中に凍結するおそれのある場合に施工されるコンクリートである．寒中コンクリート工事で最も留意すべきことは，初期凍害の防止と低温による強度増進の遅れに対する対応である．高炉セメントおよび高炉スラグ微粉末を用いるコンクリートは，一般に初期材齢における凝結と強度増進が遅れるため，物性的に見ると高炉セメントおよび高炉スラグ微粉末を寒中コンクリート工事に用いる利点はない．しかしながら，アルカリシリカ反応の抑制や産業副産物である高炉スラグの有効利用を図る観点から，高炉セメントおよび高炉スラグ微粉末を積極的に利用することが考えられる．このような場合には，以下の点に留意する．
(1) 所定の材齢で所要の強度が得られるように調合を定める．
(2) 空気量の管理を適切に行う．
(3) 初期凍害を受けないように初期養生の計画を立てる．
(4) 初期養生に続く継続養生の計画を立てる．
b．比較的断面の大きい高強度コンクリートやマスコンクリートでは，寒中コンクリート工事の適用期間であっても，打込み後の水和発熱による温度上昇が期待できる場合がある．そのような場

合には，初期凍害や低温による強度増進の遅れの問題がないだけでなく，条件によっては過度な温度上昇によるひび割れの発生などの不具合が生じることがあるため，工事監理者の承認を得て本節の一部または全部を適用除外とすることができる．

3.8.9.2 材　　　料

> a．結合材には，原則として，高炉セメントA種またはB種および高炉スラグ微粉末を使用したA種相当またはB種相当とする．
> b．高炉スラグ微粉末を使用する場合のベースセメントに，早強ポルトランドセメントを用いることができる．

　a．高炉セメントおよび高炉スラグ微粉末を使用したコンクリートは，普通ポルトランドセメントと比べて，高炉スラグ微粉末の分量が多くなるほど初期材齢の強度発現が遅れ，この遅れは低温になるほど大きくなる傾向にある．このため，高炉スラグ微粉末の分量の多い高炉セメントC種および高炉スラグ微粉末を使用したC種相当のコンクリートは，原則として，ここでは除いている．

　b．寒中コンクリートでは，凝結および硬化の促進の面から考えると，早強性のポルトランドセメントの使用が有利である．このため，高炉スラグ微粉末を使用する場合のベースセメントとして，早強ポルトランドセメントを使用できることとした．ただし，この場合には，早強ポルトランドセメントをベースセメントとして，高炉スラグ微粉末を使用したコンクリートの凝結性状および強度増進性状を事前に把握する必要がある．

3.8.9.3 調　　　合

> 調合は，3.3節による．ただし，構造体強度補正値 $_{28}S_{91}$ の標準値が定められていない場合は，JASS 5 12.5項および本会「寒中コンクリート施工指針・同解説」により，$_{28}S_n$ を定める．

　コンクリートの打込みから材齢91日までに得られる積算温度が840°D・Dを下回る場合および材齢28日までの平均養生温度が0℃を下回る場合など，3.3節で構造体強度補正値 $_{28}S_{91}$ の標準値が定められていない場合には，JASS 5　12.5.b(2)および本会「寒中コンクリート施工指針・同解説」4.5節により，積算温度を基に構造体強度補正値 $_{28}S_n$ を定めて調合設計を行う．

4章　性能検証方法

4.1　総　　則

> a．本章は，定量的に性能を評価して要求性能を確保する場合，ならびに基本仕様では確保できない要求性能がある場合に，材料・調合，打込みや養生，鉄筋比やかぶり厚さなどの仕様を設定するために適用する．
> b．本章で対象とする性能は，コンクリートの耐久性および環境配慮性とし，対象とする性能項目が複数ある場合には，あらかじめ優先順位を定めて，いずれの要求性能も満足するように性能設計を行う．

a．本章を適用するケースとして，主に次の2つが挙げられる．1つは，3章に規定した基本仕様だけでは担保できない特別な要求性能がある場合で，このような場合は，本章の規定によって詳細に性能を検証し，これに基づき仕様を決定する．もう1つは，性能設計を行い厳密に評価することで，基本仕様の規定を緩和するような場合である．基本仕様の規定は，さまざまな条件においても概ね要求性能が満足できるよう，安全側に定められている．コンクリートの特性は個々の使用材料や調合によっても異なることから，基本仕様の規定は，個々の条件で必ずしも最適解ではない．本章の性能検証方法で性能設計することによって，3章で規定している材料，調合(材料条件)，型枠の脱型時の日数や湿潤養生期間，打込み長さ（施工条件），かぶり厚さ，鉄筋比（設計条件）等の仕様を変更することができる．基本仕様より高い性能を実現する仕様を目指す場合と，基本仕様より合理的な仕様を目指す場合でも，用いる性能検証方法には変わりがない．

b．性能検証を行う対象は，耐久性に関しては中性化，塩害，凍害，アルカリシリカ反応，化学的侵食およびひび割れ制御，環境配慮性に関してはCO_2排出削減とする．耐久性のうち，ひび割れ制御に関しては，マスコンクリートの温度ひび割れおよびコンクリートの収縮ひび割れを対象とし，これらのひび割れ制御については内容が多岐にわたることから，4.2節「耐久性」とは別に4.3節にまとめて示している．

本指針（案）は，従来から構造体および部材に求められる品質・性能と環境性能との両立を目指すものであるが，耐久性と環境性能との両立，ひび割れ制御と環境性能との両立，耐久性のうち複数の性能の両立など，内容によっては相反することもある．あらかじめ優先順位を考慮した上で，要求性能を満足できるように仕様を決定する．要求性能を満足できないような場合には，要求性能の見直しを協議することが必要となる．なお，複合的な劣化現象については，現段階では定量的に性能評価することが難しいため，本指針の対象外としている．

本章の規定は，高炉スラグ微粉末4 000を使用しない場合や，高炉スラグ微粉末の使用率がA種相当，B種相当，C種相当に該当しない場合についても適用できる．

4.2 耐久性の検証
4.2.1 総　　則

> a．耐久性に関する性能設計の対象は，下記(1)～(5)の劣化とする．
> (1) 中性化
> (2) 塩害
> (3) 凍害
> (4) アルカリシリカ反応
> (5) 化学的侵食
> b．耐久性の性能設計は，原則として本会「鉄筋コンクリート造建築物の耐久設計施工指針・同解説」の性能検証型一般設計法に準拠して行う．
> c．耐久性に関する性能設計は，設計耐用年数の期間内に構造体および部材が設計限界状態に達することがないことを目標に行う．
> d．本節に記載のない事項は，信頼できる資料による．

　a．～d．耐久性に関する性能設計の対象は，構造体および部材にとって非常に重要な項目，高炉セメントまたは高炉スラグ微粉末を用いるコンクリートで特に配慮が必要な項目，性能向上が期待できる項目，性能設計する手法が提示できる項目として，a項の5項目に限定している．コンクリートの耐久性の性能設計は，本会「鉄筋コンクリート造建築物の耐久設計施工指針・同解説」（以下，耐久設計指針という）に示されている考え方や具体的な設計・検証方法に準拠する．同指針では，高炉セメントまたは高炉スラグ微粉末を用いたコンクリート，特に従来はあまり使用されていなかったC種相当のコンクリートに関して情報が十分とは言えないため，本節では，近年得られた設計・検証に適用する特性データを提示し，耐久性に関する性能設計ができるようにしている．

　耐久設計指針では，設計耐用年数の期間内に構造体および部材が設計限界状態に達することがないことを目標に性能設計を行うこととしている．性能設計における限界状態は，構造体および部材の要求性能に応じて設定し，構造体および部材に対して限界状態を設定できない場合は，鉄筋，コンクリートまたは仕上材を含めたコンクリートの劣化状態について設定する．解説表4.2.1に耐久設計指針に示されている，性能とこれに対する設計限界状態と維持保全限界状態を示す．なお，耐久設計指針では，(1)日常的な維持管理を行うことを前提として大規模な補修・改修を伴う維持保全を前提としない場合（メンテナンスフリー），(2)耐用年数の期間内に計画的な維持保全を行うことを前提として劣化現象が発生した時点でそれが著しくなる前に補修・修繕を行う場合，以上の2つの考え方があるとしている．耐久性に関する性能設計を行う際には，耐久性をどのような方針で確保するのか決めておく必要がある．

　JASS 5では，一般的な劣化作用を受ける構造体の計画供用期間の級を，短期，標準，長期および超長期の4水準とし，それぞれ計画供用期間は，およそ30年，65年，100年，200年としている．本節で耐久性について性能設計する際には，設定した仕様であればどの計画供用期間の級に相当するのか，あるいは目標とする計画供用期間を得るための仕様を検証することになる．解説表4.2.2に，耐久性の性能設計に対する影響要因と影響の大きさを示している．また，解説表2.3.1には，高炉スラグ微粉末の種類と使用率がコンクリートの性質に及ぼす影響について詳細に示している．

解説表 4.2.1 耐久設計指針における性能と限界状態[1]

性能	評価項目	設計限界状態	維持保全限界状態
構造安全性	軸方向耐力	設計軸力以下	軸方向耐力の低下
	曲げ耐力	設計曲げモーメント以下	曲げ耐力の低下
	せん断耐力	設計せん断力以下	せん断耐力の低下
使用性	使用安全性	コンクリート・仕上材の浮き・剥落の発生	コンクリート・仕上材に浮き・剥落のおそれのあるひび割れの発生
	漏水	漏水の発生	漏水につながるおそれのあるひび割れの発生
	たわみ	設計用たわみ以上	たわみの増加
	振動	振動の限界値に到達	固有振動数・変位振幅の変化
修復性	修復費用	便益超過状態に到達	計画的な修復費用に到達

解説表 4.2.2 耐久性の性能設計にける影響要因と影響の大きさ

影響要因 性能項目	材料				調合						施工				配筋
	セメント	骨材	高炉スラグ微粉末	化学混和剤	単位水量	単位結合材量	高炉スラグ使用率	水結合材比	単位粗骨材量	空気量	打込み/締固め	脱型材齢	湿潤養生期間	環境(地域性)	かぶり厚さ
中性化	◎	—	◎	—	—	△	◎	◎	△	○	△	○	○	○	○
塩害	◎	—	◎	◎	—	△	◎	◎	△	○	△	○	○	○	○
凍害	△	○	△	○	—	—	—	△	—	◎	△	△	△	○	—
アルカリシリカ反応	◎	◎	◎	—	—	—	◎	△	△	—	△	△	△	△	—
化学的侵食	◎	△	◎	—	—	—	○	◎	△	△	△	△	△	○	○

[注] ◎:影響が特に大きい　○:影響が大きい　△:影響がある　—:関連なし

耐久性の項目によって影響の大きい要因・仕様は異なることから，目標とする耐久性を踏まえて効果的な対策をとることが重要となる．なお，劣化としては(1)〜(5)の項目を複合的に考えなければならない場合も想定されるが，現時点では，必ずしも複合劣化に対する性能検証手法が確立されていないことから，本指針（案）では，複合劣化については取り扱っていない．特に複合劣化を考慮する必要がある場合は，信頼性の高い資料等を参考にするとよい．

4.2.2 中性化

　a．中性化に対する性能検証方法は，原則として本会「鉄筋コンクリート造建築物の耐久設計施工指

針・同解説」5.2節の中性化に対する性能の検証方法に準拠して行う．
b．構造体および部材は，設計耐用年数の期間内は，中性化によって設計限界状態に達してはならない．また，設計耐用年数の期間内に維持保全を行うことを計画している場合は，構造体および部材は，維持保全期間内は，中性化によって維持保全限界状態に達してはならない．
c．中性化に対する設計限界状態は，コンクリートの中性化が進行して，最外側鉄筋の20％が腐食状態になったときとする．また，中性化に対する維持保全限界状態は，中性化深さがいずれかの鉄筋を腐食させる位置に達したときとし，最外側鉄筋の3％が腐食状態になったときとする．
d．コンクリートの材料，調合，施工および仕上材の仕様は，コンクリートの中性化深さの平均およびその変動，最外側鉄筋のかぶり厚さの平均およびその変動から，最外側鉄筋の腐食確率を算定し，設計限界状態または維持保全限界状態に達していないことを検証して定める．
e．鉄筋が腐食しはじめるときの中性化深さは，コンクリートに作用する水分の影響を考慮して，試験または信頼できる方法により確かめる．試験を行わない場合および信頼できる資料がない場合は，常時水が作用するような湿潤環境，雨がかりまたは乾湿繰返し環境においては，中性化深さが鉄筋のかぶり厚さまで達したときとし，屋内などの乾燥環境では，中性化深さが鉄筋のかぶり厚さから20 mm奥まで達したときとする．
f．コンクリートの大気に接する面の平均中性化深さは，コンクリートの材料・調合および環境条件を基に，(4.1)式により算定する．
中性化速度係数Aは，信頼できる資料または試験に基づいて定める．
$$C = A \cdot \sqrt{t} \tag{4.1}$$
ここに，C：コンクリートの平均中性化深さ（mm）
t：材齢（年）
A：コンクリートの材料・調合および環境条件により決定する中性化速度係数（mm/$\sqrt{年}$）
なお，中性化速度係数を試験により定める場合，JIS A 1153（コンクリートの促進中性化試験方法）による．
g．構造体および部材に仕上材を施す場合は，仕上材による中性化抑制効果および中性化抑制効果の持続性を検討し，中性化深さの算定に取り入れる．仕上材による中性化抑制効果および中性化抑制効果の持続性は，信頼できる資料または試験に基づいて定める．
h．コンクリートの中性化深さの変動は，コンクリートの材料・調合・製造および施工方法に応じて，信頼できる資料に基づいて変動係数で設定する．信頼できる資料がない場合は，変動係数を10％とする．
i．最外側鉄筋のかぶり厚さの平均は，設計かぶり厚さとする．また，かぶり厚さの変動は，鉄筋・型枠工事における施工方法に応じて，信頼できる資料に基づいて標準偏差で設定する．信頼できる資料がない場合，かぶり厚さの標準偏差は10 mmとする．
j．コンクリートの収縮ひび割れ，温度ひび割れ，温度変化の繰返しによるひび割れおよび施工の不具合によるひび割れなどは，その部分の中性化深さが著しく進行する前に適切に処置しておく．

a.～j．コンクリートの中性化に対する性能設計は，本会「鉄筋コンクリート造建築物の耐久設計施工指針・同解説」（以下，耐久設計指針という）に示されている考え方や具体的な設計・検証方法に準拠する．

中性化速度式は，上述のとおり$C = A\sqrt{t}$の形に表すことが可能であり，中性化深さCを求めるための係数Aを決定すればよいことがわかる．そこで，以下に係数Aの決定の手順を示す．係数Aは，コンクリートの材料，調合，環境条件の影響を考慮して，(解4.2.1)式で表される．

$$A = k \cdot \alpha_1 \cdot \alpha_2 \cdot \alpha_3 \cdot \beta_1 \cdot \beta_2 \cdot \beta_3 \tag{解4.2.1}$$

ここに，A：中性化速度係数（mm/$\sqrt{年}$）

k：中性化速度に関する係数(mm/√年)で，岸谷式では 17.2，白山式では 14.1 となる係数

α_1：コンクリートの種類（骨材の種類）による係数

α_2：セメントの種類による係数

α_3：調合（水セメント比・水結合材比）による係数

β_1：気温による係数

β_2：湿度およびコンクリートに作用する水分の影響による係数

β_3：CO_2濃度による係数

コンクリートの種類による係数 α_1 は，解説表 4.2.3 による．

解説表 4.2.3 コンクリートの種類による係数 α_1 の推奨値[1]

コンクリートの種類	α_1
普通コンクリート	1.0
軽量コンクリート 1 種	1.2
軽量コンクリート 1 種	1.4

セメントの種類による係数 α_2 は，高炉スラグコンクリートの中性化速度係数を算出する場合，普通ポルトランドセメントを使用したコンクリートと異なることに留意が必要である．耐久設計指針では，普通ポルトランドセメントの係数を 1.0 とした高炉セメントの係数 α_2 を，解説表 4.2.4 のように推奨している．これらの係数は，適切な施工（例えば，十分な養生期間が採られている等）を前提とした推奨値である．本指針では，高炉スラグコンクリートの耐久性を評価するための直接的パラメータとして，解説表 4.2.4 に示すセメント種類による係数 α_2[1]を採用した．この値は，水酸化カルシウムの生成量に着目して検討された値であり，高炉スラグ微粉末の使用率を高炉 A 種 30 %，高炉 B 種 45 %，高炉 C 種 70 % として算定している．その一方で，普通ポルトランドセメントとの比較において，実環境下においてはこれほどの差がないとの指摘も多くなされている．特に，C 種・C 種相当の高炉スラグコンクリートにおいては実曝露に関する情報は多くないため，解説表 4.2.4 の値を用いて合理的な設計が行えない場合においては，性能設計において，信頼できる資料や実験などに基づき十分な検討・検証の上その値を定める必要がある．

一方で，耐久設計指針においては「中性化速度係数を試験により定める場合，JIS A 1153（コンクリートの促進中性化試験方法）による」としており，本指針（案）においても，実際の設計においては促進試験の利用は不可欠であると判断し，当該事項を採用している．本試験により中性化速度係数を測定する場合，例えば，JIS の試験方法で得られた中性化速度係数を，解 4.2.3 式に示す CO_2 濃度の係数により補正して k に置き換えて求め，実環境下における中性化速度係数を推定するなどされる．しかしながら，高炉スラグコンクリートは，促進中性化試験では普通ポルトランドセメントを用いたコンクリートに比して中性化速度係数が過大に評価されることが指摘されている．

そのため，例えば，同調合のコンクリートを用いた数年程度の暴露試験などにより中性化速度係数を求めるなど，必要に応じて信頼できる手法によることも有効である．

解説表 4.2.4　セメントの種類による係数 α_2 の推奨値[1]

セメントの種類	岸谷式	白山式	$Ca(OH)_2$の生成量から得られる値	α_2
普通ポルトランドセメント	1.00	1.00	1.00	1.0
高炉A種	1.40	1.29	1.20	1.25
高炉B種	2.20	1.41	1.35	1.4
高炉C種	—	1.82	1.82	1.8

［注］　高炉スラグ微粉末の使用率は，高炉A種：30％，高炉B種：45％，高炉C種：70％で算定した値である．

調合（水セメント比・水結合材比）による係数 α_3 は，(解4.2.2)式で表される．

$$\alpha_3 = W/C - 0.38 \qquad (\text{解}4.2.2)$$

ここに，W/C：水セメント比・水結合材比

気温に関する係数 β_1[1]は，代表的な都市の1971年から2000年までの年平均気温を基に和泉式[2]における温度による係数 R_4 を，東京を1として換算すると，解説表4.2.5のようになる．

解説表 4.2.5　温度による係数 β_1[1]

都　市	年平均（℃）	R_4	β_1
東　京	15.9	0.75	1
札　幌	8.5	0.62	0.83
仙　台	12.1	0.69	0.91
大　阪	16.5	0.76	1.01
鹿児島	18.3	0.79	1.05

なお，β_1 で意図する影響係数ではないものの，養生期間中の温湿度条件は，コンクリート中の CO_2 の拡散係数やコンクリート中での $Ca(OH)_2$ と CO_2 の反応速度に影響を及ぼすため，結果として中性化に影響を及ぼすことが知られている．これについては，和泉式[2]において，湿潤養生の影響係数をセメント種類ごとに示しているので参考になる．

湿度およびコンクリートに作用する水分の影響による係数 β_2[1]は，気温に関する係数 β_1 と同様に和泉式[2]で採用されており（R_5），気温の場合と同様に東京地区を1として換算すると，解説表4.2.6のようになる．

解説表 4.2.6　湿度による係数 β_2[1]

都　市	年平均（%）	R_5	β_2
東　京	63	0.93	1
札　幌	70	0.77	0.82
仙　台	71	0.74	0.79
大　阪	64	0.91	0.98
鹿児島	71	0.74	0.79

　CO_2 濃度による係数 β_3[1]は，阿部らの研究の炭酸ガス濃度の影響に関する係数（R_3）に基づき導出された(解4.2.3)式で求める．ここで，屋内の CO_2 濃度を 0.05 %，屋外の CO_2 濃度を 0.10 % とし，屋外を 1 として β_3 を求めると，解説表 4.2.7 のようになる．

$$\beta_3 = \sqrt{CO_2/0.05} \tag{解 4.2.3}$$

　　ここに，CO_2：CO_2 濃度（%）

解説表 4.2.7　CO_2 濃度による係数 β_3[1]

屋内外	CO_2濃度（%）	R_3	β_3
屋　外	0.05	0.1	1
屋　内	0.10	0.141	1.41

参 考 文 献

1) 日本建築学会：鉄筋コンクリート造建築物の耐久設計施工指針・同解説，2016
2) 和泉意登志：コンクリート構造物の問題点とその対策　中性化，コンクリート工学，Vol.32，No.2，pp.772-783，1994.2
3) 阿部道彦ほか：コンクリートの促進中性化試験方法の評価に関する研究，日本建築学会構造系論文報告集，No.409，pp.1-10，1990.3

4.2.3　塩　　害

a．塩害に対する性能検証方法は，原則として本会「鉄筋コンクリート造建築物の耐久設計施工指針・同解説」5.3節の塩害に対する性能の検証方法に準拠して行う．
b．構造体および部材は，設計耐用年数の期間内は，塩害によって設計限界状態に達してはならない．また，設計耐用年数の期間内に維持保全を行うことを計画している場合は，構造体および部材は，維持保全期間内は，塩害によって維持保全限界状態に達してはならない．
c．塩害に対する設計限界状態は，コンクリート表面からの塩化物イオンの侵入によって，最外側鉄筋の 20 % が腐食しはじめる状態に達したときとする．また，塩害に対する維持保全限界状態は，コンクリート中の塩化物イオン量が，いずれかの鉄筋を腐食させる量に達したときとする．

d．コンクリートの材料・調合・施工および仕上材の仕様は，コンクリート中の鉄筋位置における塩化物イオン量の平均およびその変動，最外側鉄筋のかぶり厚さの平均およびその変動から，最外側鉄筋の腐食確率を算定し，設計限界状態または維持保全限界状態に達していないことを検証して定める．
e．鉄筋が腐食するときの鉄筋位置におけるコンクリート中の塩化物イオン量は，コンクリートの含水率，かぶり厚さなどの影響を考慮して，信頼できる方法により確かめる．これらの影響が不明の場合は，鉄筋位置におけるコンクリート中の塩化物イオン量が $0.6\,\text{kg/m}^3$ を超えたとき，鉄筋は腐食しはじめるものとする．
f．コンクリートの表面から塩化物イオンが侵入する場合の鉄筋位置における塩化物イオン量は，コンクリートの材料・調合・施工状態・含水状態，コンクリート表面の塩化物イオン量および材齢を基に，(4.2)式により算定する．

$$Cl = (C_0 - C_{init}) \cdot \left\{1 - erf\left(\frac{x}{2 \cdot \sqrt{D \cdot t}}\right)\right\} + C_{init} \tag{4.2}$$

ここに，　Cl：鉄筋位置における塩化物イオン量（kg/m³）
　　　　　C_0：コンクリート表面の塩化物イオン量（kg/m³）
　　　C_{init}：コンクリート中の初期塩化物イオン量（kg/m³）
　　　　　erf：誤差関数
　　　　　x：鉄筋位置のコンクリート表面からの深さ（mm）
　　　　　D：コンクリートの材料・調合・施工状態および含水状態に応じて定まるコンクリート中の塩化物イオンの拡散係数（mm²/年）
　　　　　t：材齢（年）

［注1］単位時間にコンクリート表面へ到達する塩化物イオン量とコンクリート表面の塩化物イオン量の関係は，信頼できる方法により定める．
［注2］コンクリート中の塩化物イオンの拡散係数は，信頼できる資料により定める．
g．構造体および部材に仕上材を施す場合は，仕上材による塩化物イオンの浸透抑制効果および浸透抑制効果の持続性を検討し，鉄筋位置における塩化物イオン量の算定に取り入れる．
h．コンクリート中の鉄筋位置における塩化物イオン量の変動は，コンクリートの品質，環境条件に応じて信頼できる資料に基づいて設定する．
i．最外側鉄筋の平均かぶり厚さは，設計かぶり厚さとする．また，かぶり厚さの変動は，鉄筋・型枠工事における施工方法に応じて，信頼できる資料に基づいて標準偏差を設定する．通常の場合，かぶり厚さの標準偏差は 10 mm とする．
j．コンクリートの収縮ひび割れ，温度変化の繰返しによるひび割れおよび施工の不具合によるひび割れなどは，その部分の塩化物イオンの侵入が著しくなる前に適切に処置しておく．

　a.～j．コンクリートの塩害に対する性能設計は，原則として，本会「鉄筋コンクリート造建築物の耐久設計施工指針・同解説」（以下，耐久設計指針という）に示されている考え方や具体的な設計・検証方法に準拠して行うこととし，高炉セメントおよび高炉スラグ微粉末を用いたコンクリートについても，普通ポルトランドセメントを用いた場合と同様に取り扱う．
　鉄筋が腐食しはじめる塩化物イオン濃度は，セメントの種類や単位セメント量，コンクリートの品質や暴露環境によって異なる．しかし，現実に即した腐食限界塩化物イオン量を試験などに基づいて決定するのは，試験期間の制約などのために困難である場合が多い．本指針（案）での腐食限界塩化物イオン量を試験に基づいて決定できない場合の限界塩化物イオン量は，耐久設計指針と同様に $0.6\,\text{kg/m}^3$ とした．なお，土木学会「2013年制定　コンクリート標準示方書［維持管理編］」においては，腐食発生限界塩化物イオン量の算出式がセメントの種類および水セメント比の関数とし

て示されており，高炉セメントB種相当については算出式が記載されているが，高炉セメントA種，C種相当については記載がない．

鉄筋位置における塩化物イオン量の算定についても，耐久設計指針と同様に(4.2)式に示す拡散方程式の解析解を用い，コンクリート中の塩化物イオンの拡散係数は，信頼できる方法や資料に基づいて定めることとした．なお，土木学会「2013年制定　コンクリート標準示方書［維持管理編］」では，コンクリート中の塩化物イオンの拡散係数は，セメントの種類および水セメント比の関数としてその算出式が示されており，高炉セメントB種相当については算出式が記載されているが，高炉セメントA種，C種相当については記載がない．

一般に，高炉セメントおよび高炉スラグ微粉末を用いたコンクリートは，普通ポルトランドセメントを用いたコンクリートに比較して，塩害に対する抵抗性に優れている．その理由は，高炉セメントを用いた場合には，普通ポルトランドセメントを用いた場合と比較して全空隙率が小さく，毛細管空隙の細孔径分布が小径側にあって緻密化しており，塩化物イオンの拡散が小さいこと，コンクリート中に浸透した塩化物イオンは，高炉スラグ微粉末と化合しフリーデル氏塩を生成することでコンクリート表層に捕捉され，内部への浸透は抑制されること等が考えられる．

解説図4.2.1には，普通ポルトランドセメントおよび高炉セメントB種，C種を用いたコンクリートの塩化物イオンの見かけの拡散係数を示す[1]．高炉セメントC種の見かけの拡散係数は，普通ポルトランドセメント，高炉セメントB種よりも小さく，塩化物イオンの浸透抵抗性が高い傾向を示している．

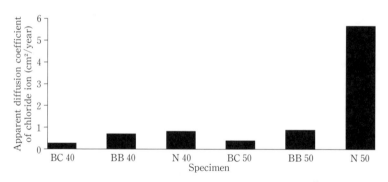

解説図4.2.1　塩化物イオンの見かけの拡散係数[1]

参 考 文 献

1) Kamonratana Siriprapa, 佐伯竜彦, 斎藤　豪, 辻大二郎：Study on chloride ion penetration characteristic of concrete containing high-volume replaced blast furnace slag, 第70回セメント技術大会講演要旨, pp.228-229, 2016

4.2.4 凍　害

a．凍害に対する性能検証方法は，原則として本会「鉄筋コンクリート造建築物の耐久設計施工指針・同解説」5.4節の凍害に対する性能の検証方法に準拠して行う．

b．構造体および部材は，設計耐用年数の期間内は，凍害によって設計限界状態に達してはならない．また，設計耐用年数の期間内に維持保全を行うことを計画している場合は，構造体および部材は，維持保全の予定期間内は，凍害によって維持保全限界状態に達してはならない．

c．凍害に対する設計限界状態は，凍害によって構造体および部材の表面に安全上支障のあるスケーリング・ひび割れが生じたときとする．また，凍害に対する維持保全限界状態は，凍害によって構造体および部材の表面に耐久性上支障のあるスケーリング・ひび割れが生じたときとする．

d．凍害によるひび割れに対する限界状態は，相対動弾性係数により設定する．構造体および部材の表面に安全上支障のあるひび割れが生じるときのコンクリートの相対動弾性係数は，試験または信頼できる資料により定める．試験を行わない場合および信頼できる資料がない場合は，相対動弾性係数が60％に達したときとする．また，構造体および部材の表面に耐久性上支障のあるひび割れが生じはじめる時の相対動弾性係数は，試験または信頼できる資料により定める．試験を行わない場合および信頼できる資料がない場合は，相対動弾性係数が85％に達したときとする．

e．凍害によるスケーリングに対する限界状態は，スケーリング深さにより設定する．構造体および部材の表面に生じる安全上支障のあるスケーリングについて，そのスケーリング深さは，試験または信頼できる資料により定める．試験を行わない場合および信頼できる資料がない場合は，スケーリング深さが10mmに達したときとする．また，構造体および部材の表面に生じる耐久性上支障のあるスケーリングについて，そのスケーリング深さは，試験または信頼できる資料により定める．試験を行わない場合および信頼できる資料がない場合は，スケーリング深さが5mmに達したときとする．

f．コンクリートの耐久設計は，コンクリートの材料・調合・含水状態，年間の凍結融解回数および最低温度を考慮して，(4.3)式を満足するものとする．

$$SL < \min(SL_d, SL_s) \tag{4.3}$$

ここに，　SL：想定する耐用年数（年）
　　　　　SL_d：ひび割れが限界状態に至る年数（年）
　　　　　SL_s：スケーリングが限界状態に至る年数（年）

　a．〜e．凍害に対する性能検証方法は，原則として本会「鉄筋コンクリート造建築物の耐久設計施工指針・同解説」の性能検証型一般設計法に準拠して行うこととし，高炉セメントまたは高炉スラグ微粉末を用いたコンクリートについても他のセメントを用いた場合と同様，ここに示す性能検証方法を用いるとよい．凍害に対する性能検証は，建築物全体ではなく，建築物の部分で冬期間に含水率が増加して凍害を受ける可能性のある部分を対象としている．

　凍害によって生じる安全上支障のあるスケーリング・ひび割れとは，コンクリートの中性化や鉄筋の腐食の進行に大きな影響を及ぼすもので，表層がぜい弱化して，はく離・はく落が大きい状態をいう．また，耐久性上支障のあるスケーリング・ひび割れとは，コンクリート表面部のみに生じた幅0.15mmを超えるひび割れ，または深さ5mm以上のスケーリングが目安となる．

　「鉄筋コンクリート造建築物の耐久設計施工指針・同解説」では，凍害によるひび割れに対する限界状態は相対動弾性係数により設定し，試験または信頼できる資料により定めることとしている．ただし，試験を行わない場合および信頼できる資料がない場合は，これまでの多くの試験結果から，設計限界状態を相対動弾性係数が60％に達したとき，維持管理限界状態を相対動弾性係数が85％

に達したときとしている．一方，スケーリングに対する限界状態はスケーリング深さにより設定し，ひび割れと同様に，試験または信頼できる資料により定めることとしている．ただし，試験を行わない場合および信頼できる資料がない場合は，設計限界状態をスケーリング深さが 10 mm に達したとき，維持管理限界状態をスケーリング深さが 5 mm に達したときとしている．

　f．凍害に対する性能は，ひび割れおよびスケーリングのそれぞれに対する限界状態に至るまでの年数を算出し，そのいずれか短い年数が，設計上想定している耐用年数を上回っていることを確かめることで検証する．

4.2.5　アルカリシリカ反応

> a．アルカリシリカ反応に対する性能設計は，原則として本会「鉄筋コンクリート造建築物の耐久設計施工指針・同解説」5.5 節のアルカリシリカ反応に対する性能の検証方法に準拠して行う．
> b．構造体および部材は，設計耐用年数の期間内は，アルカリシリカ反応によって設計限界状態に達してはならない．また，設計耐用年数の期間内に維持保全を行うことを計画している場合は，構造体および部材は，維持保全期間内は，アルカリシリカ反応によって維持保全限界状態に達してはならない．
> c．アルカリシリカ反応に対する設計限界状態は，コンクリートにアルカリシリカ反応が生じ，0.3 mm 以上の膨張ひび割れを生じる状態となったときとする．アルカリシリカ反応に対する維持保全限界状態は，コンクリートにアルカリシリカ反応が生じ，膨張ひび割れを生じる状態となったときとする．
> d．c 項による設計が困難な場合は，JIS A 1146（骨材のアルカリシリカ反応性試験方法（モルタルバー法））によって，膨張率が 0.100 ％未満となる高炉スラグ使用率を実験的に求める．
> e．アルカリシリカ反応に対する性能の検証は d 項ほか，信頼できる試験方法を選択して行う．

　a．～c．コンクリートのアルカリシリカ反応に対する性能検証方法は，原則として本会「鉄筋コンクリート造建築物の耐久設計施工指針・同解説」（以下，耐久設計指針という）に示されている考え方や具体的な設計・検証方法に準拠して行うこととし，高炉セメントおよび高炉スラグ微粉末を用いたコンクリートについても，普通ポルトランドセメントを用いた場合と同様に取り扱う．

　d．0.3 mm 以上の膨張ひび割れ幅という設計限界状態を予測することは，一般には困難な場合が多いと考えられる．反応性骨材の反応性により，アルカリ量と膨張量との関係や材齢に伴う膨張量の特性は大きく異なるが，本指針（案）3.2.4「骨材および練り混ぜ水」で示したように，高炉セメントおよび高炉スラグ微粉末には，アルカリシリカ反応に対する抑制効果がある．しかし，その抑制効果は，高炉スラグ（高炉スラグ微粉末）の使用率によって大きく異なる．したがって，本指針（案）では，JIS A 1146 のモルタルバー法によって膨張率が 0.100 ％未満となる高炉スラグ使用率を実験的に求めることを性能設計の 1 つの方法と考えることとした．

　解説図 4.2.2 に高炉スラグ微粉末の使用率がモルタルの膨張率に及ぼす影響を示す[1]．高炉スラグ微粉末の使用率が 30 ％の場合で無混入のものの約 2 / 3，使用率 50 ％の場合で約 1 / 2，使用率 70 ％前後では 1 / 3 程度の膨張率を示し，高炉スラグ微粉末の使用率が高いほど，良好な抑制効果が認められる．

また，解説図4.2.3には，普通ポルトランドセメント，高炉セメントB種相当，C種相当のアルカリシリカ反応の抑制効果について，モルタルバー法を準用した長さ変化試験結果を示す[2]．なお，図中のBC4，BC6はそれぞれ高炉スラグ微粉末4000，6000を用いて作製した高炉セメントC種相当であり，骨材には，JIS A 1146（骨材のアルカリシリカ反応性試験方法（モルタルバー法））およびJIS A 1145（骨材のアルカリシリカ反応性試験方法（化学法））による骨材の反応性評価で，いずれも「無害でない」と判定される安山岩砕石を用いた．図示されるとおり，高炉セメントC種相当は，高炉セメントB種相当以上のアルカリシリカ反応抑制効果があること，高炉スラグ微粉末4000と6000では，同程度のアルカリシリカ反応抑制効果であることが示された．

なお，このような高炉スラグ微粉末の使用によりアルカリシリカ反応を抑制する理由は，次のように考えられている[3]．

・高炉セメントを用いたセメント硬化体は，普通ポルトランドセメントを用いたセメント硬化体に比較して全空隙率が小さく，毛細管空隙の細孔径分布が小径側にあり，アルカリ金属イオン（Na^+，K^+）の拡散や水分の移動が小さい
・高炉セメントは，普通ポルトランドセメントに比べ，アルカリ金属イオンの固定化能力が大きい
・ポルトランドセメントの水和反応により生成した水酸化カルシウムが，高炉スラグ微粉末の反応により消費され，硬化体細孔中のpHが低下しアルカリシリカ反応が生じにくい

e．本指針（案）の解説表3.2.7に示したように，JIS A 5308（レディーミクストコンクリート）の附属書B（規定）（アルカリシリカ反応抑制対策の方法）では，アルカリシリカ反応を抑制する対策の1つとして，"アルカリシリカ反応抑制効果のある混合セメントなどを使用する抑制対策の方法"が示されている．現状では，アルカリシリカ反応に対する性能の検証を短時間で適切に行える方法は確立されていない．一般には，骨材のアルカリシリカ反応性は，先に述べたJISのモルタルバー法や化学法で判定されているが，反応性の高い骨材がペシマム配合で含まれている場合や，隠微晶質石英を反応性鉱物とする泥質片岩等の遅延膨張性を示す骨材では，その反応性を従来の試験法で適切に評価できないことが報告されている[4],[5]．このような背景から，例えば北米では，骨材のアルカリシリカ反応性の評価は，モルタルバー法や化学法ではなくコンクリートプリズム試験（CPT）に移行している．日本においても，日本コンクリート工学会ASR診断の現状とあるべき姿研究委員会により，CPT試験法（案）が提案されている[6]．本会「鉄筋コンクリート造建築物の耐久設計施工指針・同解説」では，川端ら[7]により提案された，実際のコンクリートの調合を用いたコンクリートプリズム試験（CPT）による促進試験の結果から，ある時点における膨張率を予測する方法を検証方法の参考例として紹介しているので参照されたい．

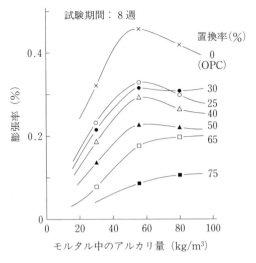

解説図 4.2.2 高炉スラグ微粉末の使用率と膨張率との関係[1]

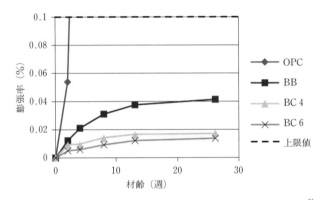

解説図 4.2.3 モルタルバー法を準用した長さ変化試験結果[2]

参 考 文 献

1) 建設省土木研究所　地質化学部コンクリート研究室：土木技術資料　高炉スラグ微粉末によるASR抑制に関する共同研究報告書，1987
2) 久我龍一郎，辻大二郎，田中敏嗣，小島正朗，坂井悦郎：高炉スラグ高含有セメントのアルカリシリカ反応（ASR）抵抗性の検討，日本建築学会大会学術講演梗概集，pp.343-344，2016.8
3) 鉄鋼スラグ協会：鉄鋼スラグの高炉セメントへの利用　2015年版
4) 古賀裕久ほか：屋外に23年以上暴露したコンクリートの観察結果に基づく骨材のASR反応性の検討，土木学会論文集　E2，Vol.69，No.4，pp.361-376，2013
5) 中野眞木郎：原子力用コンクリートの反応性骨材の評価フローの提案，JNES-REレポート，2014
6) 山田一夫ほか：委員会報告 ASR診断の現状とあるべき姿研究委員会，コンクリート工学年次論文集，Vol.36，No.1，pp.1-9，2014
7) 川端雄一郎，山田一夫，小川彰一，佐川康貴：加速コンクリートプリズム試験を用いたASR膨張の簡易予測，セメント・コンクリート論文集，Vol.67，pp.449-455，2014

4.2.6 化学的侵食

> a．化学的侵食に対する性能設計は，原則として本会「鉄筋コンクリート造建築物の耐久設計施工指針・同解説」5.6節の化学的腐食に対する性能の検証方法に準拠して行う．
> b．構造体および部材は，設計耐用年数の期間内は，化学的侵食によって設計限界状態に達してはならない．また，設計耐用年数の期間内に維持保全を行うことを計画している場合は，構造体および部材は，維持保全期間内は，化学的侵食によって維持保全限界状態に達してはならない．
> c．化学的侵食に対する設計限界状態および維持保全限界状態は，腐食性物質によってコンクリートが劣化しはじめ，ひび割れ，はく離，表面劣化および強度低下などを生じる状態になったときとする．
> d．化学的侵食に対する性能の検証は，信頼できる試験方法を選択して行う．

a．～c．コンクリートの化学的侵食に対する性能検証方法は，原則として本会「鉄筋コンクリート造建築物の耐久設計施工指針・同解説」（以下，耐久設計指針という）に示されている，考え方や具体的な設計・検証方法に準拠して行うこととし，高炉セメントおよび高炉スラグ微粉末を用いたコンクリートについても，普通ポルトランドセメントを用いた場合と同様に取り扱う．

d．現在，化学的侵食に対する性能の検証方法として，一般に確立されたものはなく，それぞれの場合で千差万別であるといえる．例えば，土木学会「2012年制定コンクリート標準示方書［設計編：本編］」では，現段階では，侵食性物質の接触や侵入によるコンクリートの劣化が，構造物の機能低下に与える影響を定量的に評価するまでの知見は必ずしも得られていない．したがって，現状においては，構造物の要求性能，構造形式，重要度，維持管理の難易度および環境の厳しさなどを考慮して，侵食性物質の接触や侵入によるコンクリートの劣化が顕在化しないことや，その影響が鋼材位置まで及ばないことなどを限界状態とするのが妥当である，としている．また，同示方書の［設計編：標準］では，化学的侵食に対する抵抗性を確保するための最大水セメント比が定められている．

以上のことから，化学的侵食に対する性能の検証は，対象となる建築物が置かれる地域による過去の事例，近隣建物の状況調査，化学的侵食による劣化作用とその対策などに関する信頼できる資料などを参考にするのがよい．

セメント硬化体は，硫酸塩等を含む水に接触すると膨張破壊することがある．この現象は，ポルトランドセメント水和物中の水酸化カルシウム（$Ca(OH)_2$）の存在が原因といわれている．硫酸塩は，水酸化カルシウムと反応して硫酸カルシウム（石こう）を生成する．

$$Na_2SO_4 + Ca(OH)_2 + 2H_2O \rightarrow CaSO_4 \cdot 2H_2O + 2NaOH$$
$$MgSO_4 + Ca(OH)_2 + 2H_2O \rightarrow CaSO_4 \cdot 2H_2O + Mg(OH)_2$$

この硫酸カルシウムがポルトランドセメント中の成分と反応し，エトリンガイト（$3CaO \cdot Al_2O_3 \cdot 3CaSO_4 \cdot 32H_2O$）を生成して膨張破壊の原因となる．

高炉セメントを用いたコンクリートは，一般にこのような硫酸塩に対する抵抗性に優れている．その原因は，以下のように考えられる[1]．

・高炉セメントは，ポルトランドセメントの使用率が少ないために生成する水酸化カルシウム量

が少ない．
・水酸化カルシウムは，一部高炉スラグ微粉末と反応して不溶性の安定な水和物となる．
・高炉セメントは水和物の組織が緻密化するため，侵食物質の内部への侵入を抑制する．

この傾向は，高炉スラグ微粉末の使用率が高い高炉セメントほど顕著である．

また，高炉セメントB種およびC種は，普通ポルトランドセメントと比較して相対的に化学的侵食に対する抵抗性に優れているが，強い酸や塩類に浸漬すると高炉セメントを用いたコンクリートでも劣化する．このような場合は，コンクリートと浸漬溶液の接触を防止する樹脂等による被覆工法が必要となる．また，工場の跡地等で土壌中に硫酸塩等を含む場合，埋立地で地下水に海水が含まれる場合や温泉水等に対しては，一般に普通ポルトランドセメントよりも高炉セメントの方が耐久的である[1]．

解説図4.2.4に硫酸ナトリウム（Na_2SO_4）5％溶液に各種セメントモルタルを浸漬した場合の長さ変化率を示す[2]．なお，図中の凡例記号は使用したセメントおよび水結合材比を表しており，Nは普通ポルトランドセメント，BAは高炉セメントA種，BBは高炉セメントB種，HB1～HB3は高炉セメントC種をそれぞれ用いている．普通ポルトランドセメントの長さ変化率は著しく増大するのに対し，高炉セメントを使用した試験体では，長さ変化率はかなり小さく，外観にもほとんど変化は認められなかった．長さ変化率は，高炉セメントA種，B種，C種の順に小さくなっている．

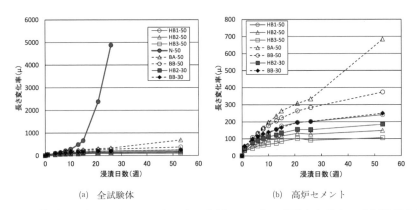

解説図4.2.4 普通ポルトランドセメントおよび高炉セメントの硫酸ナトリウム時浸漬長さ変化率[2]

参考文献
1) 鉄鋼スラグ協会：鉄鋼スラグの高炉セメントへの利用 2015年版，2015.3
2) 伊藤是清，小山智幸，原田志津男：高炉スラグ高含有セメントを用いたモルタルの耐硫酸および耐硫酸塩性に関する研究，日本建築学会大会学術講演梗概集，pp.279-280，2014.9

4.3 ひび割れ制御の検証
4.3.1 総　　則

> a．ひび割れ制御の対象は，マスコンクリートの温度上昇およびコンクリートの収縮によるひび割れとし，構造体または部材の特性を考慮してひび割れ制御の対象を選定する．
> b．マスコンクリートによる温度ひび割れ制御は，原則として本会「マスコンクリートの温度ひび割れ制御設計・施工指針（案）・同解説」の性能設計法に準拠して行う．
> c．収縮ひび割れ制御は，原則として本会「鉄筋コンクリート造建築物の収縮ひび割れ制御設計・施工指針（案）・同解説」の性能設計法に準拠して行う．
> d．ひび割れ制御設計は，設計者が定めた設計耐用年数の期間内に構造体および部材が設計限界状態に達することがないことを目標に行う．
> e．本節に記載のない事項は，信頼できる資料による．

　a．ひび割れ制御の際は，対象とするひび割れを特定しておくことが前提となる．マッシブな部材のコンクリートでは，セメントの水和反応に伴うコンクリートの温度上昇による温度ひび割れが懸念される．一方，薄い部材形状のコンクリートでは，温度ひび割れの懸念は小さいが，水分の逸散が生じやすく，乾燥収縮によるひび割れの懸念が大きくなる．本来は，マッシブな部材でも乾燥収縮は生じるし，薄い部材形状でも水和熱による温度ひずみは生じ，ひび割れの発生に少なからず影響する．しかし，その影響は比較的小さいことから，ひび割れ制御の対象は，構造体または部材の特性に応じて定めるとよい．

　温度ひび割れや収縮ひび割れの発生のしやすさは，部材形状の条件だけではなく拘束条件や使用材料，調合，環境条件などさまざまな要因が関係する．しかし，部材形状の条件から，卓越するひび割れの種類とひび割れ制御の検討の要否を判断することができる．過去の実験や実績を踏まえると，マスコンクリートの温度ひび割れが懸念される部材形状の条件としては，おおむね $V/S=300$（壁厚 600 mm 相当）以上，乾燥収縮については $V/S=200$（壁厚 400 mm 相当）以下を目安に，ひび割れ制御の対象とすればよい．

　b．c．ひび割れ制御のための性能設計の考え方や具体的な設計・検証方法は，マスコンクリートの温度ひび割れに関しては本会「マスコンクリートの温度ひび割れ制御設計・施工指針（案）・同解説」（以下，マスコンクリート指針という）の性能設計法に，乾燥収縮ひび割れについては本会「鉄筋コンクリート造建築物の収縮ひび割れ制御設計・施工指針（案）・同解説」（以下，収縮ひび割れ制御指針という）の性能設計法に原則として準拠する．

　本節では，マスコンクリート指針および収縮ひび割れ制御指針には示されていない高炉スラグ微粉末を結合材に使用したコンクリートを用いたときの性能設計を行う場合に考慮すべき事項や，マスコンクリートの温度応力ひび割れ低減を目的として，従来はあまり使用されていなかったＣ種相当のコンクリートに関して，近年得られた設計・検証に適用する特性データを提示している．

　d．解説表 4.3.1 にマスコンクリート指針および収縮ひび割れ制御指針で対象とする性能，制御項目および限界状態を示す．

　マスコンクリート指針では，対象とする構造体および部材の性能を漏水抵抗性または鉄筋腐食抵

解説表 4.3.1 マスコンクリート指針および収縮ひび割れ制御指針で対象とする性能, 制御項目および限界状態[1],[2]

指　針	対象とする構造体および部材の性能	制御項目	限界状態
マスコンクリート指針（2008）	漏水抵抗性	温度ひび割れの有無	漏水につながる温度ひび割れが生じた状態
	鉄筋腐食抵抗性	温度ひび割れ幅	中性化の進行によって鉄筋の腐食が促進されるおそれのあるひび割れのある状態
収縮ひび割れ制御指針（2006）	鉄筋降伏に対する抵抗性	鉄筋の引張応力	鉄筋降伏につながるおそれのある引張応力が生じた状態
	仕上材のはく落抵抗性	構造体コンクリートの収縮ひずみ	仕上材のはく落の生じるおそれのある収縮ひずみが生じた状態
	たわみ増大抵抗性	クリープを考慮した構造体コンクリートの収縮ひずみ	部材のたわみが上限値を上回るおそれのある収縮ひずみが生じた状態
	漏水抵抗性	構造体コンクリートのひび割れ幅	漏水につながるおそれのあるひび割れ幅が生じた状態
	劣化抵抗性	構造体コンクリートのひび割れ幅	中性化の進行および塩分の移動によって鉄筋の腐食が促進されるおそれのあるひび割れ幅が生じた状態

抗性とし，設計者が建築主等の要求性能に応じて適切な限界状態を定めるとしている．漏水抵抗性に対する限界状態は，漏水に繋がる温度ひび割れが生じた状態を標準とし，鉄筋腐食抵抗性に対する限界状態は，中性化の進行によって鉄筋の腐食が促進されるおそれのある温度ひび割れが生じた状態を標準としている．本節においても，考慮する構造体および部材の性能とその限界状態は，基本的に同じである．

　収縮ひび割れ制御指針では，コンクリートの乾燥収縮ひび割れに対する性能設計における構造体および部材性能は，鉄筋降伏に対する抵抗性，仕上材のはく離抵抗性，たわみ増大抵抗性，漏水抵抗性および劣化抵抗性とし，設計者は，要求性能に応じて構造体コンクリートの収縮ひずみおよび収縮ひび割れ，または鉄筋の引張応力の中から有効な制御項目を選定し，適切な限界状態を定めるとしている．

　マスコンクリートの温度ひび割れ制御，乾燥収縮ひび割れの制御のいずれも，設計者が定めた所要の供用期間中に限界状態とならないように性能設計を行い，適切な仕様を定める．解説表4.3.2に，温度ひび割れおよび収縮ひび割れの制御のための要因と影響の大きさを示す．高炉スラグの粉末度が大きいと反応性が高く強度発現性が良い反面，水和熱や自己収縮が大きくなる傾向がある．また，一般的にマスコンクリートの温度ひび割れや，収縮ひび割れに有効な混和材料は，高炉セメントまたは高炉スラグ微粉末を用いたコンクリートにも有効である．材料，調合，施工，配筋の各種要因から，ひび割れ制御に影響の大きい要因を選定し，効果的な仕様を設定することが重要となる．

解説表 4.3.2　温度ひび割れおよび収縮ひび割れの制御のための要因と影響の大きさ

項目＼要因	材料						調合					施工				配筋	
	セメント	高炉スラグ粉末度	骨材	膨張材	収縮低減剤	化学混和剤	単位水量	単位結合材量	高炉スラグ使用率	水結合材比	単位粗骨材量	打込み／締固め	脱型材齢	湿潤養生期間	環境（地域性）	かぶり厚さ	鉄筋比
温度ひび割れ	◎	○	○	◎	△	△	△	◎	◎	△	△	—	△	△	◎	—	○
収縮ひび割れ	○	○	○	◎	◎	○	○	○	○	○	○	○	○	○	◎	△	○

［注］　◎：影響が特に大きい　　○：影響が大きい　　△：影響がある　　—：関連なし

参考文献

1）日本建築学会：マスコンクリートの温度ひび割れ制御設計・施工指針（案）・同解説，2008
2）日本建築学会：鉄筋コンクリート造建築物の収縮ひび割れ制御設計・施工指針（案）・同解説，2006

4.3.2　温度ひび割れ制御

> a．温度ひび割れの制御は応力強度比で行うこととし，下記の(1)〜(4)に示す項目の順に予測する．
> 　(1)　温度履歴・分布
> 　(2)　ひずみ
> 　(3)　温度応力
> 　(4)　応力強度比
> b．温度履歴・分布は，高炉スラグ微粉末の使用率，セメントの種類，単位セメント量，打込み温度の影響を考慮し，試験，信頼できる資料に基づき予測する．
> c．部材のひずみは，温度ひずみと自己収縮によるひずみとし，温度ひずみは，予測された温度の履歴と分布および線膨張率を用いて予測する．線膨張率は，調合・骨材の種類を考慮し，試験または信頼できる資料に基づき設定する．
> d．自己収縮によるひずみは，試験または信頼できる資料によりその値を予測する．
> e．部材に生じる応力は，対象部材のひずみの予測結果に基づき，境界条件，変形の適合条件および力の釣合い条件を満足する手法により予測する．
> f．コンクリートの力学的特性値は，試験または信頼できる資料に基づき評価する．
> g．漏水抵抗性を確保するための応力強度比の設計値は0.8以下とし，鉄筋腐食抵抗性を確保するための設計値は1.3以下とすることを標準とする．
> h．検証の結果，応力強度比の予測値が設計値を満足することが確認された場合には，設計上の仕様ならびに使用するコンクリートの材料・調合および施工法等の仕様を確定する．予測値が設計値を超える場合には，設計上の仕様，または使用するコンクリートの材料・調合および施工法等の仕様を変更して再度検証を行う．

a．性能設計では，コンクリートの基本物性，部材の拘束状態，設計条件および施工方法を考慮して，構造体または部材の応力強度比が設計値以下であるという条件を満足していることを検証し

なければならない．性能設計で第一に予測すべき物性は，断熱温度上昇曲線に代表されるコンクリートの発熱特性である．この発熱特性に基づき，初期条件・境界条件を考慮して部材内部の温度履歴・分布を予測する．第二に，体積変化として，予測された温度分布にコンクリートの線膨張率を乗じ，温度ひずみの分布を予測する．体積変化は温度変化に基づくものが支配的であるが，自己収縮の影響が無視できない場合には，自己収縮による体積変化も考慮する．第三に，予測されたひずみ分布に，コンクリートのクリープ，ヤング係数の経時変化を考慮した上で，部材の境界条件，変形の適合条件および力の釣合い条件を満足する形で部材内部の応力分布を予測する．最後に，部材内部の応力に対するコンクリートのひび割れ発生強度（応力強度比）を求め，この値が設計値以下であることを確認する．

ここで応力強度比は，コンクリートに生じている温度応力と，その材齢における温度ひび割れ発生強度の比（温度応力/温度ひび割れ発生強度）であり，ひび割れが発生するか否かの判断の指標となるものである．これは，（公社）日本コンクリート工学会が定める「温度ひび割れ指数」の逆数となっているが，収縮ひび割れ制御指針およびマスコンクリート指針で用いられている用語と整合させたものであり，応力強度比が大きいほどひび割れが発生しやすいことを示している．

解析対象部材の設定範囲や若材齢時のコンクリートの力学的性質など，この一連の予測には多くの仮定が介在するが，個々の物性値と部材の拘束条件を忠実に計算に取り込むことにより，理論上，精度の高い予測が可能となる．一方で，高炉スラグ微粉末を多量に使用したコンクリートの温度ひび割れに関しては，検証対象となる部材レベルの実験データが極めて少なく，精度検証について十分でない可能性があるが，考慮することのできる要因は極力解析に反映させることとした．

b．温度予測は，コンクリート中のセメントの水和発熱過程を考慮し，部材，対象部位に接する部材，環境との熱の収支を検討する必要がある．この際，コンクリートの発熱および温度上昇の予測には，使用材料の熱的性質，調合，部材の形状，施工時期・周囲の温度条件が必要となる．また，周囲の温度条件，型枠の熱的性質，養生条件に関して，いずれも実際の施工条件に基づき，適切にモデル化を行って解析に反映させる必要がある．

コンクリートの発熱は，セメント（結合材）の種類，単位セメント（結合材）量，打込み温度の影響を考慮し，(解4.3.1)式および(解4.3.2)式によって断熱温度上昇曲線に基づき予測するか，実験または信頼できる資料に基づき予測するのが一般的である．解説表4.3.3，4.3.4にマスコンクリート指針で示されているセメントの種類ごとの係数を示す．

$$Q(t) = K(1 - e^{-\alpha t}) \tag{解4.3.1}$$

$$K = p(aC + b), \quad \alpha = q(gC + h) \tag{解4.3.2}$$

ここに，　　　　　t：材齢（日）

$Q(t)$：材齢 t 日までの断熱温度上昇量（℃）

K：最終断熱温度上昇量（℃）

α：断熱温度上昇速度を表す係数

C：単位セメント量（単位結合材量）（kg/m³）

a, b, g, h, p, q：K および α を求めるための係数で解説表4.3.3，4.3.4による．

解説表 4.3.3 打込み温度 20 ℃ における K 値と a [1]

セメントの種類	$K=aC+b$		$a=gC+h$	
	a	b	g	h
普通ポルトランドセメント	0.121	13.6	0.0029	0.197
フライアッシュB種	0.122	9.0	0.0025	−0.024
高炉セメントB種	0.110	16.8	0.0018	0.234
中庸熱ポルトランドセメント	0.099	14.5	0.0023	−0.077
低熱ポルトランドセメント	0.089	13.8	0.0014	−0.094
早強ポルトランドセメント	0.121	14.9	0.0031	0.419

［注］本式の適用範囲として，単位セメント量 C の上限値を 450 kg/m³ とする．

解説表 4.3.4 打込み温度 20 ℃ の K 値および a に対する補正係数一覧[1]

打込み温度 セメントの種類	p			q		
	10 ℃	20 ℃	30 ℃	10 ℃	20 ℃	30 ℃
普通ポルトランドセメント	1.019	1.0	0.983	0.538	1.0	1.297
フライアッシュB種	0.992	1.0	0.984	0.570	1.0	1.311
高炉セメントB種	1.036	1.0	0.982	0.565	1.0	1.409
中庸熱ポルトランドセメント	1.003	1.0	1.004	0.594	1.0	1.285
低熱ポルトランドセメント	1.024	1.0	0.982	0.674	1.0	1.474
早強ポルトランドセメント	1.059	1.0	0.960	0.685	1.0	1.534

解説表 4.3.3，4.3.4 に示したように，高炉セメント B 種については一般的な係数が示されている．一方，高炉スラグ微粉末の使用率を変化させた場合の最終断熱温度上昇量および断熱温度上昇速度については，まだ一般的な係数を示せるほど十分ではない．解説図 4.3.1 は，普通ポルトランドセメントをベースとして高炉スラグ微粉末の使用率を変えた場合の断熱温度上昇の概念図である．高炉スラグ微粉末の使用率が小さい場合は，普通ポルトランドセメントより断熱温度上昇量が高くなる傾向があり，また，断熱温度上昇速度は，使用率が大きくなるほど遅くなる傾向がある．解説図 4.3.2 は，高炉スラグ微粉末の使用率と断熱温度上昇量の関係である[2]．使用率が 60 ％ を超えるとセメントから生成する水酸化カルシウムが少ないため，活性化せず，断熱温度上昇量は小さくなるものと考えられる．なお，比表面積が 2 800 cm²/g の高炉スラグ微粉末を用いた場合には，使用率の増加に伴って断熱温度上昇は緩やかとなり，最終断熱温度上昇量は小さくなる[3]．解説図 4.3.3 は高炉スラグ微粉末中の SO_3 量を変えた場合の断熱温度上昇量の測定結果である[2]．断熱温度上昇量は，せっこうによる水和抑制により，SO_3 量に比例して小さくなる．

解説表 4.3.5 は，高炉スラグの分量を 65 ％ とした高炉セメント C 種を用いて，単位セメント量を

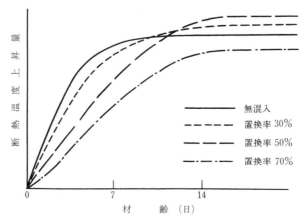

解説図 4.3.1 高炉スラグ微粉末コンクリートの断熱温度上昇の概念図

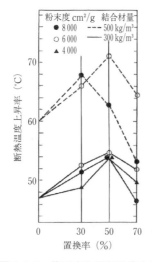

解説図 4.3.2 使用率と断熱温度上昇量[2]

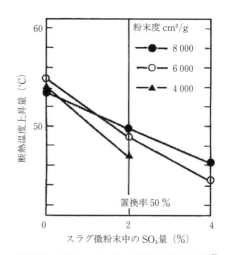

解説図 4.3.3 SO_3量と断熱温度上昇量[2]

解説表 4.3.5 高炉セメントC種を用いたコンクリートの断熱温度上昇式の係数の例[10]

$K=aC+b$		$α=gC+h$		p			q		
a	b	g	h	10 ℃	20 ℃	30 ℃	10 ℃	20 ℃	30 ℃
0.060	14.2	0.0027	0.002	1.047	1.0	0.991	0.571	1.0	1.373

300, 400, 500 kg/m³とし, 打込み温度を10, 20, 30 ℃とした場合の断熱温度上昇試験の結果から(解4.3.1)式, (解4.3.2)式に対する係数を求めた結果である. 高炉セメントC種の断熱温度上昇量K値は, 同じセメント量であれば解説表4.3.3による低熱ポルランドセメントより小さくなり, 断熱温度上昇速度$α$は, 高炉セメントB種と同程度となることが示されている.

以上のように, 高炉スラグ微粉末を使用したコンクリートの断熱温度上昇特性については, 高炉

スラグ微粉末の使用率,粉末度,せっこう量が影響するが,これらを考慮して一般的に示すほどデータが蓄積されていない.したがって,適用に際しては信頼できる資料によるほか,必要に応じて適宜,断熱温度上昇試験または簡易的に断熱温度上昇を推定する方法[4]を参考として,断熱温度上昇曲線の係数を決定する.

　c.高炉スラグ微粉末を用いたコンクリートについては,高温履歴を経た場合に自己収縮が顕著になる場合があることから,ひずみは温度ひずみのみではなく,自己収縮ひずみも含んだひずみを対象とすることとした.

　温度ひずみは温度分布に線膨張率を乗じて求めるが,コンクリートの線膨張率については,おおむね $6 \sim 13 \times 10^{-6}/℃$ 程度であり,解説表4.3.6に示すように使用する骨材の岩種による影響が大きい.高炉スラグ微粉末の混合の影響については明確でないが,日本コンクリート工学会においては,線膨張率を各種ポルトランドセメントでは $10 \times 10^{-6}/℃$,高炉セメントB種では $12 \times 10^{-6}/℃$ としている[5].高炉スラグ微粉末の使用率を変化させた場合のコンクリートの線膨張率については,一般的な値を示すほどのデータがない.また,線膨張率はセメントの水和反応に従って変化することが知られているが,本指針(案)では,解析に使用する線膨張率は材齢によって変化させずに,$12 \times 10^{-6}/℃$ を標準とするとよい.新たに測定する場合や信頼できる資料がある場合は,その値を用いてよい.以下に,比較的高い使用率とした場合の高炉スラグ微粉末コンクリートの線膨張率の測定事例を示す.

　石灰石を用いて高炉スラグ微粉末の使用率を75%としたコンクリート供試体(封かん養生)の線膨張率は,材齢56日において測定した事例では $6.19 \times 10^{-6}/℃$ となり,高炉セメントB種を使用したコンクリートの $5.86 \times 10^{-6}/℃$ とほぼ同等となっている[7].

　柱模擬部材内に設置した無応力計のひずみから算定した降温過程での見かけの線膨張率の測定結果では,高炉セメントB種を使用したコンクリートで $8 \times 10^{-6}/℃$,せっこう量を最適化して高炉セメントC種を使用したコンクリートで $6.4 \times 10^{-6}/℃$ となり,高炉スラグ微粉末の使用率の増加により線膨張率は小さくなるとしている[6].なお,この線膨張率は,温度ひずみの他に自己収縮ひずみの影響も含んだ見かけの線膨張率であることに留意が必要である.

解説表4.3.6 各種骨材を用いたコンクリートの線膨張率[1]

岩石の種類	線膨張率（$\times 10^{-6}/℃$）		
	水中養生したコンクリート	封かん養生したコンクリート	気中養生したコンクリート
砂　利	13.1	2.2	11.7
花崗岩	9.5	8.6	7.7
珪　岩	12.8	12.2	11.7
粗粒玄武岩	9.5	8.5	7.9
砂　岩	11.7	10.1	8.6
石灰岩	7.4	6.1	5.9

d．マスコンクリートのひび割れに大きな影響を及ぼすコンクリートの体積変化は，温度変化に基づくものが支配的であるが，水セメント比を小さくした場合や混和材を用いた場合などに関しては，自己収縮の影響が無視できない場合がある．解説図 4.3.4 は，高炉セメント B 種を用いたコンクリートが高温履歴を経た場合に自己収縮が顕著に大きくなる場合があることを示す一例である[8]．解説図 4.3.5 は高炉スラグ微粉末の比表面積を 1 530～3 870 cm²/g，使用率を 30～60 %，SO_3 量を 1～4.5 %の範囲で測定した材齢 28 日における自己収縮ひずみの測定結果である[3]．SO_3 量の混入により，材齢 3 日まで膨張ひずみを生じており，材齢 28 日の自己収縮ひずみは，SO_3 量が増えるほど小さくなる傾向を示す．また，同一の SO_3 量では，高炉スラグ微粉末の粉末度が小さいほど，自己収縮ひずみは小さくなる．

このように，高炉スラグ微粉末を使用したコンクリートの自己収縮ひずみは，高炉スラグ微粉末の粉末度，使用率，SO_3 量の影響を受ける．宮澤らは，比表面積 3 000 cm²/g 程度の高炉スラグ微粉末を用い，使用率を 20 %から 70 %，SO_3 量を 2.0 %から 5.0 %とした場合のセメントを用いたコンクリートの自己膨張ひずみについて，膨張と収縮ひずみを加味した近似式を報告している[9]．

高炉スラグ微粉末は，粉末度や組成によって異なる性質を示すため，一律にこれらの傾向を示すものと言えないが，このような温度履歴によって性状が変化する可能性があることをあらかじめ検討し，解析で考慮する必要がある．

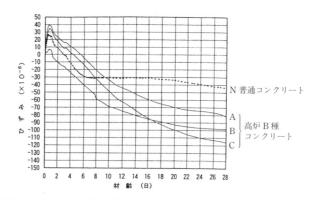

解説図 4.3.4　高温履歴を経たコンクリートの自己収縮（$W/B=56$ %）[8]

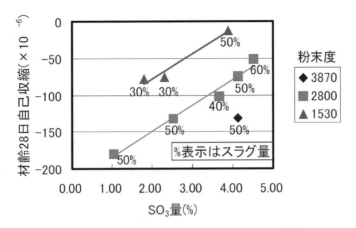

解説図 4.3.5 SO_3量と自己収縮ひずみの関係[3]

f．コンクリートの力学的特性値は，試験または信頼のできる資料に基づき評価するが，マスコンクリート指針と同様に以下のように評価してよい．

コンクリートの強度発現に関して，有効材齢は，温度の影響を等価な材齢に換算する(解4.3.3)式により評価する．

$$t_e = \sum_{i=1}^{n} \Delta t_i \exp\left[13.65 - \frac{4000}{273 + T(\Delta t_i)/t_0}\right] \qquad (解 4.3.3)$$

ここに，　　t_e：有効材齢（日）

Δt：温度 T が継続する期間（日）

$T(\Delta t_i)$：Δt の間継続するコンクリート温度（℃）

t_0：材齢を無次元化する値で1日

コンクリートの圧縮強度の発現は，マスコンクリート指針と同様に(解4.3.4)式によって予測する．s および s_f の値は，解説表4.3.7による．なお，表中の高炉セメントC種およびフライアッシュセメントB種，C種の係数については，参考として文献[11]における値を追記した．高炉セメントC種の係数については，水結合材比を47％とし，高炉スラグ微粉末の使用率を70％として得られた実験結果に基づく推定値である．限定された範囲の実験結果であるため，解析に用いる場合は，必要に応じて実状に合わせて係数を修正するのがよい．

$$f_c(t) = \exp\left\{s\left[1 - \left(\frac{28}{(t_e - s_f)/t_0}\right)^{1/2}\right]\right\} f_{c28} \qquad (解 4.3.4)$$

ここに，　$f_c(t)$：コンクリートの圧縮強度（N/mm²）

t_e：コンクリートの有効材齢（日）

t_0：1日

f_{c28}：コンクリートの28日圧縮強度（N/mm²）

s：セメントの種類に関わる定数

s_f：硬化原点のための補正項（日）

解説表 4.3.7 s と s_f 値

セメントの種類	s の値	s_f の値
普通ポルトランドセメント	0.31	0.5
早強ポルトランドセメント	0.21	0
中庸熱ポルトランドセメント	0.60	0
低熱ポルトランドセメント	1.06	0
高炉セメント B 種	0.54	0
高炉セメント C 種（参考）[11]	0.51	0
フライアッシュセメント B 種，C 種[11]	0.58	0

　コンクリートのヤング係数は，マスコンクリート指針と同様に(解 4.3.5)式によって予測する．なお，水結合材比を 40％と 50％とし，高炉スラグ微粉末の使用率を C 種相当としたコンクリートのヤング係数は，高炉スラグ微粉末を用いてないコンクリートより大きいとする報告[12]もある．このことから，混和材による係数 k_2 は一律に 0.95 とせず 1.0 とするなど，できるだけ実状に合わせるのがよい．

$$E(t_e) = 3.35 \times 10^4 \times k_1 \times k_2 \times \left(\frac{\gamma}{2.4}\right)^2 \times \left(\frac{f_c(t_e)}{60}\right)^{1/3} \quad （解 4.3.5）$$

　ここに，　　$E(t_e)$：コンクリートのヤング係数（N/mm²）
　　　　　　　t_e：コンクリートの有効材齢（日）
　　　　　　　γ：コンクリートの気乾単位容積質量（t/m³）
　　　　　　　$f_c(t)$：コンクリートの圧縮強度（N/mm²）
　　　　　　　k_1, k_2：骨材，混和材による係数
　　　　　$k_1 = 0.95$：石英片岩砕石，安山岩砕石，玉石砕石，玄武岩砕石，粘板岩砕石
　　　　　$k_1 = 1.2$：石灰岩砕石，か焼ボーキサイト
　　　　　$k_1 = 1.0$：その他の粗骨材
　　　　　$k_2 = 0.95$：シリカフューム，高炉スラグ微粉末，フライアッシュ起源微粉末
　　　　　$k_2 = 1.1$：フライアッシュ
　　　　　$k_2 = 1.0$：混和材を使用しない場合

　コンクリートのポアソン比は，マスコンクリート指針と同様に 0.2 を用いる．
　コンクリートのクリープひずみは，(解 4.3.6)～(解 4.3.9)式によるクリープ係数を用いて予測する．

$$\phi(t_e, t_0) = \phi_0 \times \left[\frac{(t_e - t_0)/t_1}{\beta_H + (t_e - t_0)/t_1}\right]^{0.3} \quad （解 4.3.6）$$

$$\phi_0 = 1.05 \cdot (E_c(t_0)/E_{c28})^{-1.04} \quad （解 4.3.7）$$

$$\beta_H = c \cdot (E_c(t_0)/E_{c28})^4 + 7.6 \quad （解 4.3.8）$$

$$c = 117 - 1.11 f_{c28} \tag{解 4.3.9}$$

ここに，$\phi(t, t_0)$：材齢 28 日のヤング係数を基準とした載荷時材齢を考慮したクリープ係数

ϕ_0：クリープ係数の終局値

β_H：クリープの進行速度を表す係数

t_0：載荷時有効材齢（日）

t_e：有効材齢（日）

t_1：材齢を規準化する単位で 1 日を表す

f_{c28}：有効材齢 28 日の圧縮強度（N/mm²）

E_{c28}：有効材齢 28 日のヤング率（N/mm²）

$E_c(t_0)$：載荷時材齢 t_0 日におけるヤング率（N/mm²）

地盤の力学的特性は，マスコンクリート指針と同様に解説表 4.3.8 に示す値によるか，実験または信頼のできる資料に基づき予測する．

解説表 4.3.8 地盤の力学的特性値

		N 値の目安	剛性 (N/mm²)	線膨張率 (×10⁻⁶/℃)	ポアソン比
地 盤	軟 弱 (粘性土, 杭基礎)	0～20	50	10	0.35
	普 通 (砂質土, 礫地盤への直接基礎)	50 以上	500	10	0.30
	岩 盤 (土丹, 軟岩)	—	5 000	10	0.25

割裂引張強度は，マスコンクリート指針と同様に（解 4.3.10）式により予測する．

$$f_t(t_e) = 0.18 \cdot f_c(t_e)^{0.75} \tag{解 4.3.10}$$

ここに，t_e：有効材齢

$f_c(t_e)$：有効材齢 t_e における圧縮強度（N/mm²）

g．応力強度比 $\eta(t_e)$ は，（解 4.3.11）式により予測する．

$$\eta(t_e) = \frac{\sigma_{st}(t_e)}{f_{cr}(t_e)} \tag{解 4.3.11}$$

ここに，t_e：コンクリートの材齢（時間または日）

$\eta(t_e)$：材齢 t における応力強度比

$\sigma_{st}(t_e)$：材齢 t における温度応力の予測値（N/mm²）

$f_{cr}(t_e)$：材齢 t におけるひび割れ発生強度（N/mm²）

ひび割れ発生強度 $f_{cr}(t_e)$ は，マスコンクリート指針と同様にひび割れが発生する材齢 t_e における

コンクリートの割裂引張強度 $f_t(t_e)$ にひび割れ発生低減係数 x を乗じた値とし，(解 4.3.12)式により予測する．ひび割れ発生低減係数 x は 0.85 を標準とし，その他信頼できる資料または試験に基づいた値を採用する．

$$f_{cr}(t_e) = f_t(t_e) \times x \qquad \text{(解 4.3.12)}$$

ここに，$f_t(t_e)$：材齢 t における割裂引張強度（N/mm²）

x：ひび割れ発生低減係数 0.85 を標準とする．

参 考 文 献

1) 日本建築学会：マスコンクリートの温度ひび割れ制御設計・施工指針（案）・同解説，2008
2) 石川陽一，鯉渕 清，村上武衡：高炉スラグ微粉末のコンクリート用混和材としての適用研究（その 2），日本建築学会大会学術講演梗概集，pp.1003-1004，1991.8
3) 二戸信和，大澤友宏，鯉渕 清，宮澤伸吾：高炉セメントの発熱と収縮に及ぼすスラグ粉末度と SO_3 の影響，コンクリート工学年次論文集，Vol.30，No.2．pp.121-126，2008
4) セメント協会コンクリート専門委員会報：F-59 各種セメントを用いたコンクリートの断熱温度上昇に関する研究，pp.42-53，2014
5) 日本コンクリート工学会：マスコンクリートのひび割れ制御指針 2008，2008
6) 閑田徹志，稲葉洋平，石関浩輔，小島正朗：高炉スラグ高含有セメントを用いたマスコンクリートの温度ひび割れ抵抗性に関する基礎検討，コンクリート工学年次論文集，Vol.36，No.1，pp.1720-1725，2014
7) 溝渕麻子，小林利充，神代泰道，新村 亮：混和材を高含有したコンクリートの熱特性に関する検討，コンクリート工学年次論文集，Vol.37，No.1，pp.193-198，2015
8) 久保征則，青木 茂，新村 亮，原田 暁：高炉セメントを用いたコンクリートの自己収縮に関する実験的研究，コンクリート工学年次論文報告集，Vol.19，No.1，pp.763-768，1997
9) 谷田貝敦，二戸信和，宮澤伸吾：低発熱・収縮抑制型高炉セメントの膨張・収縮挙動に及ぼす高炉スラグ微粉末の置換率および SO_3 量の影響，コンクリート工学年次論文集，Vol.34，No.1，pp.382-387，2012
10) 大塚勇介，辻大二郎，植木康知，小島正朗：高炉スラグ高含有セメントを使用したコンクリートの断熱温度上昇特性について，日本建築学会大会学術講演梗概集，pp.87-88，2016.8
11) 国立研究開発法人建築研究所：型わくの取り外しに関する管理基準の検討，建築研究資料 No.168，2016
12) 小島正朗，辻大二郎，佐藤幸恵，鹿毛忠継，野口貴文，閑田徹志，壇 康弘，斉藤和秀：高炉スラグ微粉末・高炉セメントを用いたコンクリートの特性に関する実験（その5）結合材の種類が及ぼす影響，日本建築学会大会学術講演梗概集，pp.395-396，2016.8

4.3.3 収縮ひび割れ制御

a．収縮ひび割れ制御では，設計対象の構造体および部材に要求される目標性能を達成するため，以下の(1)〜(3)を評価指標とする．
 (1) 収縮ひずみ
 (2) 収縮ひび割れ幅
 (3) ひび割れ発生確率

b．構造体および部材のコンクリートの収縮ひずみを予測し，設計値 800×10^{-6} 以下であることを検証するとともに，表 4.1 に示すような性能項目ごとに定める評価指標を予測し，おのおのの設計値を満足することを検証しなければならない．

表 4.1 性能項目と評価指標ならびに一般環境下における標準的な設計値

性能項目	評価指標	標準的な設計値
鉄筋降伏に対する抵抗性	収縮ひび割れ部分の鉄筋応力	鉄筋の引張応力 ≦長期許容応力度
はく落抵抗性	乾燥収縮率	800×10^{-6} 以下
たわみ増大抵抗性	乾燥収縮率	800×10^{-6} 以下
外壁の漏水抵抗性	収縮ひび割れ幅　または ひび割れ発生確率	0.067 mm 以下 5 ％以下
劣化抵抗性	収縮ひび割れ幅	屋外：0.2 mm 以下 屋外：0.3 mm 以下

c．高炉スラグコンクリートの収縮ひずみは，構造物の施工時期，周囲の相対湿度，部材断面の形状・寸法，コンクリートの材料・調合や材齢などの影響を考慮して，試験または信頼できる資料に基づいて予測する．
d．ひび割れ発生確率および収縮ひび割れ幅は，本会「鉄筋コンクリート造建築物の収縮ひび割れ制御設計・施工指針（案）・同解説」，または信頼できる資料により予測する．
e．予測に用いる高炉スラグコンクリートのヤング係数，ポアソン比，クリープ係数は，材齢の影響を考慮し，試験または信頼できる資料に基づいて定める．
f．予測された収縮ひずみおよび収縮ひび割れ幅，またはひび割れ発生確率が構造体および部材の目標性能に対するおのおのの設計値以下であることを検証する．設計値を超える場合には，意匠・構造設計上の仕様および使用するコンクリートの材料・調合，あるいは施工法等の仕様を変更して再度検証を行う．

a．収縮ひずみ制御の対象とする有害な収縮ひずみや収縮ひび割れとは，鉄筋の降伏，かぶりコンクリートや仕上材のはく落，漏水，部材の過度のたわみ，さらには美観を損ねたり内部鉄筋の腐食を促すなど，建築物の構造安全性，使用性または耐久性を著しく損ねる原因となる収縮ひずみや収縮ひび割れである．これらの要求性能に対するひび割れの状態は，解説表 4.3.9 のように設定できる．ここで，制御目標となるのが，構造体や部材のコンクリートに生じる「収縮ひずみ」または「収縮ひび割れ幅」，あるいは鉄筋に生じる「引張応力」である．ひび割れ幅を 0.1 mm 以下にするなどひび割れ発生を極力制御しようとする場合においては，現状では，鉄筋量を非常に多くする必要があり，鉄筋による拘束が高まるとともに，ひび割れ本数が増加するため，「ひび割れ発生確率」で制御することが望ましい．これらのことから，ひび割れ制御における性能評価指標として「収縮ひずみ」または「収縮ひび割れ」，あるいは「ひび割れ発生確率」を用いることとした．

b．解説図 4.3.6 に収縮ひび割れ制御のフローチャートを示す．収縮ひび割れ制御では，コンクリートの基本物性，部材の拘束状態および設計条件を考慮して収縮ひずみを予測し，それが設計値以下であることを検証する．収縮ひずみが設計値を満足しない場合は，使用するコンクリートの材

解説表 4.3.9 構造体および部材に対する要求性能を満足する収縮ひび割れ

性　能	収縮ひび割れまたは鉄筋応力の状態
鉄筋降伏に対する抵抗性	収縮ひび割れによって鉄筋降伏につながるおそれのある「引張応力」が生じない状態（ここでは代替値として「収縮ひび割れ幅」を適用）
仕上材のはく落抵抗性	仕上材の浮き・はく落につながるおそれのある「収縮ひずみ」が生じない状態
漏水抵抗性	漏水につながるおそれのある「収縮ひび割れ幅」が生じない状態
たわみ増大抵抗性	部材のたわみが設計用たわみを上回るおそれのある「収縮ひずみ」が生じない状態
劣化抵抗性	中性化の進行および塩分の移動によって鉄筋の腐食が促進されるおそれのある「収縮ひび割れ幅」が生じない状態

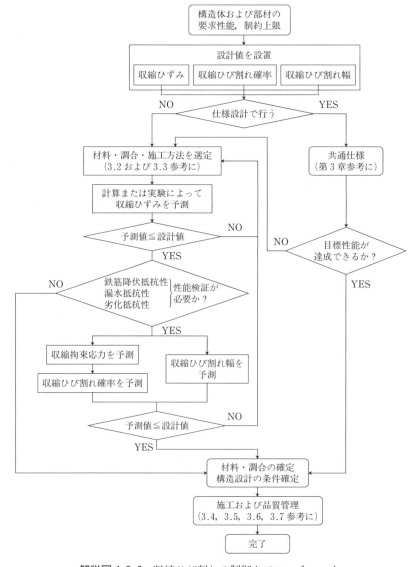

解説図 4.3.6　収縮ひび割れの制御とフローチャート

料および調合について再度選定を行う．さらに，設計対象となる構造体および部材のコンクリートの要求性能に応じて，収縮ひび割れ幅またはひび割れ発生確率を予測し，それがおのおのの設計値以下であることを検証する．4.3.3項では，評価指標である収縮ひずみ，収縮ひび割れ幅，またはひび割れ発生確率の予測手法を述べている．

　各性能項目に対する標準的な設計値は表4.1に示すとおりである．目標性能を示す設計値は，建築主等が設計の対象となる建築物に求める要求性能を確実に達成させるために適切な余裕を見込んで定める必要があり，その目標性能を達成するように設計を行わなければならない．なお，目標性能に関するより詳細な解説は，本会「鉄筋コンクリート造建築物の収縮ひび割れ制御設計・施工指針（案）・同解説」[1]に述べられている．

　高炉スラグコンクリートの収縮ひび割れ性能の一例を解説図4.3.7に示す．図中の収縮拘束応力は，試験体中央の拘束鉄筋のひずみから算出された値であり，収縮に伴いコンクリートの断面に生じる収縮拘束応力を表している．解説図4.3.7は，周囲の環境温度を冬期，標準期，夏期に施工を行ったことを想定して，10℃（冬期），20℃（標準期），30℃（夏期）の3段階に変化させたものである．解説図4.3.7(a)より，高炉セメントB種相当のセメントを用いたコンクリートの乾燥開始前およびその後の収縮拘束応力の発現の傾向が温度により大きく異なり，特に環境温度30℃（B30）で，収縮拘束応力の増加が著しい．これに対し，同図(b)の普通ポルトランドセメントを用いたコンクリートの結果からは，環境温度の影響が高炉セメントB種を用いた場合に比べて明確でない．また，ひび割れ発生材齢で比較した場合〔解説図4.3.8〕，普通ポルトランドセメントを用いたコンクリートは環境温度の影響を顕著に受けず，季節によらずほぼ一定と見なせる．一方，高炉セメントB種相当のセメントを用いたコンクリートは，環境温度による強い影響を受け，標準期，冬期に比べ夏期に施工した場合，ひび割れ発生材齢が著しく短くなっている．

　高炉スラグ微粉末の使用率で比較してみると〔解説図4.3.9〕，環境温度20℃では，高炉スラグ微粉末の使用率によらずひび割れ発生材齢はほぼ一定である．一方，環境温度30℃においては，高炉セメントA種相当（高炉スラグ微粉末の使用率25％）では普通ポルトランドセメントを用いたコンクリートとほぼ同等であるが，高炉セメントB種相当（高炉スラグ微粉末の使用率45％）においては，ひび割れ発生材齢が短くなっている．

　高炉セメントC種およびC種相当（高炉スラグ微粉末の使用率：60〜70％）においては，解説図4.3.10に示すように普通ポルトランドセメントや高炉セメントB種と同等のSO_3量である2％程度では，普通ポルトランドセメントを用いたコンクリートと比較してひび割れ発生材齢が短くなるが，SO_3量を3.6％まで高くした場合や収縮低減剤を併用した場合，ひび割れ発生材齢が伸長しており，SO_3量を最適化することにより収縮ひび割れ抵抗性が向上することが報告されている[1]．なお，収縮ひび割れが問題となるような比較的薄い部材は地上躯体が対象となることが多いが，地上躯体への適用については，中性化抵抗性の観点から，高炉セメントA種および高炉セメントA種相当や高炉セメントB種および高炉セメントB種相当での適用が中心となることが考えられる．

　以上のことから，高炉セメントA種およびA種相当を用いたコンクリートのひび割れ抵抗性は，普通ポルトランドセメントを用いたコンクリートと同等であるが，高炉セメントB種およびB種相

当を用いたコンクリートのひび割れ抵抗性は，普通ポルトランドセメントを用いたコンクリートと比較して，施工時期が標準期および冬期の場合は同等以上，夏期の場合で低下する傾向にある．このような高炉スラグコンクリートの特徴を踏まえて，収縮ひび割れ対策を行う必要がある．

セメントの種類	記 号	環境条件	セメントの種類	記 号	環境条件
高炉B種	B 10	10 ℃，60 %R.H.	普通	N 10	10 ℃，60 %R.H.
	B 20	20 ℃，60 %R.H.		N 20	20 ℃，60 %R.H.
	B 30	30 ℃，60 %R.H.		N 30	30 ℃，60 %R.H.

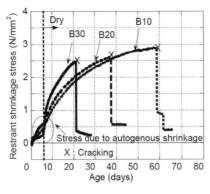

(a) 高炉B種コンクリート

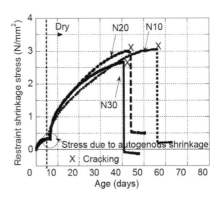

(b) 普通コンクリート

解説図 4.3.7　収縮拘束応力の経時変化[2]

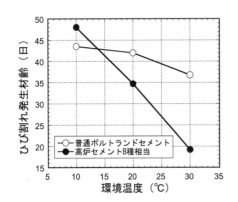

解説図 4.3.8　環境温度とひび割れ発生材齢[2]

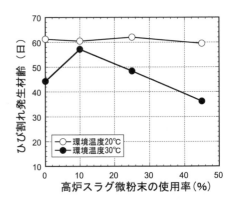

解説図 4.3.9　高炉スラグ微粉末の使用率とひび割れ発生材齢[3]

記号	セメントの種類	高炉スラグ微粉末使用率	収縮低減剤の使用	結合材中のSO₃量	環境条件
N (2.2)	普通	0 %	—	2.2 %	20 °C, 60 %R.H.
BB (2.1)	高炉B種	40〜45 %	—	2.1 %	
BC (2.1)	普通	60〜70 %	—	2.0 %	
BC (3.6)	普通		—	3.6 %	
BC (3.6)+S	普通		○	3.6 %	

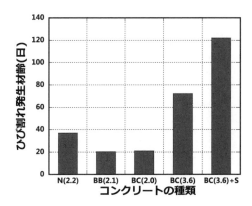

解説図 4.3.10 高炉セメントC種相当のひび割れ発生材齢[4]

c．高炉スラグコンクリートの乾燥収縮ひずみは，普通ポルトランドセメントを使用した場合と比較して，環境温度の影響を受けることが指摘されている[2),5),6)]．ここに，閑田ら[2)]によって実施された高炉セメントB種相当を用いたコンクリートを用い，冬期，標準期および夏期に施工されることを模擬して，環境温度をそれぞれ10°C，20°C，30°Cと変化させた場合の自由収縮ひずみの経時変化を解説図4.3.11に示す．これによると，材齢80日における収縮ひずみは，同図(b)の普通ポルトランドセメントを使用したコンクリートでは環境温度にかかわらずほぼ同等であるのに対して，同図(a)の高炉セメントB種相当を用いたコンクリートでは環境温度が高くなるほど収縮ひずみの値が増大し，特に環境温度30°Cの値は，材齢30日までの初期段階において急速に収縮ひずみが増大し，環境温度10°C，20°Cに比べて100×10^{-6}以上大きくなっている．解説図4.3.12に環境温度20°Cに対する各環境温度の収縮ひずみの比を示す．これらによると，環境温度30°Cにおいては，高炉セメントB種相当を用いたコンクリートの乾燥収縮ひずみは，環境温度20°Cに対して1.1〜1.2倍程度大きくなっている．

荒井ら[3)]の環境温度30°Cにおいて高炉セメントA種相当，B種相当（使用率10.25 %）とした実験結果によれば，解説図4.3.13および4.3.14に示すように，普通ポルトランドセメントを使用したコンクリートと同等か若干小さい収縮ひずみを示している．

このように，高炉スラグコンクリートの乾燥収縮ひずみは，高炉スラグ微粉末の使用率および施工時の環境温度を考慮する必要があり，特に高炉セメントB種およびB種相当を用いる場合におい

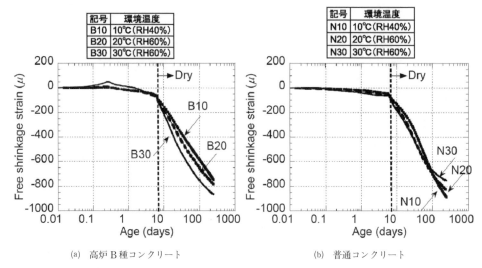

(a) 高炉B種コンクリート　　(b) 普通コンクリート

解説図 4.3.11　高炉セメント B 種相当を用いたコンクリートの収縮ひずみに及ぼす環境温度の影響[2]

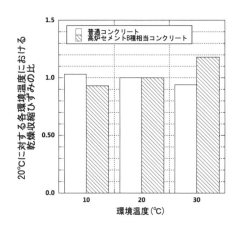

解説図 4.3.12　環境温度 20 ℃ に対する乾燥収縮ひずみの比

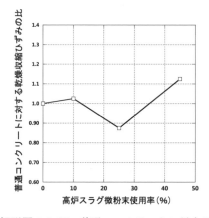

解説図 4.3.13　普通コンクリートに対する乾燥収縮ひずみの比

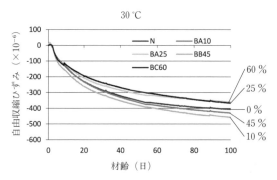

解説図 4.3.14　高炉セメントコンクリートの自由収縮ひずみ（環境温度 30 ℃ の場合）[3]

ては，施工時期が冬期および標準期の場合と比較して，夏期において乾燥収縮ひずみが増大する傾向にあることを考慮する必要がある．そのため，高炉スラグコンクリートの乾燥収縮ひずみは，実験結果に基づいて定めることが望ましいが，実験を行わない場合は，信頼できる資料または本会「鉄筋コンクリート造建築物の収縮ひび割れ制御設計・施工指針（案）・同解説」[1]に示される(解 4.3.13)式によって算出してもよい．

(解 4.3.13)式では，セメントの種類（フライアッシュセメント，早強セメント，普通セメント，高炉セメント）の影響を表す修正係数 γ_2，混和材の種類（収縮低減剤，シリカフューム，フライアッシュ，無混入，高炉スラグ微粉末）の影響を表す修正係数 γ_3 が用いられており，高炉セメントおよび高炉スラグ微粉末を使用した場合の修正係数は，普通セメントまたは混和材無混入のものと同じ $\gamma_2=1.0$，となっている．しかしながら，本式は温度20℃の環境条件下のデータから求められたものであるため，環境温度の影響については考慮されていない．前述の高炉スラグ微粉末の使用率および施工時期を考慮した既往の実験結果を踏まえると，γ_2 は，高炉セメントA種およびA種相当，ならびに冬期および標準期に施工される場合の高炉セメントB種およびB種相当については $\gamma_2=1.0$，夏期に施工される場合の高炉セメントB種およびB種相当については $\gamma_2=1.2$ とするとよい．

$$\varepsilon(t, t_0) = k \cdot t_0^{-0.08} \cdot \left\{1 - \left(\frac{h}{100}\right)^3\right\} \cdot \left(\frac{t-t_0}{0.16 \cdot (V/S)^{1.8} + (t-t_0)}\right)^{1.4 \cdot (V/S)^{-0.18}}$$ (解 4.3.13)

$$k = (11 \cdot W - 1.0 \cdot C - 0.82 \cdot G + 404) \cdot \gamma_1 \cdot \gamma_2$$

ここに，$\varepsilon(t, t_0)$：乾燥開始材齢 t_0 日における材齢 t 日の収縮ひずみ（×10⁻⁶）

W：単位水量（kg/m³）

C：単位セメント量（単位結合材量）（kg/m³）

G：単位粗骨材量（kg/m³）

h：相対湿度（%）（40 % ≦ h ≦ 100 %）

V：体積（mm³）

S：外気に接する表面積（mm²）

V/S：体積表面積比（mm）（V/S ≦ 300 mm）

γ_1：骨材の種類の影響を表す修正係数で，下表による．

γ_2：セメントの種類の影響を表す修正係数で下表による．ただし，高炉セメントC種および高炉セメントC種相当については，試験または信頼できる資料に基づいて適切に設定する．

γ_1	0.7	石灰石砕石
	1.0	天然骨材
	1.2	軽量骨材
	1.4	再生骨材

γ_2	0.9	早強セメント
	1.0	普通セメント
		高炉セメントA種および高炉セメントA種相当
		高炉セメントB種および高炉セメントB種相当（施工時期：標準期・冬期）
	1.2	高炉セメントB種および高炉セメントB種相当（施工時期：夏期）

なお，高炉セメントC種およびC種相当を用いたコンクリートの収縮ひずみは，環境温度が20℃の場合においては普通セメントを用いたコンクリートとほぼ同程度であること〔解説図4.3.15〕[7]，高炉スラグ微粉末中のSO_3含有量の増加に伴い乾燥収縮ひずみが減少すること〔解説図4.3.16〕[8]などの報告はあるが，検討事例が非常に少ない．そのため，高炉セメントC種およびC種相当を用いたコンクリートを使用する場合は，実験結果に基づいて定めることが望ましいが，実験を行わない場合は，信頼できる資料により設定するとよい．

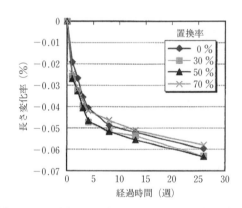

解説図4.3.15　高炉スラグコンクリートの乾燥収縮ひずみ[7]

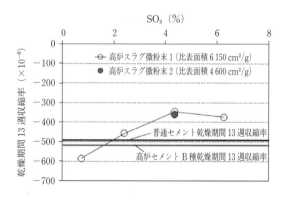

解説図4.3.16　高炉セメントC種相当のコンクリートの乾燥収縮ひずみに及ぼすSO_3量の影響[8]

d．収縮ひび割れ発生確率および収縮ひび割れ幅の算出方法については，本会「鉄筋コンクリート造建築物の収縮ひび割れ制御設計・施工指針（案）・同解説」[1]および本指針（案）の付録を参照されたい．なお，収縮ひび割れ発生確率の予測には，高炉セメントコンクリートのヤング係数，クリープ係数，クリープひずみ，ひび割れ発生確率の値を適切な方法により定めなければならない．これらの値は，使用するコンクリートの試験に基づいて定めることが望ましいが，試験を行わない場合には次の方法によりそれぞれを設定すればよい．

(1) ヤング係数

高炉セメントコンクリートにおける任意の材齢のヤング係数は，本会「鉄筋コンクリート構造設計規準・同解説」による(解 4.3.14)式を用いて圧縮強度との関係から設定すればよい．解説図 4.3.17 に示すように，高炉スラグ微粉末の使用率の違いおよび環境温度の違いによらず，比較的良い精度で算出可能である．なお，k_2 については，4.3.2 項で述べたように，一律 0.95 とするのではなく，実状に合わせるのがよい．

$$E(t) = 3.35 \times 10^4 \times k_1 \times k_2 \times \left(\frac{\gamma}{2.4}\right)^2 \times \left(\frac{f_c(t)}{60}\right)^{1/3} \quad (解\ 4.3.14)$$

ここに，　　$E(t)$：コンクリートのヤング係数（N/mm²）

　　　　　　t：コンクリートの材齢（日）

　　　　　　γ：コンクリートの気乾単位容積質量（t/m³）

　　　　　　$f_c(t)$：コンクリートの圧縮強度（N/mm²）

　　　k_1, k_2：骨材および混和材による係数

　　$k_1 = 0.95$：石英片岩砕石，安山岩砕石，玉石砕石，玄武岩砕石，粘板岩砕石

　　$k_1 = 1.20$：石灰岩砕石，煆焼ボーキサイト

　　$k_1 = 1.00$：その他の粗骨材

　　$k_2 = 0.95$：高炉スラグ微粉末

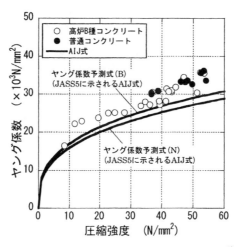

解説図 4.3.17　圧縮強度とヤング係数の関係[5]

(解 4.3.14)式を使用するには，任意の材齢における圧縮強度 $f_c(t)$ が把握されている必要がある．圧縮強度については，4.3.2項の(解 4.3.4)式によって予測するか，あるいは試験または信頼できる資料に基づいて予測することとする．

(2) クリープひずみ

同一スランプのコンクリートについて，単位結合材量および高炉スラブ微粉末の使用率を変化させた場合の普通ポルトランドセメントを用いたコンクリートに対する高炉セメントコンクリートのクリープ係数比（載荷期間1年）を解説図4.3.18に示す．これによると，高炉セメントコンクリートのクリープ係数は，普通ポルトランドセメントを用いたコンクリートと比べて小さく，高炉スラグ微粉末の使用率が増えるほど小さくなる傾向が見られる．また，解説図4.3.19，4.3.20によると，高炉セメントB種コンクリートのクリープ係数には，養生温度による顕著な影響は見られていない．これらのことから，高炉セメントB種およびB種相当を用いたコンクリートのクリープ係数は，普通ポルトランドセメントを用いたコンクリートの0.6～0.8倍程度であることが考えられる．

コンクリートのクリープは，実験結果や既往の実験または実際の構造物の測定結果などを参考にして定めることが望ましいが，既往の実験結果を基に，打込み時期に関わらず高炉セメントB種およびB種相当を用いた場合において，普通ポルトランドセメントを用いた場合の0.8倍とし，本会「鉄筋コンクリート造建築物の収縮ひび割れ制御設計・施工指針（案）・同解説」[1]に示されているスペシフィッククリープひずみ式などを用いることができる．

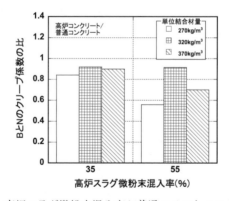

解説図 4.3.18　高炉スラグ微粉末混入率が普通セメントコンクリートと高炉セメントコンクリートのクリープ係数の比に及ぼす影響[9]

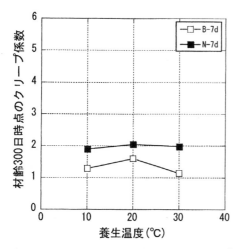
解説図 4.3.19 養生温度の違いによる影響[5]

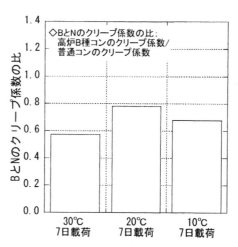
解説図 4.3.20 養生温度が普通セメントコンクリートと高炉セメントコンクリートのクリープ係数の比に及ぼす影響[5]

(3) ポアソン比

高炉セメントコンクリートのポアソン比は，解説図 4.3.21 に示すように，高炉スラグ微粉末の使用率が増加してもおよそ普通ポルトランドセメントを用いた場合と同等となっていることから，普通強度のコンクリートでは 0.18〜0.20，軽量コンクリートでは 0.20〜0.22，高強度コンクリートでは 0.20〜0.23 としてよい．ただし，コンクリートの打込みから半日以内の極若材齢時については，これまでにポアソン比に関する実験データがほとんど得られていない．したがって，この期間を解析対象とする場合は，実験などの手法によりポアソン比を求める必要がある．

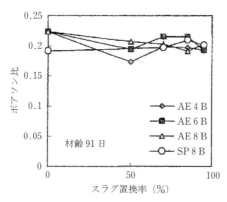
解説図 4.3.21 高炉スラグ微粉末使用率とポアソン比の関係[10]

(4) 収縮ひび割れ発生強度

収縮ひび割れ発生強度は，収縮ひび割れ発生条件の1つであり，その他，引張ひずみがある一定値を超えることでひび割れに至るとするひずみに基づいた条件，ひび割れが詳細なレベルから

可視的な幅へ進展する過程をモデル化した破壊力学に基づいた条件など,いくつかの提案がある[11]．ここでは,建築物の設計,施工の実務において,コンクリート性能に関する少ない情報しか与えられていない場合にも利用可能である予測手法として,収縮ひび割れ発生強度を採用した．

収縮ひび割れ発生強度は,割裂引張強度 f_t をひび割れ発生抵抗のポテンシャルと捉え,収縮拘束応力が割裂引張強度 f_t に対してある割合に達した時にひび割れが発生するとし,(解4.3.15)式で求めるものとする．

$$f_{cr}(t) = f_t(t) \times k \qquad (解4.3.15)$$

ここに, $f_t(t)$：コンクリートの割裂引張強度（N/mm²）
　　　　 k：ひび割れ発生低減係数

割裂引張強度 f_t は,JIS A 1113（コンクリートの割裂引張強度試験方法）に従い試験により求めることができるほか,4.3.2項に示す圧縮強度から推定する予測式(解4.3.10)式を用いてもよい．

一般的に,普通セメントコンクリートのひび割れ発生低減係数 k の値は,0.5～0.9の値をとると言われているが,解説図4.3.22および4.3.23に示すように,高炉スラグコンクリートにおいても,環境温度や高炉スラグ微粉末の使用率が異なっていても,ひび割れ発生低減係数 k を示す限界応力強度比は 0.6～1.0 程度となっている．このように,収縮拘束応力がひび割れ発生低減係数 k に相当する割合の時点でひび割れが発生する要因として,以下のようなことが考えられる．

1）乾燥収縮がコンクリート表面から進行するため,表面部分では乾燥が急であるが一方でコンクリート内部ではそれほど急激には乾燥が進行しないため,コンクリート部材断面の表面部分と内部とでは,乾燥の程度に応じて収縮する量が異なる．しかしながら,実際には部材は一体となって収縮するため,断面内の表面部分と内部において応力の不均一が生じ,断面内の平均的なひび割れ時の応力は小さくなる．

2）割裂引張強度試験用供試体に比べて,対象とする部材体積は大きく,一般に部材体積が大きくなるにつれて強度が低下する寸法効果がある．

3）乾燥収縮が緩慢に生じるため,収縮拘束応力によって生じるひずみの発生速度は小さくなり,ひび割れ発生強度も小さくなると考えられる．

4）割裂引張強度における均一に近い引張応力の断面分布と異なり,実部材においては曲げ応力の付加も考えられる．

高炉セメントコンクリートのひび割れ発生低減係数 k に及ぼす影響は定量的に明確になっていないのが現状のため,精度の高いひび割れ発生確率を求めるためには,実験結果や既往の実験または実際の構造物の測定結果などを参考にして定めることが望ましいが,既往の実験データの平均値である0.7としてもよい．

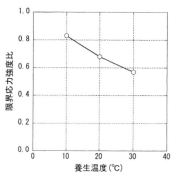 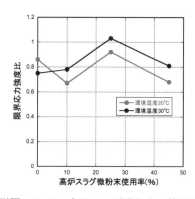

解説図 4.3.22　高炉セメント B 種コンクリートにおける養生温度と限界応力強度比の関係[5]　　解説図 4.3.23　高炉スラグ微粉末の使用率と限界応力強度比の関係[3]

参考文献

1) 日本建築学会：鉄筋コンクリート造建築物の収縮ひび割れ制御設計・施工指針（案）・同解説, 2006
2) 閑田徹志, 百瀬晴基, 依田和久, 今本啓一, 小川亜希子：高炉セメント B 種コンクリートの収縮ひび割れ抵抗性に及ぼす各種要因の影響およびその向上対策に関する実験的検討, 日本建築学会構造系論文集, No.695, pp.9-18, 2014.1
3) 荒井圭子, 今本啓一, 清原千鶴, 石川あゆこ, 金子宝以：高炉セメントを使用したコンクリートの収縮特性に関する実験的研究, 日本建築学会大会学術講演梗概集, pp.653-654, 2015.9
4) 辻大二郎, 小島正朗, 井上和政, 野口貴文：高炉スラグ微粉末を高含有した結合材を用いたコンクリートの収縮ひび割れ抵抗性の向上に関する実験検討, コンクリート工学年次論文集, pp.201-206, Vol.38, No.1, 2016
5) 百瀬晴基, 閑田徹志, 今本啓一, 清原千鶴, 石関浩輔：高炉セメント B 種コンクリートの収縮ひび割れ抵抗性の定量評価に関する研究, 日本建築学会構造系論文集, No.706, pp.1717-1727, 2014.12
6) 石関浩輔, 閑田徹志, 百瀬晴基, 今本啓一, 清原千鶴, 鳴沢　岳：高炉セメントコンクリートの収縮ひび割れ抵抗性の向上に関する実験検討, 日本建築大会学術講演梗概集, pp.11-12, 2013.8
7) 伊与田岳史：高炉スラグ微粉末を大量使用したコンクリート, コンクリート工学, pp.409-414, Vol.52, No.5, 2014.5
8) 和地正浩, 米澤敏男, 三井健郎, 井上和政：高炉スラグ高含有セメントを用いたコンクリートの物性に及ぼす SO_3 量の影響, コンクリート工学年次論文集, Vol.33, No.1, pp.203-208, 2011.7
9) 日本建築学会：高炉スラグ微粉末を使用するコンクリートの調合設計・施工指針（案）・同解説, 2001
10) 真田　順, 中本純次, 戸川一夫, 三岩敬孝, 谷　敏行：高炉スラグ高含有コンクリートのポアソン比に関する研究, 第 V 部門, 土木学会関西支部　年次学術講演概要, pp.V-17-1-2, 1999.5
11) 日本建築学会：鉄筋コンクリート造建築物の収縮ひび割れ—メカニズムと対策技術の現状, pp.62-65, 2003

4.4　環境配慮性の検証

4.4.1　総　　則

> a．環境配慮性に関する性能設計の対象は，CO_2 排出削減とする．
> b．環境配慮性に関する性能設計は，原則として本会「鉄筋コンクリート造建築物の環境配慮施工指針（案）・同解説」に準拠して行う．

> c．環境配慮性に関する性能設計は，鉄筋コンクリート造建築物および鉄筋コンクリート造以外の構造形式による建築物の鉄筋コンクリート工事またはコンクリート工事を対象に行う．
> d．a項以外の環境配慮性の項目に関する性能設計は，信頼できる資料による．

a．現在，国内外のCO_2排出削減に対する社会動向が急速に変化しつつあり，国際的には京都議定書第一次約束期間（1990〜2012年）における温室効果ガス排出量の削減効果の検証を踏まえて，世界全体で推進する新たな対策が求められる段階にきている．2015年に成立したパリ協定では，世界の平均気温上昇を2度未満に抑える目標が採択され，この協定に批准した全ての国が，CO_2排出削減目標の策定・提出をするとともに，その達成に向けた対策義務を負っている[1]．日本は，2050年に向けて，技術革新をベースとしたCO_2排出量の大幅な削減と技術のゼロカーボン化を目標とすることを世界の場で伝えており，建設産業分野のCO_2排出削減についても必要な対策を図っていくことが求められている．

本節では，上記を踏まえ，環境配慮性に関する性能設計の一環として，鉄筋コンクリート造建築物および鉄筋コンクリート造以外の構造形式による建築物の鉄筋コンクリート工事またはコンクリート工事を対象に，高炉スラグコンクリートを積極的に使用した場合のCO_2排出量の削減効果に着目して，環境性能の改善の程度を評価し，検証する仕組みを示すものである．

鉄筋コンクリート造建築物の設計・施工の各段階を通じて，CO_2排出削減による地球温暖化防止への貢献を実現するためには，主たる構成材料であるコンクリートとその原材料の製造から施工に関わるCO_2排出削減による環境影響を積極的に低減することが有効となる．そのためには，設計図書および施工計画書等における環境への配慮事項の盛込み方，ならびに実際の工事現場における評価・検証方法に関する基本的な考え方を理解することが重要となる．本節では，その具体的な方法を提示している．

なお，環境配慮全般に関わる性能設計を行うためには，最終的には高炉スラグコンクリートの使用によるCO_2排出削減に限定することなく，例えばセメント原料への廃棄物利用など，複数の観点も含めた総合的な評価・検証の仕組みを提示し，広く社会で展開する必要があるといえる．

b．本節で示す環境配慮性に関する性能設計は，本指針（案）全体の流れにおいて示されるように，対象とするコンクリート工事におけるCO_2排出削減を実現するために，仕様的な手法および詳細な要求にも対応できる性能検証的な手法に区別して実施されることを目指している．その要求は，発注者または設計者より要求条件が示されてから，施工者がコンクリート工事を通じて要求条件を実証するまでのプロセスを含むことになるため，性能設計の概念は，建築物の施工段階が完了するまでの取組みを含むものとなる．したがって，本節は，2008年に制定された本会「鉄筋コンクリート造建築物の環境配慮施工指針（案）・同解説」[2]に原則として，準拠することとした．また，同指針（案）では，環境配慮の分類を4つの型（省資源型，省エネルギー型，環境負荷物質低減型，長寿命型）に区別しているが，本指針（案）は，その分類の，「環境負荷物質低減型」におけるCO_2に着目した環境配慮に特化した検討手法を提示するものである．

c．これまで国内では，1990年度の国内全体のCO_2排出量が12億トン程度あり，2012年までは

その排出量比で6％の削減を実現することが求められてきた．この削減目標を達成するため，産業分野ごとを区別したセクター別アプローチが採用され，産業別の削減目標に対する自主努力を促す形でCO_2排出量の削減対策が進められた．今後，2050年に向けては，温室効果ガスの主要な排出源となっている各産業内の具体的削減対象を絞り込んだ上で，高効率でかつ合理的な運用が期待できるCO_2排出削減対策を実行することが求められている．

この目標に対して，建設業で実効可能な対策としては，これまでCO_2排出削減が容易ではなかった民生部門の排出抑制に貢献する可能性が考えられており，住宅等の省エネ技術を中心に，建物の断熱促進や自然エネルギーの積極利用，さらにはICTを有効利用したスマートハウス化や建築設備の高効率化など，国全体で推進可能な対策がいくつか示されている[3]．その一環として，セメント製造段階におけるCO_2排出量が，普通ポルトランドセメントを使用した場合と比較して，相対的に小さく見込むことができる混合セメントの利用推進は具体的な対策の1つであり，その技術普及と改善が求められている．そのような観点から，本章では，「鉄筋コンクリート造建築物の環境配慮施工指針（案）・同解説」における環境負荷物質低減型におけるCO_2排出削減による性能設計を，鉄筋コンクリート造建築物および鉄筋コンクリート造以外の構造形式による建築物の鉄筋コンクリート工事またはコンクリート工事を対象とし，行うこととした．

d．地球温暖化防止対策に対する国際的な動向の影響[1]もあり，CO_2排出削減に向けた社会的要求が生じている．一方で，国内や地域での状況を踏まえると，その他の環境配慮性に関する課題が山積しているのも実情である．

とりわけ，国内の廃棄物処理は重要な課題といえる．施策的には，2000年に環境配慮物品の調達に関するグリーン購入法が制定され，廃棄物の再資源化対策を供給面のみではなく需要面からも推進し，公共事業などを中心に再資源化品を積極的に活用する仕組みが構築された．普通ポルトランドセメントに関しては，建設活動で使用される一般的なセメントであるため特定調達品目には位置づけられていないが，セメント1トン製造するために使用される廃棄物・副産物の投入量は製品重量に対して50％近くに及んでおり，他産業分野からも多岐にわたる廃棄物・副産物を製品原材料として大量に受け入れ，国内全体の最終処分廃棄物による環境負荷低減に大きく貢献している．高炉セメントに関しては，2001年に特定調達品目として認証されて以来，土木・建築分野におけるコンクリートの再資源化原料等として積極的に使用され，特に土木系の公共事業を中心に需要を拡大し，廃棄物処理問題の解消に向けた取組みとして位置づけられてきた側面もある．

なお，国際的には，欧州のEN規格におけるセメント規格EN 197-1において，高炉スラグ微粉末やフライアッシュなどの混合セメント類がセメント規格の主流となり，石灰石を主原料としたセメントクリンカーの製造量は減少傾向となり，国内の状況と同様に，CO_2排出削減の有効な対策として位置づけられている．したがって，高炉スラグのセメント原料利用は，国内外問わず，鉄鋼産業からの産業副産物を最終処分廃棄物にしないようにする位置づけに加え，昨今は，普通ポルトランドセメントを使用する場合よりもCO_2排出削減に貢献するという新たな視点が注目されつつある．

解説表4.4.1に各種の環境影響の項目を示す．CO_2排出削減以外の環境配慮性とは，これらの項目の影響について具体的に考えることである．例えば，高炉スラグコンクリートの製造・施工に伴う

解説表 4.4.1　各種の環境影響の項目

・地球の気候変動	・水質汚濁
・天然資源の使用	・土壌汚染
・成層圏のオゾン層濃度	・放射性物質汚染
・土地利用および生息域改変	・廃棄物発生の影響
・富栄養化	・騒音・振動
・酸性化	・粉塵
・大気汚染	

CO_2排出削減は，地球の気候変動対策に寄与すると考えられるが，高炉スラグコンクリートの需要が高まることで，逆にポルトランドセメントの需要が相対的に低下し，セメント製造時に投入される廃棄物量が減少するおそれがある．この場合，廃棄物発生の影響に伴う環境負荷は大きくなる可能性があることから，信頼できる資料を基に，要求条件に応じた環境影響に十分配慮することが必要となる．

4.4.2　CO_2排出削減
4.4.2.1　適用範囲

> CO_2排出削減量またはCO_2排出削減率の算出・検証に基づくCO_2排出削減の適用範囲は，対象とする建築物の構造体および部材の設計段階から，原材料の製造段階，コンクリートの製造・施工段階，建築物の施工段階，ならびに各段階で生じる運搬を含めた工事の全体またはその一部とする．

　国内の生産活動に伴い発生するCO_2排出量のうち，建築関連産業の割合は，全体の1/3程度であり，そのうち，建物全体の運用段階における排出が2/3程度，工事段階での排出が1/3程度といわれている[2]．したがって，鉄筋コンクリート造建築物に関しても，設計段階から施工段階，さらには使用段階から解体・廃棄段階に至るライフサイクル全体を通じて，CO_2排出による環境影響は広く生じるものといえる．

　以上のことから，高炉スラグコンクリートを用いた鉄筋コンクリート造建築物についても，本質的には，当該建築物のライフサイクル全体を通じて，CO_2排出削減の環境配慮性を評価する必要がある．その前提を踏まえた上で，本節では，構造体および部材の製造・工事に関わる基本的な条件として，セメントを中心とした原材料の製造段階，コンクリートの製造・施工段階，鉄筋コンクリート造建築物の施工段階およびそれら各段階における運搬までの段階を含めた工事の全体もしくはその一部の範囲で，普通ポルトランドセメントを使用した基準コンクリートに対し，高炉スラグコンクリートを使用した場合のCO_2排出削減量とCO_2排出削減率を算定し，評価することとした．

　その結果，得られたCO_2排出削減の情報は，設計の段階から施工完了までの各段階においてCO_2排出削減の効果を説明するさまざまな材料とすることができる．例えば，設計図書に含まれる高炉スラグコンクリートを使用した場合のCO_2排出削減を含めた環境性能を特記仕様書に記載する場合や，監理者・施工者による総合評価型の設計・工事入札の際，技術提案書等に記載するCO_2削減

目標を定める際に適用する場合，さらには施工者が環境に配慮した工事に関する施工計画報告書や施工完了報告書を作成し，指定確認検査機関や建築主事等により承認を受ける場合などが考えられる．

さらに将来的には，このような技術情報は，高炉スラグコンクリートの使用に伴うCO_2排出削減を含めた環境貢献が認められるような入札制度や，環境ラベリング制度など，社会システムの活用を含めた建築工事の技術情報としても活用できる可能性も考えられる．

4.4.2.2 CO_2排出削減量・削減率の算定

> a．対象とする建築物のCO_2排出削減を算定するために，適用部位を特定する．
> b．CO_2排出削減量およびCO_2排出削減率の算定に必要となるCO_2排出量を算出するために，適用範囲に示される段階のシステム境界を適切に定め，インベントリを収集する．
> c．CO_2排出量の算出は，収集したインベントリである，原材料・資機材の種類とその使用量，エネルギー原燃料の種類とその使用量，ならびに工事により生じる排出物の種類および発生量などに，CO_2排出原単位を用いたCO_2排出量の総量を求めることによって行う．
> d．CO_2排出削減は，普通ポルトランドセメントを使用した基準コンクリートに対する高炉スラグコンクリートを使用した場合のCO_2排出量の削減分の絶対値によるCO_2排出削減量，もしくは削減分の割合によるCO_2排出削減率のいずれかにより定める．
> e．CO_2排出削減量およびCO_2排出削減率の計算に用いるCO_2排出量原単位は，信頼できる資料を用いる．

a．CO_2排出削減を算定するための対象は，鉄筋コンクリート造建築物全体を設定することが望ましいといえるが，建築物の地上・地下部のみを対象とする場合や，特定の部位・部材を対象とする場合など，その条件以外にも対応できるようにする．これにより，部分的なCO_2排出削減の効果を具体的に算定・検証することが可能となる．

b．鉄筋コンクリート造建築物を対象に，CO_2排出削減を実際に評価する場合，ライフサイクル全体のうち，どのライフサイクルの段階を対象としたのかを定める必要がある．続いて，ライフサイクルの各段階に含まれるさまざまな活動特性により区別される段階（フェイズ）のうち，どのような建築行為に対する環境負荷項目（インベントリ）を算出の対象とするのかを定める必要がある．そのために，JIS Q 14000 シリーズに示される環境マネジメントの規準群[4)-6)]，とりわけコンクリート構造物に関しては，JIS Q 13315（コンクリート及びコンクリート構造物に関する環境マネジメント）の規準群[7),8)]に基づき，システム境界が設定されたシステムの全体とそれに含まれる要因が及ぼす環境影響を確認することが必要となる．

解説図 4.4.1 に JIS Q 13315-2（コンクリート及びコンクリート構造物に関する環境マネジメント―第2部―：システム境界及びインベントリデータ）で示されるライフサイクルの各段階におけるシステム境界の例を示す．これは，環境性能への直接的・間接的な影響を与える建築行為とそれに関わる原・燃料および製品などの出入りの関係を，ライフサイクルの各段階において明らかにするものであり，鉄筋コンクリート造建築物についても，ISO 13315 の第2部に示されるシステム境界ならびにその系内外への出入りに関わるインベントリの情報を参考にすることができる．これらに

より，設計段階からコンクリート構成材料の製造段階，施工段階，使用段階および最終処分段階までのライフサイクルの各段階におけるシステム内の建築活動に関する環境性能の算定・評価・検証の一連の内容を確認することができる．

例えば，(a)セメント製造段階の場合は，セメント・結合材の製造に関わるシステム全体を表す境界と環境性能を評価する上で考慮すべきデータ境界と，原燃料，製品および建設行為の流れの基本が図示されており，最終的にセメント製品が使用者に運搬されるまでの一連の仕組みが説明されている．3章の基本仕様の場合は，このセメント製造段階に関わるCO_2排出削減を考慮することになる．

続いて，(b)混和材製造段階の場合は，鉄鋼業の副産物である高炉スラグの貯蔵をはじめ，最終的に高炉スラグ微粉末を製造するまでの各種の処理工程などで構成されている．

次に(c)コンクリート製造段階の場合は，レディーミクストコンクリート工場における計量をはじめ，原料投入および練混ぜを行い，最終的に運搬を伴う形で建設現場で打ち込まれる工程などで構成される．なお，プレキャストコンクリート製品を用いる場合は，製品工場における製造に関わる

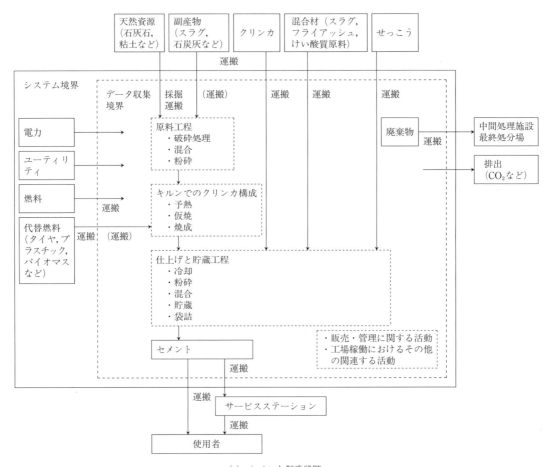

(a) セメント製造段階

解説図 4.4.1 コンクリート構造物を対象としたライフサイクル各段階におけるシステム境界の例（その1）[8]

4章 性能検証方法 — 161 —

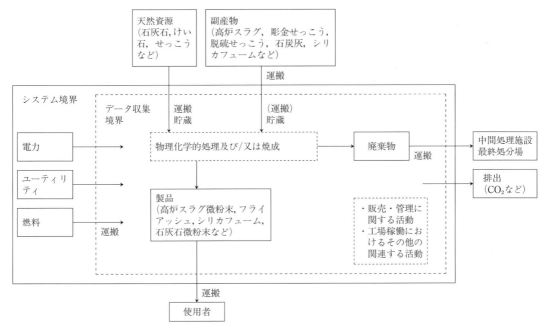

(b) 混和材製造段階

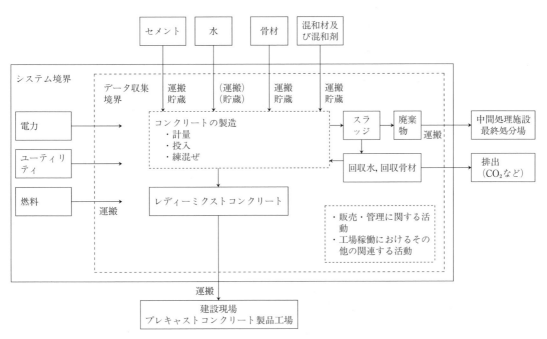

(c) コンクリート製造段階

解説図 4.4.1 コンクリート構造物を対象としたライフサイクル各段階におけるシステム境界の例（その2）[8]

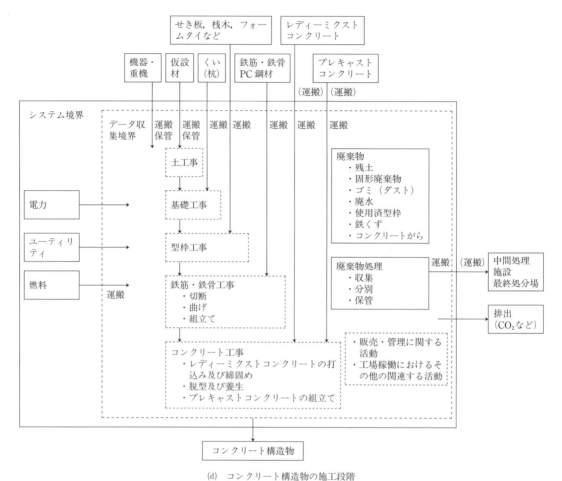

(d) コンクリート構造物の施工段階

解説図 4.4.1 コンクリート構造物を対象としたライフサイクル各段階におけるシステム境界の例(その3)[8]

システムとそこで算定・評価されたCO_2排出量を考慮する必要がある.

そして,(d)コンクリート建築物の施工段階の場合は,建設現場で行う鉄筋・型枠・支保工などの運搬・施工段階をはじめ,レディーミクストコンクリートおよびプレキャストコンクリートの運搬・施工段階ならびに資機材の運搬・使用段階などで構成されている.

c.高炉スラグコンクリートの適用部位とその工事全体より,特定のライフサイクルの段階におけるシステム境界内で,CO_2排出に関係する評価対象のインベントリを具体的に特定することが重要となる.例えば,下記の項目のように,鉄筋コンクリート工事全体に関しても,複数の工事の段階が含まれるために,それらの各段階においてCO_2排出量の算定対象がどのような項目で構成されるのかを把握する必要がある.そのようなインベントリの例として,原材料・資材の種類および使用量が,最初に挙げられる.コンクリート構成材料の製造段階におけるCO_2排出量は,これらのインベントリに基づいて,CO_2排出原単位により換算されたCO_2排出量として具体的に求め,インベントリ分析による環境負荷量として算定することができる.同様に,製造・施工に関わるエネルギー

原燃料の種類および使用量も重要であり，実際の工事を実施するためには，多くのエネルギー消費が伴うことから，その環境負荷量についても具体的に算定する必要がある．建築現場でのコンクリート工事に着目すれば，建設重機の使用やコンクリート養生のための加温等により直接排出されるCO_2排出量なども計算に含めて考える場合もある．そして，工事により生じる排出物の種類および発生・処理量等も同様に算定の対象になる．

- セメント・構成材料の製造・運搬段階
- コンクリートの製造・運搬段階
- 鉄筋の製造・運搬・施工段階
- 型枠・支保工の製造・運搬・施工段階
- コンクリート構造物の施工・運用・解体段階
- その他，資機材・廃棄物などの運搬・使用・再資源化・廃棄処理段階

続いて，環境負荷を生じさせるインベントリを具体化した後は，CO_2排出量の算定に必要となる定量的な情報の取得と評価が必要となる．

例えば，鉄筋コンクリート造建築物の施工に係わる工事全体またはその一部の工事における環境配慮性を評価するために必要となる情報は，以下のような項目が挙げられる．これらより，環境配慮性のレベルに応じて，対象とする工事で必要となるインベントリを特定し，インベントリデータに基づく方法や，直接測定または試験に基づく方法などにより，情報を取得・評価する必要がある．本節では，適用範囲に示すライフサイクルの段階より，CO_2排出削減の評価を行うためのインベントリを特定し，CO_2排出原単位を用いて，計画に基づく各種項目の使用量や生産量などからCO_2排出量を算出し，その総量を定量化することで，CO_2排出削減に向けた必要な情報となる．

- 原材料・資材の種類および使用量
（構成材料，コンクリートほか）
- エネルギー源の種類および使用量
（化石燃料，代替化石燃料，購入電力，バイオマス燃料，自家発電用燃料ほか）
- 排出物の種類および発生量・濃度
（CO_2，SO_x，NO_x，PM，廃棄物，副産物，スラッジ，重金属ほか）
- 機材・重機の種類および仕様
（低騒音型，低振動型ほか）
- 生産物の種類および生産量
（製品，構造物ほか）

d．CO_2排出削減は，環境配慮性を踏まえた設計・施工を行うための目的を表しているが，本会「鉄筋コンクリート造建築物の環境配慮施工指針（案）・同解説」に準拠すれば，環境配慮の定義は，環境影響をもたらす要因による環境への負荷を低減もしくは改善させる取組みであることから，その効果は対策の前後で定量的に換算される必要がある．

本節では，CO_2排出削減に貢献する環境配慮の条件として，普通ポルトランドセメントを用いたコンクリートに対し，高炉スラグコンクリートを使用した場合の環境改善を図ることにあるため，普通ポルトランドセメントを使用した場合を基準コンクリートとして位置づけ，それに対して，高炉スラグコンクリートを使用した場合におけるCO_2排出量の削減分の絶対値をCO_2排出削減量（kg

-CO_2など）として位置づけた．また，その削減割合をCO_2排出削減率（％）として定めることとした．

e．評価対象とするライフサイクルの各段階における環境影響をもたらす各種のインベントリを特定した後は，公的機関や建設の統計情報を取り扱う組織から公表される信頼性の高い情報[9]により，各インベントリに対応するCO_2排出原単位を整理する必要がある．これらの情報は，技術開発の進展に伴い，継続的に更新がなされることから，常に最新の情報を取得して利用するとよい．解説表4.4.2にセメントの製造に関わるCO_2排出量原単位の例を，解説表4.4.3にコンクリート工事に関わるCO_2排出量原単位の例を記載する．なお，解説表4.4.2における高炉セメントA種およびC種の原単位は，公表された値がないため，それぞれ，高炉スラグ微粉末を使用する場合の高炉セメントA種相当，C種相当の使用率の範囲の最小値を用いて，普通ポルトランドセメントおよび高炉スラグ微粉末の排出原単位から算出した値である．

上記の内容を踏まえて，CO_2排出削減の算定に関する基本的な流れを以下に示す．これは，コンクリートにおけるCO_2排出削減を結合材の違いのみから算出した場合であり，結合材以外，例えば使用する鉄筋や骨材などの影響は，ここでは考慮しない．

CO_2排出量は，以下の式によって求められる．

$$M = U \times Q / 1\,000 \qquad (解4.4.1)$$

ここに，M：コンクリート1.0 m³あたりのCO_2排出量（kg-CO_2/m³）

U：コンクリート1.0 m³あたりのセメント使用量（kg/m³）

Q：セメント種類別のセメント製造時CO_2排出量原単位（kg-CO_2/t）

続いて，CO_2排出削減率は，以下の式によって求められる．

$$CO_2排出削減率（\%）= (M_0 - M_1)/M_0 \times 100 \qquad (解4.4.2)$$

ここに，M_0：建築物全てに普通ポルトランドセメントを使用し，適用するコンクリートごとに求めたCO_2排出量の合計（kg-CO_2）

M_1：本指針（案）により作製した調合により，適用するコンクリートごとに求めたCO_2排出量の合計（kg-CO_2）

例えば，普通ポルトランドセメントに代えて高炉セメントB種を使用する場合で，コンクリート1.0 m³あたりの単位セメント量400 kg/m³の場合，適用するコンクリートごとに求めた普通ポルト

解説表4.4.2　セメントの製造に関わるCO_2排出量原単位の例[9]

分類	種類	CO_2排出量原単位値	単位
セメント	普通	7.72×10^2	kg-CO_2/t
	中庸熱	7.72×10^2	kg-CO_2/t
	低熱	7.72×10^2	kg-CO_2/t
	早強	7.72×10^2	kg-CO_2/t
	高炉B	4.37×10^2	kg-CO_2/t

解説表 4.4.3 コンクリート工事に関わる主な CO_2 排出量原単位の例[10]

分 類	種 類	細 目	CO_2排出量原単位値	単 位
骨 材	砕 石		3.90	kg-CO_2/t
	砕 砂		3.90	kg-CO_2/t
	砂 利		4.90	kg-CO_2/m³
	砂		4.90	kg-CO_2/m³
混和材	高炉スラグ微粉末		35.6	kg-CO_2/t
	フライアッシュ		29.0	kg-CO_2/t
混和剤	リグニン系		1.50×10^2	kg-CO_2/t
	ポリカルボン酸系		3.50×10^2	kg-CO_2/t
鉄 筋	高 炉		1.21×10^3	kg-CO_2/t
	電 炉		7.55×10^2	kg-CO_2/t
型 枠	鋼 製		0.75	kg-CO_2/kg
生コン製造	練混ぜほか	電力	0.48	kg-CO_2/kWh
	練混ぜほか	A重油燃焼	2.92	kg-CO_2/L
輸 送	トラック	ディーゼル10t	0.12	kg-CO_2/t·km
	ダンプトラック	ディーゼル10t	0.12	kg-CO_2/t·km
	アジテータトラック	0.8～0.9 m³	0.39	kg-CO_2/t·m³
		4.4～4.5 m³	0.25	kg-CO_2/t·m³

ランドセメントによる CO_2 排出量の合計は M_0 で，高炉セメント B 種による場合は M_1 となる．

$M_0 = 400 \times 772/1\,000 = 308.8$ （kg-CO_2/m³）

$M_1 = 400 \times 437/1\,000 = 174.8$ （kg-CO_2/m³）

よって，CO_2 排出削減率は，以下のようになる．

CO_2排出削減率（％）＝$(308.8 - 174.8)/308.8 \times 100 = 43.4$（％）

同様に，高炉セメント B 種ではなく，高炉スラグ微粉末を使用率50％で用いて，単位結合材量 400 kg/m³ とする場合，結合材中において普通ポルトランドセメントは 200 kg/m³，高炉スラグ微粉末は 200 kg/m³ となるので，M_1 は，以下のように計算される．

$M_1 = (772 \times 200 + 35.6 \times 200)/1\,000 = 161.5$ （kg-CO_2/m³）

よって，CO_2 排出削減率は，以下のようになる．

CO_2排出削減率（％）＝$(308.8 - 161.5)/308.8 \times 100 = 47.7$（％）

4.4.2.3　CO_2排出削減の検証

> a．性能設計を検討した工事全体に関して，設定したシステム境界内で実際に発生したインベントリを収集する．
> b．CO_2排出削減量またはCO_2排出削減率の設計値に対し，当該工事において算出条件に変更があった場合は，変更内容を性能設計の算出条件に反映し，最終的なCO_2排出削減量またはCO_2排出削減率を評価し，検証する．
> c．検証されたCO_2排出削減量またはCO_2排出削減率のうち，コンクリート製造段階のみの値を抽出した値が，基本仕様に定めるCO_2削減等級のCO_2排出削減率の範囲に該当する場合は，適合する等級により評価してもよい．
> d．a～c項で収集，検証した結果は，記録し，保管する．

a．b．本章で示した環境配慮性に関する性能設計に基づき，CO_2排出削減の可能性を検討したコンクリートは，実際のコンクリート工事を実施した場合においても，対象物全体におけるCO_2排出削減量とCO_2排出削減率が定量的に示される必要がある．しかしながら，本算定値は，あくまで設計段階で対象物のライフサイクルの段階を想定し，対象としたシステム境界内で評価するインベントリを特定して計算した推定値であり，最終的に完工した建築物全体のCO_2排出削減効果を検証するうえでは，算定した情報の信頼度が十分に確保されない場合も生じる．したがって，ここでは，CO_2排出削減の検証に必要となる高炉スラグコンクリートを実際に製造・施工をする際の手順について下記の項目等を踏まえて確認を行い，設定したインベントリに基づき算定した設計値の情報の信頼度を高める必要がある．

なお，実際の工事を完了するまでの過程で，施工計画の変更や修正が生じることにより，あらかじめ想定した環境配慮性の性能設計の内容に変更が生じるような状況となった場合，その変更の結果を性能設計の検証結果に適切に反映した上で，最終的なCO_2排出削減量またはCO_2排出削減率を改めて算定し，その内容・条件と併せて結果を示す必要がある．

このような手続きにより，普通ポルトランドセメントを用いたコンクリートの製造・施工を想定した工事と比較した，工事の実態に基づくCO_2排出削減量とCO_2排出削減率によるCO_2排出削減の効果が具体的に検証される．

・対象建築物において，コンクリートを使用する地上と地下の構造体または各部材などの適用部位および使用量が，コンクリートの種類（プレキャストコンクリート，レディーミクストコンクリート）ごとに明確にされていること
・対象建築物に使用するコンクリートの種類について，構造安全性および耐久性を確保する上で問題ない箇所に対し，普通ポルトランドセメントを高炉セメントに変更を行うことで，CO_2排出による環境負荷が少なくなる高炉セメントの種類と高炉スラグ微粉末の混和量が把握されていること
・実際に適用した高炉スラグコンクリートの調合および使用量が把握されていること
・セメントの製造段階，コンクリートの製造段階，建築物の施工段階など，評価対象としたライフサイクルの各段階におけるシステムの範囲について，CO_2排出量原単位を用いて環境負荷を

算定した場合，その出所を明示するとともに，適切なインベントリデータを用いて評価がなされていること
・対象とする工事で適用した高炉スラグコンクリートの練混ぜ，打込み，締固め，養生に際し，高炉スラグコンクリートの性質に十分に配慮する必要がある新たな製造・施工技術が適用された場合，それに伴い必要となる燃料および電力等の消費ならびに資・機材の使用に伴う環境負荷を把握し，普通ポルトランドセメントを用いたコンクリートを使用した場合による環境負荷と比較ができること

c．性能設計では，基本仕様における高炉スラグコンクリートによるCO_2排出削減に伴う環境負荷を詳細に計算することを目的とするため，基本仕様で定めたようなCO_2削減率による等級を簡易に定める仕組みがない．しかしながら，評価対象とする建築物におけるライフサイクル段階の範囲や，システム境界内の評価対象とするインベントリの内容が，結果的に基本仕様と同様のコンクリート製造段階と同等の範囲である場合も生じる可能性がある．したがって，性能設計としてCO_2排出削減を定量的に算定・検証した結果と，基本仕様による各種等級の双方を性能値として位置づけることは可能であり，将来的には，CO_2排出削減に関わる環境ラベルを位置づけるうえでも重要といえる．

具体的には，セメント・結合材の製造段階におけるCO_2排出量に起因するコンクリート製造段階のCO_2排出削減のみに着眼した場合，コンクリートの種類・製造方法・使用量・適用箇所・施工方法の手順を確認の上，地上および地下構造に適用するコンクリートに普通ポルトランドセメントを使用した場合と比較して，CO_2排出削減率が40％以上であった場合は，定量的なCO_2排出削減に加え，基本仕様の等級3の環境性能を有するものとして取り扱うことができる．

なお，等級3では，地上および地下構造の区別を問わず，対象とする建築物全体に使用されるコンクリートが，高炉スラグコンクリートにより構成され，セメントは高炉セメントのA種，B種，C種または高炉スラグ微粉末を用いたA種相当，B種相当，C種相当のいずれかもしくはその組合せによることが求められている．実際に，CO_2削減率により定まる等級を設定する際，地上・地下構造のコンクリートの施工割合を8：2と設定して計算すると，等級3のCO_2削減率が40％を超えるのは，セメントの組合せが地上構造に高炉セメントB種またはC種，地下構造に高炉セメントC種とした場合のみが該当する結果となる．しかしながら，このような組合せで建築工事を行う場合，構造安全性や耐久性上の課題を適切な方法で解決した上で，施工上の課題にも十分に配慮を行って工事を完了させる必要がある．

このように，等級3となるコンクリートの組合せを考える場合，適用部位などや施工方法などの詳細な検討が求められる．その条件下で，セメント・結合材の製造段階におけるCO_2排出削減率が40％以上となる性能検証を必須とし，あらかじめ設定されたライフサイクルの各段階とそのシステム範囲を設定する必要がある．

なお，あらかじめ検証の対象とした建物のライフサイクル全体におけるCO_2排出削減を詳細に計算したところ，結果として，セメントの製造段階におけるCO_2排出量に大きく影響しない場合も存在する．一般に，セメント製造段階における排出以外のコンクリートの製造・施工や運搬等に関わ

るCO_2排出量は相対的に小さいことから，等級3として評価・検証するプロセスの範囲を明確にすることが重要である．以下にその事例を示す．

・目標となる強度・耐久性を確保するための高炉スラグコンクリートの型枠の存置期間および養生期間が，普通ポルトランドセメントを用いたコンクリートと比較して長期になる場合や，追加処理（例えば保温養生等）を施した場合の影響

・セメントの輸送段階を含めた場合，高炉スラグセメントの原料となる高炉スラグ微粉末の供給先が遠方に存在し，その輸送に伴う環境負荷を普通セメントを使用した場合と比較して求める場合の影響

d．施工者は，各種工事を実施した後に，各種工事で性能設計したCO_2排出削減の検証結果を記録する必要がある．記録した結果は，工事監理者の確認を受けて，文書化し，保管しなければならない．保管された情報は，地球の気候変動に関する国際的課題に関係する基礎情報ともなり，ステークホルダーにとって重要な技術情報になる．例えば，建築主・発注者の立場であれば，公的事業の場合，設計者における設計業務の入札や，施工者における施工業務の入札時に提出した技術提案書の一部となる情報が含まれるため，そのための評価・検証を行った根拠情報となる．そして，設計図書の一部として長期的に保管が必要になる場合もありうる．また，CO_2排出削減率の情報は，建築物自身の環境性能として定量化できるため，将来的には固定資産税や炭素税の減免をはじめ，低炭素化を実現した不動産を所有することによるカーボンクレジット化に関連づけた制度運用のための基礎情報となりうる．そして，本質的には高炉スラグコンクリートを使用し，CO_2排出削減による環境配慮性を確保した鉄筋コンクリート造建築物における，構造安全性，耐久性などの要求性能と関係づけた，長期的なコンクリートの品質保証に関わる技術情報として適切に保管する必要がある．

参 考 文 献

1) 地球温暖化対策計画の概要，内閣官房・環境省・経済産業省，2016.5
2) 日本建築学会，鉄筋コンクリート造建築物の環境配慮施工指針（案）・同解説，2008
3) COP 21 の成果と今後，環境省地球環境局，国際地球温暖化対策室，2016
4) JIS Q 14040　環境マネジメント―ライフサイクルアセスメント―原則及び枠組み
5) JIS Q 14044　環境マネジメント―ライフサイクルアセスメント―要求事項及び指針
6) JIS Q 14050　環境マネジメント―ライフサイクルアセスメント―用語
7) JIS Q 13315-1　コンクリート及びコンクリート構造物に関する環境マネジメント―第1部：一般原則
8) JIS Q 13315-2　コンクリート及びコンクリート構造物に関する環境マネジメント―第2部：システム境界及びインベントリデータ
9) 例えば，セメント協会：セメントのLCIデータの概要，2017
10) 日本コンクリート工学会：コンクリートの環境テキスト（案）〔改訂版〕，p.127，2015

付　　録

論 汁

付録Ⅰ　高炉スラグ微粉末および高炉セメントに関する技術資料

付Ⅰ-1　高炉スラグ微粉末および高炉セメントの製造と品質

1．高炉スラグ微粉末および高炉セメントの製造

　高炉スラグ微粉末の原料である高炉水砕スラグは，溶鉱炉（高炉）で銑鉄を製造する際に生成する溶融状態の高炉スラグを水で急冷したものであり，高炉スラグ微粉末は，この高炉水砕スラグを粉砕し粒度調整したものである．高炉スラグの製造工程の模式図を付図Ⅰ.1.1に，高炉水砕スラグの製造フローの例を付図Ⅰ.1.2に示す．ちなみに，高炉スラグは銑鉄1トンあたりおよそ300kg副生される．

　高炉セメントはセメントクリンカーと高炉水砕スラグをあらかじめ混合して粉砕する方式（同時粉砕方式）と，それぞれ粉砕した後に混合する方式（分離粉砕方式）があるが，国内ではほとんどが分離粉砕方式で製造されている．分離製造方式の製造フローの例[1]を付図Ⅰ.1.3に示す．

　国内における高炉スラグ微粉末および高炉セメントの製造工場の位置[2]を付図Ⅰ.1.4に示す．

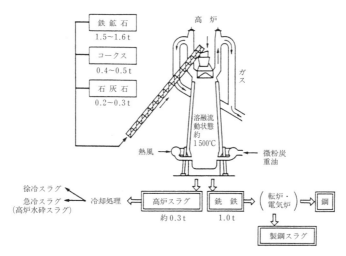

付図Ⅰ.1.1　高炉スラグの製造概要

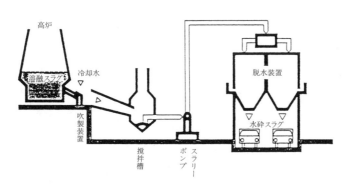

付図Ⅰ.1.2　高炉水砕スラグの製造概要（例）

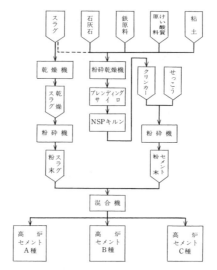

付図 I.1.3 高炉セメントの製造フロー（例）

付図 I.1.4 高炉スラグ微粉末および高炉セメント製造工場[2]

ちなみに，国内で販売される高炉セメントは，現状そのほとんどが高炉セメントB種であり，セメント中の高炉スラグの分量は40～45％である．

高炉スラグ微粉末は，セメント製造工場から出荷される場合もあるが，主に高炉スラグ微粉末の専用工場で製造される場合が多い．付表I.1.1に高炉スラグ微粉末専用工場を有する会社名，出荷可能品種および元となる高炉スラグの供給製鉄所を示す[2]ので，利用の際には参考にするとよい．また，付表I.1.2には，付表I.1.1に示す各社より供給された高炉スラグ微粉末の用途別の販売量の推移[2]を示している．表中のセメント用とは，高炉セメントの原料（混合）用として，コンクリート用はレディーミクストコンクリートまたはコンクリート製品工場向けとして，建材用はせっこうボードや外壁材など建材の原料用として販売された量を表している．

付表I.1.1 高炉スラグ微粉末専用工場を有する会社名と製品の種類[2]

製造会社	主な製品	高炉スラグ主要供給製鉄所	
日鉄住金セメント㈱	4000, 6000, 8000	新日鐵住金㈱	室蘭
日鉄住金スラグ製品㈱	3000, 4000	〃	鹿島
エスメント関東㈱	3000, 4000	〃	君津
エスメント中部㈱	4000, 6000	〃	名古屋
和歌山高炉セメント㈱	4000	〃	和歌山
日鉄住金高炉セメント㈱	3000, 4000, 6000, 8000	〃	八幡
㈱デイシイ	3000, 4000, 6000, 8000	JFEスチール㈱	京浜
千葉リバーメント㈱	4000	〃	千葉
水島リバーメント㈱	4000	〃	倉敷
㈱神戸製鋼所	4000	㈱神戸製鋼所	加古川

付表I.1.2 高炉スラグ微粉末の用途と販売量の推移[2]

用途	2010年度	2011年度	2012年度	2013年度	2014年度
セメント用	3 073 735	3 207 926	3 474 603	3 822 888	3 418 460
コンクリート用	220 438	221 147	212 828	258 787	242 967
建材用	193 478	223 726	217 371	269 538	272 657
合計	3 487 651	3 652 799	3 904 802	4 351 213	3 934 084

2．高炉スラグ微粉末および高炉セメント利用の歴史

高炉スラグの結合材としての利用は，ドイツのB. Beliderが消石灰と組み合わせてモルタルを作成した1739年までさかのぼる．1862年，同じくドイツのE. Langenによって高炉スラグの潜在水硬性が発見され，その後，1865年にはスラグセメント（高炉水砕スラグ70～75％＋消石灰25～30％），

1882年には鉄ポルトランドセメント（高炉水砕スラグ30％＋セメントクリンカー70％程度），1907年には高炉セメント（高炉水砕スラグ60～70％＋セメントクリンカー30～40％）が開発されている．これらはいずれも原料となる高炉水砕スラグとセメントクリンカ等を同じ粉砕機で同時に粉砕する方式（混合粉砕方式）により製造された．

わが国においては，1910年に官営八幡製鉄所において高炉セメントに関する試験が開始され，1925年には商工省告示第5号として高炉セメントの規格が制定されている．ちなみに，高炉セメントA，B，C種の3種類がJISに規定されたのは，1960年である．

一方，高炉スラグ微粉末の混和材としての利用は，海外では1950年代の後半からであり，わが国でも1967年ごろに販売の記録があるようであるが，上記高炉スラグ微粉末専用工場が稼働を始めるのは1984年以降のことであり，高炉スラグ微粉末のJISの制定は1995年である．その間，本会では，1978年の「高炉セメントを使用するコンクリートの調合設計・施工指針・同解説（案）」を，1997年には「高炉スラグ微粉末を使用するコンクリートの調合設計・施工指針・同解説（案）」を発刊し，2001年には両指針を改定している．

なお，施工事例については，旧指針に示されているので，これらを参照いただきたい．また最近は，グリーン購入法などの関係で各自治体で高炉セメントの利用について情報を公開しているケースがあるので，これらを参考とするのもよい．例えば東京都は，「東京都建築物環境計画書制度」[3]により一定の延床面積以上の建築物に対して環境配慮の取組みについて，計画時および完了時に報告することを義務づけている．この中では，建築躯体の一部に混合セメントを使用すると評価点が加点される仕組みとなっており，その情報がホームページで公開されている．

3．高炉スラグ微粉末および高炉セメントの品質

高炉スラグ微粉末はJIS A 6206「コンクリート用高炉スラグ微粉末」に，高炉セメントはJIS R 5211「高炉セメント」にその品質が規定されている．

参考として，高炉スラグ微粉末専用工場から発行される試験成績表から高炉スラグ微粉末の品質を調査した結果について，品種ごとに付表Ⅰ.1.3に示す．なお，表中の粉末度の表記の後にGまたはPとあるが，Gはせっこうを加えたもの，Pは加えないものを意味する．

高炉セメントの品質に関しては，旧指針[4]に付表Ⅰ.1.4の記述があり，現在も大きく変わっていないものと考えられる．

付表 I.1.3　高炉スラグ微粉末の品質調査結果

		密度 g/cm³	比表面積 cm²/g	活性度指数 (%) 7日	活性度指数 (%) 28日	活性度指数 (%) 91日	フロー値比 (%)	MgO (%)	SO₃ (%)	強熱減量 (%)	塩化物イオン (%)	JIS 塩基度
3 000 G*¹	最大	2.89	3 410	60	81	94	99	5.1	3.9	1.9	0.008	1.90
n=9 *²	最小	2.89	3 280	55	74	90	98	4.8	3.5	1.5	0.006	1.79
	平均	2.89	3 351	57	76	92	98	4.9	3.7	1.6	0.007	1.83
4 000 G	最大	2.90	4 880	82	109	121	104	7.3	2.2	1.3	0.009	2.01
n=72	最小	2.86	4 240	64	85	98	95	4.9	1.5	0.5	0.002	1.78
	平均	2.88	4 463	72	96	108	99	6.0	1.9	0.9	0.005	1.86
4 000 P	最大	2.91	4 490	79	109	125	107	7.4	0.4	0.8	0.008	1.93
n=72	最小	2.87	4 010	57	87	105	95	5.0	0.0	0.0	0.001	1.80
	平均	2.91	4 251	69	97	116	100	5.9	0.0	0.1	0.004	1.86
6 000 G	最大	2.91	6 100	104	117		99	5.6	3.2	0.7	0.007	1.89
n=24	最小	2.89	5 790	85	104		93	5.2	2.9	0.0	0.002	1.80
	平均	2.90	5 986	98	113		98	5.5	3.0	0.4	0.004	1.84
6 000 P	最大	2.91	6 500	98	115		101	6.4	0.1	0.5	0.008	1.96
n=24	最小	2.91	5 860	75	106		94	5.6	0.0	0.0	0.001	1.82
	平均	2.91	6 248	88	112		98	6.0	0.0	0.2	0.005	1.86
8 000 G	最大	2.90	8 060	114	115		99	5.7	3.3	0.5	0.004	1.85
n=12	最小	2.90	8 010	111	113		97	5.2	2.9	0.3	0.003	1.84
	平均	2.90	8 039	112	114		98	5.4	3.1	0.4	0.003	1.84
8 000 P	最大	2.91	8 600	108	119		96	6.4	0.1	0.4	0.007	1.90
n=14	最小	2.91	7 520	98	108		88	5.6	0.0	0.1	0.004	1.84
	平均	2.91	8 467	102	114		92	6.1	0.0	0.2	0.006	1.87

[注]　*1　記号：数字は JIS R 6206 の粉末度のクラス，G はせっこう入り，P はせっこうなしを表す
　　　*2　n 数は集めた試験成績表の枚数

付表 I.1.4　高炉セメントの品質調査結果（1999 年セメント協会調べ）[4]

種類	化学成分 (%)											
	ig.loss	insol	SiO₂	Al₂O₃	Fe₂O₃	CaO	MgO	SO₂	Na₂O	K₂O	TiO₂	P₂O₅	MnO
A種	1.45	0.08	24.44	7.72	2.05	57.65	2.80	2.05	0.16	0.26	0.37	0.13	0.21
B種	1.33	0.23	25.49	8.62	1.81	55.33	3.21	1.91	0.25	0.39	0.46	0.11	0.21
C種	1.28	0.11	28.63	11.07	1.05	48.37	5.15	1.92	0.23	0.31	0.68	0.04	0.31

種類	密度 (g/m³)	粉末度 比表面積 (cm²/g)	粉末度 90μm 残分 (%)	凝結 水量 (%)	凝結 始発 (h-min)	凝結 終結 (h-min)	圧縮強さ (N/mm²) 3日	圧縮強さ (N/mm²) 7日	圧縮強さ (N/mm²) 28日
A種	3.06	3 840	0.6	28.4	1-55	3-07	22.14	35.3	60.5
B種	3.04	4 000	0.3	29.5	2-47	3-56	20.9	33.3	61.0
C種	2.97	4 070	0.2	30.0	4-00	5-26	13.0	26.1	48.7

参考文献

1) 阪本好史：よいコンクリートを打つために，日本建築学会 ASK 第 1 分科会セメントおよび混和材料小委員会高炉セメントワーキンググループ討議資料，1977.8
2) 鉄鋼スラグの高炉セメントへの利用（2017 年版），鉄鋼スラグ協会，2017
3) 東京都建築物環境計画書制度：東京都ホームページ
4) 高炉セメントを使用するコンクリートの調合設計・施工指針・同解説，日本建築学会，2001

付Ⅰ-2 高炉セメント・高炉スラグ微粉末を用いたコンクリートの性質

ここでは，高炉スラグ微粉末または高炉セメントを用いたコンクリートの性質について，普通ポルトランドセメントを用いたコンクリートと比較して以下に述べる．また，セメント種類の表記として無混入コンクリートといくつか示しているが，普通ポルトランドセメントを用いたコンクリートの意である．なお，ここでは，元の文献での表記を尊重し，使用率ではなく，置換率，分量などの表記としている．

1．フレッシュコンクリートの性質
(1) ワーカビリティー・単位水量
高炉セメントコンクリートは，一般に，普通ポルトランドセメントコンクリートよりワーカビリティーは優れているといわれている[1),2)]．また，普通ポルトランドセメントコンクリートと同一のワーカビリティーを得る場合，付図Ⅰ.2.1[1)]に示すように，高炉スラグの置換率が高いセメントコンクリートほど単位水量は少なくできる．

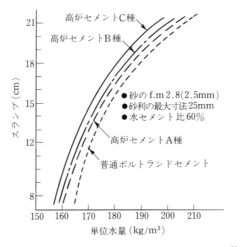

付図Ⅰ.2.1 単位水量とスランプの関係の一例[1)]

(2) 空気量
高炉セメントを用いる場合，普通ポルトランドセメントを用いたコンクリートと同程度の空気量を得るためには，単位AE剤量を若干多めに添加する必要がある．特に付図Ⅰ.2.2[1)]に示すように，高炉スラグの置換率が高いコンクリートほど多く必要とする．

(3) スランプ低下率
付図Ⅰ.2.3に示すように，普通ポルトランドセメントを用いたコンクリートと比較して，高炉セメントを用いたコンクリートのスランプ低下率は，若干であるが小さい[1)]．特に，高炉スラグ分量の

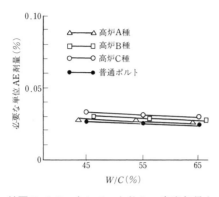

付図Ⅰ.2.2　水セメント比と一定空気量を得るための AE 剤量の関係[1]

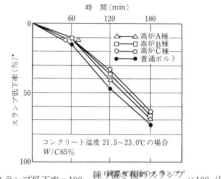

[注] ＊スランプ低下率＝$100 - \dfrac{\text{練り置き後のスランプ}}{\text{練混ぜ直後のスランプ}} \times 100$ (%)

付図Ⅰ.2.3　スランプの経時変化[1]

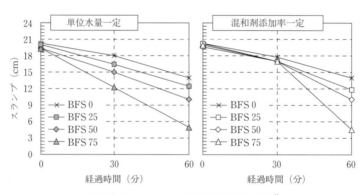

付図Ⅰ.2.4　スランプの経時変化の例[4]

多いセメントコンクリートほど小さい．流動化剤を用いた場合も同様な傾向にある[3]．

　また，付図Ⅰ.2.4 に示すように，普通ポルトランドセメントと同等の単位水量で高炉セメントを用いた場合，普通ポルトランドセメントコンクリートと同程度の流動性を確保するには，減水剤の使用量を減少させる必要がある[1]．そのため，高炉スラグの置換率が高いセメントほどスランプ低下率は大きくなる場合があり，減水剤の種類および使用量に配慮する必要がある．

(4)　ブリーディング・凝結

　付図Ⅰ.2.5 にその一例を示すように，水セメント比 45 % のコンクリートで同一単位水量 154 kg/m³ で高炉スラグ微粉末の置換率を 0，30，50，70 % と変化させた場合，高炉スラグ置換率が高くなるほど反応が遅くなることからブリーディング量が多くなり，凝結時間も遅くなる[5]．

　また，付表Ⅰ.2.1 に示すように，高炉スラグ微粉末の比表面積が小さく，置換率が高いほどブリーディング量が多く，凝結時間は遅くなる[2]．

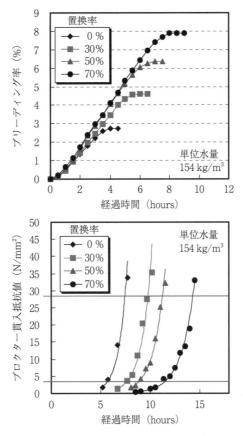

付図 I.2.5　高炉スラグ微粉末の置換率がブリーディングおよび凝結に及ぼす影響[5]

付表 I.2.1　高炉スラグ微粉末の粉末度および置換率が
ブリーディングおよび凝結に及ぼす影響[5]

比表面積 (cm²/g)	置換率 (%)	ブリーディング量 (cm³/cm²)			凝結 (h-m)	
		30分	60分	120分	始発	終結
4 000	30	0.12	0.28	0.37	6-50	9-00
	50	0.23	0.34	0.41	7-30	9-50
	70	0.33	0.39	0.45	8-15	11-20
6 000	50	0.14	0.31	0.36	7-20	9-40
8 000	50	0.13	0.25	0.28	7-00	9-25
無混入コンクリート	0	0.22	0.33	0.4	6-35	8-50

［注］　本実験は 20 ℃・80 ％RH 室にて実施した．

(5) 断熱温度上昇量[6]

一般に20℃の温度環境下で測定すると，高炉スラグ微粉末を用いたコンクリートの断熱温度上昇量は，置換率に比例して低減する傾向がある[6]．しかしながら，断熱状態における発熱環境では，付図I.2.6の概念図[7]に示すように，高炉スラグ微粉末の置換率の増加に伴い上昇速度は減少するが，断熱温度上昇量に関しては，置換率50％程度までは置換率の増加に伴い大きくなり，これを超えると小さくなる．これは，高温環境になると高炉スラグ微粉末の反応が活性化するためであり，水和反応の温度依存性が高いことを意味している．

セメントの水和により生成する水酸化カルシウムと高炉スラグ微粉末の量に関係して，置換率が50％程度では，反応の活性に伴い発熱量が増加する．しかし，置換率が60％を超える高炉セメントC種の場合には，普通ポルトランドセメントの量が減少するため発熱量が減少し，さらに，$Ca(OH)_2$生成量が減少するため，高炉スラグ微粉末の反応を活性化させる量に到達できず，スラグ自身の反応量も低下することにより，上昇速度および終局断熱温度上昇量は著しく低減される．

また，高炉スラグ微粉末の比表面積の増加に伴い上昇速度はやや増加するが，断熱温度上昇量に及ぼす高炉スラグ微粉末の影響は置換率が支配的であり，比表面積の影響は小さい[7]．

以上のことから，高炉スラグ微粉末の置換率および比表面積の最適な条件を選択することによって，低発熱で高強度のコンクリートを得ることができるため，マスコンクリートなどの発熱に注意が必要な構造物への適用が可能となる．

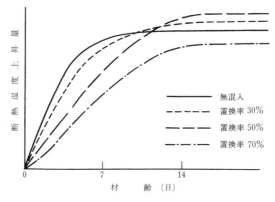

付図I.2.6 高炉スラグ微粉末の置換率と断熱温度上昇の関係に関する概念図[7]

2．硬化コンクリートの性質

2.1 圧縮強度

(1) セメント種類による圧縮強度発現性

付図I.2.7, 2.8に，1963～1964年にかけて製造された普通ポルトランドセメント(N)，高炉セメントA種(BA：高炉スラグ置換率20％)，高炉セメントB種(BB：同50％)，高炉セメントC種(BC：同65％)，低熱高炉セメントB種(LBB：同50％)およびBAとBBにフライアッシュ(FA)を内割で30％置換したBAFとBBFを用いた場合の圧縮強度試験結果および材齢91日を基

準とした場合の圧縮強度比を示す[8]．コンクリートは AE 剤のみを添加し，単位水量を変え，スランプを調整している．

　コンクリートは脱型後，屋外水中養生を施したため，冬季に養生を開始した BB，LBB，BC は材齢 7 日の強度が 10 N/mm² に満たず，スラグ置換率が高くなることに伴い材齢 28 日までの強度が小さくなる傾向であるが，高炉スラグ置換率の増加に伴い，材齢 1 年以降の長期強度は大きくなる傾向である．また，圧縮強度比については，高炉スラグ置換率の増加に伴い，材齢 91 日から 1 年の強度の伸び率は高くなる．また，BC では，材齢 1 年から 10 年にかけて大きく強度が増進する．一方，高炉セメントに FA を添加したものは材齢 10 年以降の強度増進が大きく，水和反応がより長期にわたり進行している．

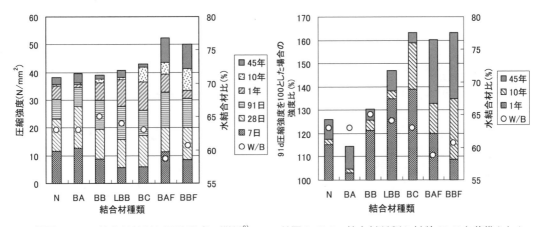

付図 I.2.7　結合材種類と圧縮強度の関係[8]　　付図 I.2.8　結合材種類と材齢 91 日を基準とした圧縮強度比の関係圧縮強度の関係[8]

（凡例は共通　N：普通ポルトランドセメント，BA・BB・BC：高炉セメント A 種，B 種，C 種　LBB：低発熱高炉セメント B 種，BAF・BBF：それぞれ BA および BB にフライアッシュを添加したもの）

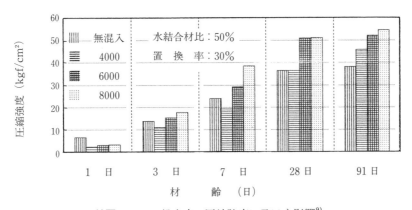

付図 I.2.9　粉末度が圧縮強度に及ぼす影響[9]

　以上より，適切な管理を行えば，高炉スラグ置換率が高いセメントほど，高炉スラグの潜在水硬性により長期にわたり強度が増加するため，耐久性のある構造物ができる．

(2) 比表面積の影響

付図Ⅰ.2.9に水結合材比50％，高炉スラグ微粉末の置換率が30％の場合の比表面積と材齢の進行に伴う強度発現の状況を示す[9]．高炉スラグ微粉末コンクリートの材齢1日における圧縮強度は，いずれの比表面積でも無混入コンクリートの1/3〜1/2の範囲内にある．また，3日および7日強度は，高炉スラグ微粉末4000では若干低い強度を示しているが，高炉スラグ微粉末6000および8000では，同等以上の強度を示す．一般に置換率を50％および70％とした材齢3日から7日にかけての強度発現は，無混入コンクリートと比較して高炉スラグ微粉末4000および6000は若干遅くなり，高炉スラグ微粉末8000は早くなる．

(3) 置換率の影響

付表Ⅰ.2.2に高炉スラグ微粉末の種類および置換率が異なる場合の，材齢28日における圧縮強度発現状況を示す[7]．置換率30％の場合は，いずれの水結合材比においても無混入コンクリートより高い強度を示し，また，置換率50％でも水結合材比35％以上では，無混入コンクリートを上回る強度を示す．置換率70％の場合は，高炉スラグ微粉末4000では無混入コンクリートの70〜80％の強度発現であるが，高炉スラグ微粉末8000では同等以上の強度発現を示す．

付表Ⅰ.2.2 高炉スラグ微粉末の粉末度および置換率が圧縮強度に及ぼす影響[7]

水結合材比 (%)	無混入コンクリートの強度を100としたときの強度比率（％）								
	高炉スラグ微粉末 4000			高炉スラグ微粉末 6000			高炉スラグ微粉末 8000		
	置換率（％）			置換率（％）			置換率（％）		
	30	50	70	30	50	70	30	50	70
25	102	89	70	107	93	79	113	110	98
35	108	102	76	112	107	90	124	120	102
45	116	102	82	129	109	98	138	129	110
55	120	115	72	134	120	91	157	143	123

(4) 養生温度の影響

付図Ⅰ.2.10に脱型後から材齢28日まで20℃，15℃，10℃および5℃の水中で養生した各種コンクリートの圧縮強度を示す[10]．高炉セメントコンクリートの圧縮強度は，養生温度20℃を基準とした場合，15℃以下の圧縮強度の減少量が無混入コンクリートと比較して若干大きくなる傾向であり，15℃，10℃および5℃で養生した場合の圧縮強度は20℃と比較して，置換率30％では2〜7 N/mm，換率50％および70％では3〜10 N/mm²の圧縮強度の低下を示す．また，その圧縮強度差は，養生温度が低下することに伴い大きくなる．比表面積8000 cm²/gの高炉スラグ微粉末を用いた場合，材齢28日においては，養生温度に関わらず無混入コンクリートより強度が大きくなる．

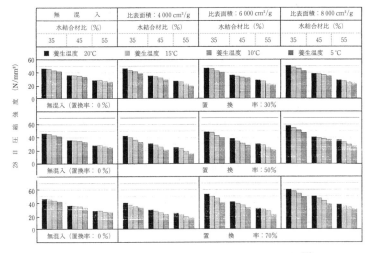

付図 I.2.10　養生温度が圧縮強度に及ぼす影響[10]

(5) 高強度コンクリート

高炉スラグ微粉末を用いたコンクリートは，無混入コンクリートと比較して単位水量を2〜6％低減できることに加え，ワーカビリティーおよび流動性を向上させることができる．つまり，単位結合材量が多くなる高強度コンクリートでは，同一の単位水量でより多量の結合材を使用することができ，結果として無混入コンクリートと比較して高強度を得ることができる〔付表 I.2.3〕．また，同一結合材量とし，高炉スラグ微粉末置換率を増加させることで，結合材中に占めるセメント量を大幅に低減することができる．これは，経済的な効果だけでなく，マスコンクリートなどのような高い発熱が予想される場合に有効となる．また，発熱速度を遅くして高強度を得たい場合においても有効である．

付表 I.2.3　水結合材比の小さいコンクリートの強度発現例[7]

水結合材比 (%)	高炉スラグ微粉末		単位水量 (kg/m³)	単位結合材量（kg/m³）		28日 圧縮強度 (N/mm²)
	比表面積 (cm²/g)	置換率 (%)		セメント	高炉スラグ 微粉末	
25	6 000	0	174	695	0	90.0
		30	172	480	208	92.7
		50	169	338	338	89.1
35	6 000	0	150	427	0	64.2
		30	148	297	126	67.6
		50	148	211	211	63.8

2.2 静弾性係数

付図Ⅰ.2.11に圧縮強度と静弾性係数の関係を示す[1].コンクリートの静弾性係数は,一般的には圧縮強度と一定の関係があり,高炉セメントコンクリートにおいても,標準養生であれば,強度の増加に伴い,静弾性係数は増加する傾向にある.また,無混入コンクリートと比較しても大きな差はない.

付表Ⅰ.2.4に高炉スラグ微粉末の比表面積が異なった場合における静弾性係数を示す[7].これによると,無混入コンクリートとの差は10％程度の範囲内にある.静弾性係数と圧縮強度との関係についても,無混入コンクリートと同様の傾向が確認されるので,比表面積が異なる高炉スラグ微粉末を用いたコンクリートにおいても,無混入コンクリートと同程度といえる.

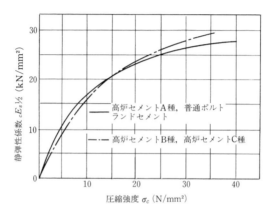

付図Ⅰ.2.11 圧縮強度と静弾性係数の関係[1]

付表Ⅰ.2.4 圧縮強度と静弾性係数の関係[7]

水結合材比 (%)	無混入コンクリート	高炉スラグ微粉末					
		比表面積 (cm²/g)			置換率 (%)		
		4 000	6 000	8 000	30	50	70
25	40.3 (100)	41.6 (103)	42.8 (106)	44 (109)	43.9 (109)	42.1 (103)	37.6 (93)
35	38.6 (100)	38.7 (100)	40.7 (105)	41.4 (107)	40.7 (107)	39.7 (103)	35.5 (92)
45	36.2 (100)	33.7 (93)	34.2 (94)	40.5 (112)	34.3 (95)	33.6 (93)	34.4 (95)
55	34.5 (100)	34.5 (90)	33.4 (97)	40 (116)	33.5 (97)	31 (90)	31.1 (90)

2.3 水密性

　水密性は多くの場合，透水試験により判定される．付図Ⅰ.2.12に各セメントを用いた場合の材齢28日における透水試験結果を示す[11]．試験体は水結合材比55％，高炉スラグ微粉末の比表面積は4 000 cm²/gを用いて作成し，打設後翌日脱型し気中養生（D 1），脱型後3～7日間湿布養生（CD 3，CD 5，CD 7），標準養生（W）の各養生を施している．高炉セメントB種・C種の場合，初期養生を5日行うことで，普通ポルトランドセメントおよび高炉セメントA種と同等となる．また，初期養生期間7日，標準養生28日においては，すべての高炉セメントにおいて，普通ポルトランドセメントを用いた場合よりも水密性は優れている．

　付図Ⅰ.2.13に高炉スラグ微粉末の比表面積が異なった場合の透水試験結果を示す[11]．試験条件は前述したものと同様である．養生条件D 1の場合，高炉スラグ微粉末の比表面積の増加に伴い，拡散係数は低下することから，水密性が高くなる傾向である．また，初期養生期間を3～5日確保することで，高炉スラグの比表面積の影響は確認されなくなり，比表面積が異なった場合でも，普通ポルトランドセメントより水密性が優れている．

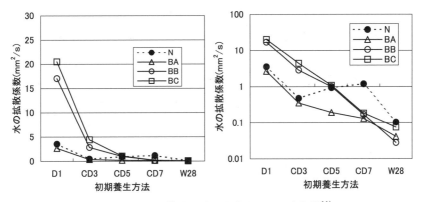

付図Ⅰ.2.12　養生方法が水密性に及ぼす影響[11]

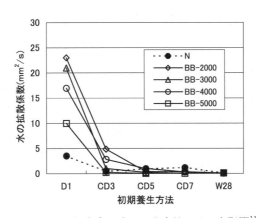

付図Ⅰ.2.13　粉末度の違いが水密性に及ぼす影響[11]

2.4 乾燥収縮

付図Ⅰ.2.14に各種セメント使用時における乾燥収縮率を測定した結果を示す[12]．早強セメントを使用したコンクリートに関しては，他のセメント使用時と比較して乾燥収縮率は小さくなっているが，普通セメント，中庸熱セメント，低熱セメント，高炉セメントB種を使用したコンクリートの収縮率は，いずれも同等となっている．また，付図Ⅰ.2.15に高炉スラグ微粉末の置換率を30％，50％，70％と変化させた場合における乾燥収縮率の測定結果を示す[5]．置換率が大きくなった場合でも，セメント種類ごとの乾燥収縮率には大きな影響は認められず，乾燥による収縮特性は，高炉スラグ微粉末の混入の有無および置換率に関わらず同程度である．

付図Ⅰ.2.16に単位水量がほぼ同一の場合の高炉スラグ微粉末コンクリートと無混入コンクリートの乾燥収縮率測定結果を示す[7]．高炉スラグ微粉末4 000，6 000および8 000を用い，置換率30～50％，水結合材比25～55％の範囲のコンクリートの材齢1年における乾燥収縮率は，いずれも 7×10^{-4} 前後で，無混入コンクリートと同程度である．

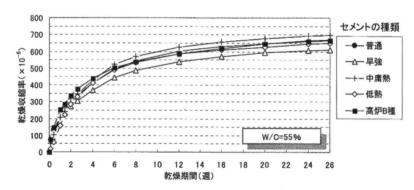

付図Ⅰ.2.14 セメントの種類が乾燥収縮率に及ぼす影響[12]

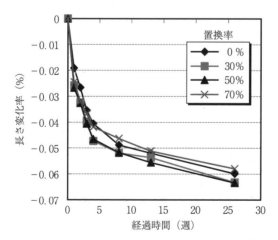

付図Ⅰ.2.15 置換率が長さ変化に及ぼす影響[5]

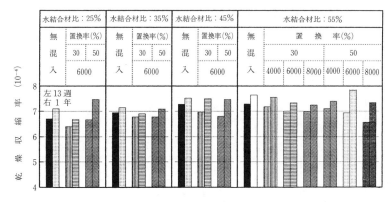

付図 I.2.16 水結合材比が長さ変化に及ぼす影響[7]

2.5 中性化

水結合材比が同一の場合，高炉セメントを用いたコンクリートは，普通ポルトランドセメントを用いた場合と比較して中性化速度は多少早くなる[1]．また，初期養生が不十分であった場合には，中性化速度が早まる傾向である[11]．これは，高炉スラグ置換率が増加することに伴い，普通ポルトランドセメント量が減少するため，コンクリート中のアルカリ環境を保持[13]するための $Ca(OH)_2$ 量が減少すること，高炉スラグ微粉末自体が $Ca(OH)_2$ と反応することによって，コンクリート中のアルカリ量が減少[14]することが要因である．

付表 I.2.5 に高炉セメントを用いたコンクリート供試体を自然暴露したときの，材齢40年までの中性化深さの測定結果を示す[15]．材齢28日の圧縮強度を同程度にすれば，いずれのセメントコンクリートも同程度の中性化深さである．これは，高炉セメントを用いた最近の実構造物の調査・研究[例えば16)-29)]からも確認されている．

付表 I.2.6 に各セメント使用時における中性化速度式の例を示す[16]．中性化速度に及ぼす要因は種々あるが，特に，コンクリートの水結合材比，締固め程度，仕上材の有無および種類，コンクリートの含水状態〔付図 I.2.17〕，環境条件が大きく影響し，セメント種類などの要因による影響は，同一圧縮強度で比較すれば前述したように小さい．参考として，付表 I.2.6 中の α および β の例を付表 I.2.7，I.2.8 に示す[30]．

中性化抵抗性を評価する手法である促進中性化試験（JIS A 1153）では，CO_2 濃度が実環境下と比較して著しく高いことに加え，供試体が常に乾燥状態となることから，高炉セメントの中性化速度が普通ポルトランドセメントと比べ過大に評価されることが指摘されている．しかし，高炉セメントコンクリートの中性化抵抗性は，適切な施工を行い，十分な湿潤養生を施せば，実用上十分な耐久性を有していると考えられる．

付表 I.2.5 自然暴露による中性化試験結果[15]

セメント種類	W/C (%)	屋外/屋内	平均中性化深さ (mm)						腐食面積率 (%)	ポロシチー (cm³/g)	
			| 材 齢								
			1年	3年	10年	20年	30年	40年	40年	中心部 40年	表面部 40年
BA	60	屋内	2.8	4.3	9.9	16.0	18.1	20.4	0.5	0.0185	0.0210
		屋外	2.5	4.1	7.5	8.5	13.9	15.6	0.8	0.0204	0.0238
	70	屋内	3.7	6.5	12.0	20.8	24.0	25.7	0.6	0.0248	0.0251
		屋外	3.3	5.3	8.5	14.7	21.9	24.3	1.2	0.0178	0.0211
BB	60	屋内	2.3	4.4	7.6	11.7	15.1	17.2	0.5	0.0255	0.0220
		屋外	1.9	3.4	6.5	8.4	13.1	16.0	0.9	0.0148	0.0175
	70	屋内	2.8	5.1	11.3	17.2	22.4	26.6	0.4	0.0211	0.0213
		屋外	2.2	4.8	7.7	9.3	20.2	23.0	1.1	0.0165	0.0196
BC	60	屋内	2.9	5.3	9.5	15.4	18.0	22.1	0.5	0.0169	0.0255
		屋外	1.9	4.8	8.1	10.2	15.0	17.7	1.0	0.0221	0.0163
	70	屋内	3.9	7.1	14.1	22.5	23.9	26.9	0.6	0.0246	0.0223
		屋外	2.8	5.7	8.5	10.6	21.8	24.3	1.1	0.0208	0.0223
N	60	屋内	1.9	3.7	8.9	11.2	14.9	16.1	0.5	0.0240	0.0188
		屋外	1.8	3.0	5.5	9.4	13.2	15.4	0.8	0.0206	0.0163
	70	屋内	2.8	4.8	9.3	16.7	21.7	25.1	0.5	0.0184	0.0233
		屋外	2.7	4.3	7.7	10.9	18.9	21.9	1.0	0.0182	0.0263

付表 I.2.6 中性化試式の例[15]

セメント種類	屋 内	屋 外
BA	$t = \alpha \cdot \beta \cdot \gamma \cdot \dfrac{50.8}{(100\,W/C - 37.4)^2} \cdot X^2$	$t = \alpha \cdot \beta \cdot \gamma \cdot \dfrac{61.7}{(100\,W/C - 41.3)^2} \cdot X^2$
BB	$t = \alpha \cdot \beta \cdot \gamma \cdot \dfrac{60.2}{(100\,W/C - 34.8)^2} \cdot X^2$	$t = \alpha \cdot \beta \cdot \gamma \cdot \dfrac{98.1}{(100\,W/C - 33.1)^2} \cdot X^2$
BC	$t = \alpha \cdot \beta \cdot \gamma \cdot \dfrac{89.9}{(100\,W/C - 25.4)^2} \cdot X^2$	$t = \alpha \cdot \beta \cdot \gamma \cdot \dfrac{162.7}{(100\,W/C - 24.2)^2} \cdot X^2$
N	$t = \alpha \cdot \beta \cdot \gamma \cdot \dfrac{45.8}{(100\,W/C - 41.9)^2} \cdot X^2$	$t = \alpha \cdot \beta \cdot \gamma \cdot \dfrac{51.3}{(100\,W/C - 43.6)^2} \cdot X^2$

[注] t：期間（年）　X：中性化深さ（mm）　W/C：水結合材比　α：コンクリートの締固め条件による品質係数　β：仕上材の遅延効果係数　γ：環境条件による係数（一般地域，例えば東京 1.0，凍結融解作用を受ける地域 0.9，海岸近接地域 0.8）

付表I.2.7 中性化速度式の係数 α の例[30]

締固め条件	品質係数 (α)
非常に良好	1
普通	0.25
悪い	0.1

［注］コンクリート製の電柱を示す．

付表I.2.8 中性化速度式の係数 β の例[30]

仕上材種類		遅延（抑制）効果係数 (β)
仕上げなし		1
ペイント塗り		2
吹付材		2.5
モルタル	厚さ 10 mm	3
	厚さ 15 mm	4.5
	厚さ 20 mm	6
タイル，石，GRC		10

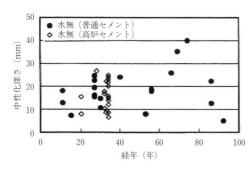
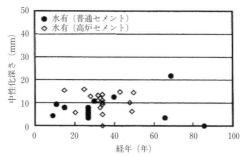

付図I.2.17 含水状態が長さ変化に及ぼす影響[17]

2.6 耐凍害性

付図I.2.18[31]に示すように，コンクリートの耐凍害性は，同一の水セメント比の場合でも，セメントの種類によってそれほど著しい差は確認されない．付表I.2.9に高炉スラグ微粉末の比表面積および置換率を変化させたコンクリートを用いて，ASTM-C 666 A（水中凍結—水中融解法）による300サイクル終了時における耐久性指数を示す[7]．水結合材比35％以下のコンクリートの空気量は1.0〜3.6％と低くなっているが，耐久性指数の低下は確認されない．水結合材比45％以上では空気量が3〜5％であり，こちらも同様に低下は確認されないことから，適切な空気量のAEコンクリートであれば，セメントの種類による耐凍害性の差はない．

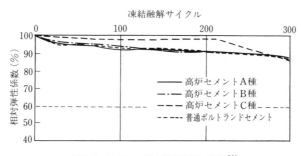

付図I.2.18 凍結融解試験結果[31]

付表 I.2.9 凍結融解試験結果[7]

置換率 (%)	高炉スラグ微粉末の種類	水結合材比 (%)							
		25		35		45		55	
		空気量 (%)	耐久性指数	空気量 (%)	耐久性指数	空気量 (%)	耐久性指数	空気量 (%)	耐久性指数
0	—	1.0	99	1.6	99	4.3	98	5.0	87
30	4 000	1.2	99	1.0	99	4.0	99	5.5	91
	6 000	1.6	99	1.0	93	4.2	98	4.0	99
	8 000	1.8	98	1.2	100	4.5	99	4.2	90
50	4 000	3.6	100	2.1	99	3.6	99	3.8	92
	6 000	3.0	99	2.5	99	3.8	99	4.3	98
	8 000	3.0	100	2.2	99	3.8	99	4.2	89
70	4 000	2.6	100	2.1	99	3.5	98	3.9	97
	6 000	2.0	99	2.1	99	3.7	99	3.2	99
	8 000	2.4	100	2.0	99	3.9	99	3.9	90

［注］ 水結合材比25％, 35％では高性能AE減水剤, 45％, 55％ではAE減水剤をそれぞれ使用.

2.7 塩化物遮蔽性

付図 I.2.19に普通ポルトランドセメント（N 100），高炉セメントA種（N 90，N 75），高炉セメントB種（N 55），高炉セメントC種（N 35）を用いたコンクリートを10％NaCl溶液に1年間浸漬させた場合の見かけの拡散係数（D_{ap}）および表面塩化物イオン濃度（C_0）の測定結果を示す[32]．見かけの拡散係数の値が小さいほど，コンクリート内部への塩化物イオンの浸透は抑制される．普通ポルトランドセメント使用時と比較して，高炉スラグの置換率が増加することに伴い，見かけの拡散係数が低下していることから，高炉セメントは，塩化物遮蔽性が優れていると確認される．この要因としては，高炉セメントは細孔構造が緻密となるため，塩化物イオンの拡散を抑制することに加え，高炉スラグ中に含まれるAl_2O_3が溶出し，コンクリート表層において塩化物イオンと反応し，フリーデル氏塩を生成するため，塩化物イオンはコンクリート表層で捕捉されるためである．そのため，表層では塩化物イオン濃度が高くなる場合があるが，内部への浸透は抑制され優れた塩分遮蔽性を示す．

異なる比表面積の高炉スラグ微粉末を用いて，水結合材比55％，高炉スラグ微粉末置換率50％の条件でコンクリートを作成し，打設後の翌日脱型し，気中養生（D 1），脱型後3〜7日間湿布養生（CD 3, CD 5, CD 7），標準養生（W）の養生を施し，材齢28日から人工海水に91日間浸漬させ，塩分浸透深さを測定した結果を付表 I.2.10[11]に示す．D 1の場合，比表面積5 000のみが普通ポルトランドセメント（N）使用時と同等であるが，CD 3であれば，おおむねすべての水準で普通ポルトランドセメントより塩化物の浸透は小さい．また，それ以上の養生期間の場合には，普通ポルトランドセメントと比較して優れた塩化物遮蔽性を示し，比表面積の影響も確認されなくなる．

高炉セメントを使用したコンクリートは，コンクリート内部が還元性雰囲気になるため，塩化物イオンが浸透した場合でも，普通ポルトランドセメントを用いる場合よりも，腐食が抑制されると報告[33]もされており，塩化物による鉄筋の防錆上，有利である．

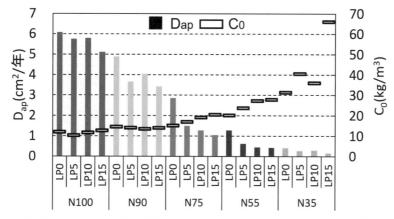

付図 I.2.19 見かけの塩化物イオン拡散係数と上面塩化物イオン量[32]

付表 I.2.10 塩分浸透深さ測定結果[11]

(単位:mm)

セメント種類	比表面積 (cm²/g)	初期養生条件				
		D1	CD3	CD5	CD7	W28
N	—	35.3	21.2	—	22	—
BB	2 000	82.4	23.2	20.4	12.9	14.6
	3 000	54.5	19.6	13.1	11.4	10.6
	4 000	41.2	15.6	—	10.4	—
	5 000	33.7	12.8	9.8	9.2	9.3

2.8 耐海水性

高炉セメントは,高炉スラグ微粉末がコンクリート中の$Ca(OH)_2$と反応し,C-S-H を形成する.そのため,耐海水性の1つの原因とされる$Ca(OH)_2$と海水中の硫酸塩との反応による膨張性水和物の生成量を低減できる.また,良好な水密性によって,海水中の劣化因子のコンクリート中への浸透を抑制することから,普通ポルトランドセメントコンクリートと比較して,耐海水性は向上する.したがって,高炉セメントコンクリートは水密性および遮蔽性にも優れており,海水に接する部分に使用するコンクリートとして有効である.

付表 I.2.11 に海水中に35年間浸漬した時の圧縮強度,曲げ強度,中性化深さを測定した結果を示す[34].材齢35年では,普通ポルトランドセメントを用いたコンクリートを海水中に浸漬した圧縮強度は,淡水中の67〜89%(平均75%),高炉セメントB種およびC種は同程度で82〜91%(平均87%)である.高炉セメントB種およびC種の方が,普通ポルトランドセメントと比較して劣化が小さい.コンクリートの種類では,軽量コンクリートの劣化の方が大きいことが確認され,曲げ強度は同様の傾向を示している.35年間の中性化現象は,淡水中に浸漬した場合はいずれも認められなかったが,海水中に浸漬した場合は干潮時に大気と接するため,若干認められた.

付表 I.2.11 35 年間海水に浸漬したときの強度および中性化[34]

骨材の種類	化学混和材の種類	セメントの種類	W/C (%)	圧縮強度 35年[1] (N/mm²)	圧縮強度 35年[2] (N/mm²)	曲げ強度 35年[1] (N/mm²)	曲げ強度 35年[2] (N/mm²)	中性化深さ 35年[1] (N/mm²)	中性化深さ 35年[2] (N/mm²)
川砂・川砂利	無添加	N	59	52.5	40.2	9.0	6.8	0	0.7
		BB	55	47.0	41.0	8.0	7.0	0	1.3
		BC	51	45.4	40.1	7.7	6.9	0	1.5
	リグニン系 AE減水剤	N	57	52.2	35.0	9.4	6.3	0	2.1
		BB	52	50.5	44.2	9.1	8.0	0	2.4
		BC	49	50.1	43.8	9.0	7.9	0	2.8
	無添加	N	49	56.4	50.2	11.3	10.0	0	0.0
		BB	45	56.5	48.6	11.2	9.6	0	1.2
		BC	42	53.7	49.0	10.8	9.6	0	1.6
	リグニン系 AE減水剤	N	47	55.1	41.4	11.6	8.7	0	1.3
		BB	43	55.5	50.4	11.5	10.4	0	1.7
		BC	39	57.1	50.1	10.8	9.6	0	2.3
川砂・人口軽量粗骨材	レジン系 AE剤	N	58	35.9	24.6	7.1	4.8	0	2.2
		BB	55	40.5	32.0	8.0	6.3	0	2.7
		BC	51	40.3	33.0	8.0	6.5	0	3.0

[注] 1) 淡水中 2) 海水中
N：普通ポルトランドセメント BB：高炉セメントB種 BC：高炉セメントC種

2.9 耐酸性および耐硫酸塩性

付図 I.2.20 に各セメントを用いて水結合材比 50％および 30％のモルタル試験体を作成し，材齢 53 週まで硫酸ナトリウム 5％溶液に浸漬した後，長さ変化率を測定した結果を示す[35]．普通ポルトランドセメント（N）の場合，浸漬 13 週あたりから長さ変化率が急激に増加しており，浸漬期間 53 週の時点では大きく湾曲し，一部破断している．一方，高炉セメントを使用した場合，普通ポルトランドセメントと比較して，長さ変化率はかなり小さく，外観上はほとんど変化は認められない．長さ変化は，高炉セメント A 種（BA），高炉セメント B 種（BB），高炉セメント C 種（HB），の順に小さくなっており，高炉スラグ置換率の増加に伴い，耐硫酸および耐硫酸塩性が高くなる．

付図 I.2.21 に，高炉スラグ微粉末の比表面積を変化させた各種コンクリートを塩酸（2％）硫酸（5％）および硫酸ナトリウム水溶液中に 1 年浸漬した後の圧縮強度について，同一期間清浄な水中に浸漬したものの強度との比率で示す[7]．高炉スラグ微粉末を使用する場合では，無混入コンクリートに比べて強度の低下率は小さく，優れた耐酸性および耐硫酸塩性を示す．また，高炉スラグ微粉末 8 000，6 000 および 4 000 を使用した場合の強度低下率は，全体平均でそれぞれ約 7％，8％および 12％程度で，低下率は無混入コンクリートに比べて小さく，比表面積が大きいほど，その効果は大きい．

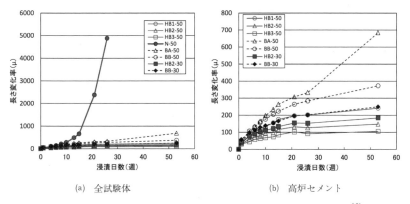

付図 I.2.20 硫酸塩溶液に浸漬したときの長さ変化試験結果[35]

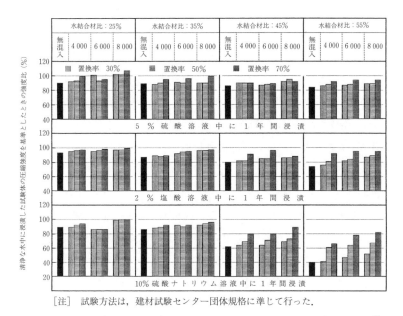

付図 I.2.21 酸および硫酸塩溶液に浸漬したときの圧縮強度試験結果[7]

2.10 耐 熱 性

　高炉セメントの耐熱性について，2年間および10年間110℃の熱の作用を受けたモルタル供試体による場合，3年間110℃の熱の作用を受けたコンクリート供試体による場合について実験研究した結果，$Ca(OH)_2$生成量の少ない高炉セメントC種・高炉セメントB種は，普通ポルトランドセメントと比較して，若干優れていることがわかっている[1]．

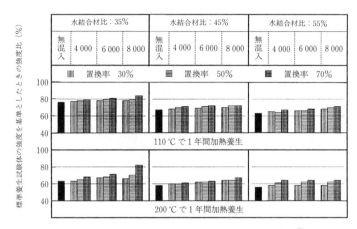

付図 I.2.22 高温にさらされた試験体の強度比[7]

付図 I.2.22 に高炉スラグの比表面積を変化させた各種コンクリートについて，110 ℃ および 200 ℃ で 1 年間連続加熱した場合の強度を 20 ℃ 水中養生した場合の強度との比率で示す[7]．加熱温度が高くなり，水結合材比が大きくなるに伴いコンクリートの耐熱性は低下する．高炉セメントコンクリートの強度比率は平均で約 68 % であり，無混入コンクリートの約 63 % に比べて耐熱性は若干大きくなる．これは，生成される $Ca(OH)_2$ 量の差の影響であると考えられ，高炉スラグ微粉末の置換率および比表面積が大きくなるに伴い，耐熱性は若干向上する．

2.11 耐摩耗性

付図 I.2.23 に普通ポルトランドセメントおよび高炉セメント B 種（図中の実線が高炉セメント B 種，破線が普通ポルトランドセメント）を用いて作成した水結合材比 60 % のモルタル試験体について，摩耗試験を行った結果の一例を示す[36]．高炉セメントを用いた場合，材齢 28 日以降においては普通ポルトランドセメントと同等以上となる．高炉セメントコンクリートは，適切な締固めと十

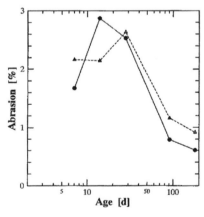

付図 I.2.23 摩耗試験結果[36]

分な初期養生を行えば密実な組織を形成することから，普通ポルトランドセメントより耐摩耗的である．

2.12 アルカリシリカ反応抑制効果

　高炉セメントによるアルカリシリカ反応の抑制効果は，高炉スラグ微粉末の置換率の増加に伴い向上する．付図Ⅰ.2.24に高炉スラグ微粉末の置換率と粉末度がモルタルの膨張率に及ぼす影響を示す[37]．高炉スラグ微粉末を30％置換した場合，無混入と比較して約2/3，50％置換した場合で約1/2，70％前後の置換率では1/3程度の膨張率を示し，良好な抑制効果が確認される．通常，混合セメントを用いた場合のアルカリシリカ反応の抑制対策としては，高炉セメントB種（置換率40％），フライアッシュセメントB種（置換率15％）以上であれば，十分抑制が可能とされてきたが，骨材種類や周辺環境によっては，十分な抑制ができない場合もあると報告[38]されている．そのため，再生骨材やアルカリシリカ反応性の高い骨材を使用する場合，また，飛来塩分などの外来塩分の影響を受ける場合には，高炉セメントB種に高炉スラグ微粉末を併用（高炉セメントC種程度となる）してもよいとされている[39]．

　付図Ⅰ.2.25に高炉スラグ微粉末の比表面積を変化させた場合の膨張率の測定結果を示す[37]．高炉スラグ微粉末の比表面積とアルカリシリカ反応の抑制効果には優位な関係性は認められず，アルカリシリカ反応の抑制には，高炉スラグ微粉末の置換率を上げることが有効である．

2.13 DEF抑制効果

　DEFとは，Delayed Ettringite Formation（エトリンガイトの遅延生成）の意であり，材齢初期にコンクリートが蒸気養生のような高温履歴を受けた場合にアルミネート系の水和物が分解し，供用中に水の供給がなされた場合にエトリンガイトが内部に集中的に生成し，膨張を伴いコンクリートが劣化する現象である．硫酸塩量が多いセメントを用いた場合や，65℃以上で養生されたコンク

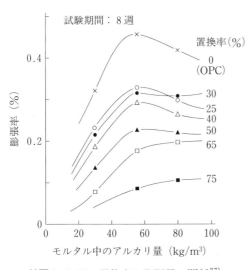

付図Ⅰ.2.24　置換率と膨張量の関係[37]

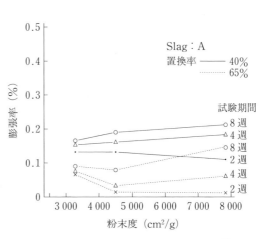

付図Ⅰ.2.25　粉末度と膨張量の関係[37]

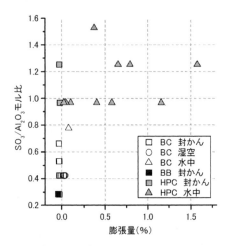

付図 I.2.26 SO_3/Al_2O_3 モル比と膨張量の関係[41]

リートにおいて認められやすいと報告されている[40].

　早強セメント（HPC），高炉セメント B 種（BB），高炉セメント C 種（BC）のそれぞれに硫酸カリウムを添加し，セメント中の硫酸イオン濃度を増加させ，蒸気養生を施した試験体を水に浸漬させた場合の膨張量およびセメント中の SO_3/Al_2O_3 モル比の関係を付図 I 4.26 に示す[41]．通常 SO_3/Al_2O_3 モル比が 0.55 以上のときに膨張量が大きくなること[42]，モル比が 1.0 付近において膨張量が最大となる[43]と言われている．早強セメントに関しては，モル比 1.0 以降において膨張が著しくなっているが，高炉セメント B 種および C 種に関しては，全水準によって膨張が確認されない．この要因としては，エトリンガイトの再生成には Ca イオンが必要であるが，高炉セメント系は水和反応において $Ca(OH)_2$ を消費するため，DEF を抑制できたと考えられる．以上より，高炉セメントには DEF 抑制効果があると認められる．

参考文献

1) 依田彰彦：高炉スラグをセメント混和材・骨材として使用したコンクリートに関する一連の研究，1985.9
2) 依田彰彦：技術フォーラム　資源の有効利用とコンクリート　第 5 回高炉スラグ微粉末を用いたコンクリート，コンクリート工学，Vol.3，No.4，pp.72-82，1996
3) 依田彰彦，横室　隆，岡田英三郎：高炉セメントに流動化剤を使用したコンクリートの諸性質について，第 8 回コンクリート工学年次講演会論文集，1986
4) 桧垣　誠，小池晶子，守屋健一，西　祐宜：高炉スラグ微粉末を大量に使用したコンクリートの経時安定性に関する実験的研究その 1　コンクリートとモルタルによる基礎実験，日本建築学会学術講演梗概集，pp.291-292，2012.8
5) 伊代田岳史・高炉スラグ微粉末を大量使用したコンクリート，コンクリート工学，Vol.52，No.5，pp.409-414，2014
6) 日本建築学会：高炉スラグ微粉末を使用するコンクリートの調合設計・施工指針・同解説，2001
7) 日本建築学会：高炉スラグ微粉末を用いたコンクリートの技術の現状，1992
8) 植木康知，大塚勇介，平本真也，檀　康弘：45 年経過した混合セメントコンクリートの長期強度発現

性について，コンクリート工学論文集，Vol.23, No.2, pp.71-79, 2012.5
9) 加藤光秀, 依田彰彦, 横室　隆：高炉スラグ微粉末のコンクリート用混和材としての適用研究（その8），養生温度が異なる場合の適用研究，日本建築学会大会学術講演梗概集，pp.595-596, 1992.8
10) 日本建築学会高炉スラグ微粉末調査研究小委員会：高炉スラグ微粉末の建築用コンクリートの利用に関する研究，1990年度研究報告集
11) 檀　康弘：高炉スラグ微粉末を用いたコンクリートの耐久性能に及ぼす初期養生の影響に関する研究，九州大学学位論文，2011.1
12) セメント協会：各種セメントを用いたコンクリートの耐久性に関する研究（コンクリートの乾燥収縮に関する実験結果），セメント協会コンクリート専門委員会報告F55（追補），2011.3
13) 小林一輔，宇野祐一：コンクリートの炭酸化のメカニズム，生産研究，Vol.41, No.8, 1989.8
14) 郭　度連，國府勝朗，李　昌洙，李　奎東：高炉スラグ微粉末を用いたコンクリートの内部組織の形成に及ぼす置換率の影響，コンクリート工学年次論文集，Vol.26, No.1, pp.783-788, 2004
15) 依田彰彦：40年間自然暴露した高炉セメントコンクリートの中性化と仕上げ材の効果，セメント・コンクリート論文集，No.56, pp.449-454, 2002
16) 石田哲也：コンクリート構造物長寿命化に資する品質保証/性能照査統合システムの開発，国土交通省建設技術研究開発費補助金綜合研究報告書，2008-2009
17) 松田芳範，上田　洋，石田哲也，岸　利治：実構造物調査に基づく中性化に与えるセメントおよび水分の影響，コンクリート工学年次論文集，Vol.32, No.1, pp.629-634, 2010
18) 野口貴文，兼松　学，今本啓一，濱崎　仁，土屋直子，檀　康弘：旧国立霞ヶ丘競技場の建築材料調査　その1　調査概要，日本建築学会大会学術講演梗概集，pp.417-418, 2015.8
19) 兼松　学，白石　聖，Sungchul Bae，陣内　浩，田村政道，今本啓一，濱崎　仁，土屋直子，野口貴文：旧国立霞ヶ丘競技場の建築材料調査　その2　環境測定，日本建築学会大会学術講演梗概集，pp.419-420, 2015.8
20) 大塚勇介，檀　康弘，兼松　学，野口貴文：旧国立霞ヶ丘競技場の建築材料調査　その3　スラグの含有状況の事前調査，日本建築学会大会学術講演梗概集，pp.421-422, 2015.8
21) 高橋晴香，早野博幸，兼松　学，野口貴文：旧国立霞ヶ丘競技場の建築材料調査　その4　コンクリートコア中のスラグの定量化，日本建築学会大会学術講演梗概集，pp.423-424, 2015.8
22) 早野博幸，高橋晴香，兼松　学，野口貴文：旧国立霞ヶ丘競技場の建築材料調査　その5　コンクリートの調合推定および細孔組織，日本建築学会大会学術講演梗概集，pp.425-426, 2015.8
23) 中田清史，野口貴文，今本啓一，兼松　学，佐藤幸恵，濱崎　仁，田村政道，土屋直子：旧国立霞ヶ丘競技場の建築材料調査　その6　構造体強度，日本建築学会大会学術講演梗概集，pp.427-428, 2015.8
24) 白石　聖，兼松　学，BAE Sung Chul，今本啓一，濱崎　仁，野口貴文，田村政道，土屋直子：旧国立霞ヶ丘競技場の建築材料調査　その7　含水率，日本建築学会大会学術講演梗概集，pp.429-430, 2015.8
25) 濱崎　仁，阿久津裕則，野口貴文，兼松　学，今本啓一，土屋直子，陣内　浩：旧国立霞ヶ丘競技場の建築材料調査　その8　中性化深さの調査概要および調査方法に関する検討，日本建築学会大会学術講演梗概集，pp.431-432, 2015.8
26) 阿久津裕則，濱崎　仁，野口貴文，兼松　学，今本啓一，土屋直子，陣内　浩：旧国立霞ヶ丘競技場の建築材料調査　その9　中性化深さ試験結果，日本建築学会大会学術講演梗概集，pp.433-434, 2015.8
27) 勝又洸達，今本啓一，清原千鶴，木野瀬透，野口貴文，兼松　学，濱崎　仁，福山智子：旧国立霞ヶ丘競技場の建築材料調査　その10　透気係数・鉄筋腐食，日本建築学会大会学術講演梗概集，pp.435-436, 2015.8
28) 福山智子，野田貴之，長谷川拓哉，千歩　修，兼松　学，清原千鶴，今本啓一，野口貴文：旧国立霞ヶ

丘競技場の建築材料調査 その11 コンクリートの含水状態，日本建築学会大会学術講演梗概集，pp. 437-438，2015.8

29) 野田貴之，福山智子，長谷川拓哉，千歩 修，濱崎 仁，兼松 学，今本啓一，野口貴文：旧国立霞ヶ丘競技場の建築材料調査 その12 鉄筋腐食状況，日本建築学会大会学術講演梗概集，pp.439-440，2015.8

30) 依田彰彦：30年間自然暴露した高炉セメントコンクリートの中性化と仕上げ材の効果，セメント・コンクリート論文集，No. 46，pp.552-557，1992

31) 依田彰彦，横室 隆，枝広英俊：山陰地方において28年経た高炉セメントC種を用いたRC構造物の耐久性調査，セメント・コンクリート論文集，No. 43，1989

32) 平本真也，植木康知，大塚勇介：ポルトランドセメント中の石灰石微粉末置換率を増加させた場合における高炉セメントコンクリートの耐久性について，コンクリート工学年次論文集，Vol. 36．No. 1，pp.208-213，2014

33) 西田孝弘，大即信明：セメント硬化体中での高炉スラグ微粉末由来の還元性雰囲気が鉄筋の腐食抑制に及ぼす影響に関する考察，第70回セメント技術大会講演要旨，pp.220-221，2016

34) 依田彰彦：35年間海水の作用を受けた高炉セメントコンクリートの耐久性，セメント・コンクリート論文集，No. 59，pp.266-271，2005

35) 伊藤是清，小山智幸，原田志津男：高炉スラグ高含有セメントを用いたモルタルの耐硫酸及び耐硫酸塩性に関する研究，日本建築学会大会学術講演梗概集，pp.279-280，2014.9

36) 松本伸介，篠 和夫，吉武美孝，垣内秀樹：高炉セメントB種を使用したモルタルの耐摩耗性と強度，高知大学学術研究報告，Vol. 46，1997

37) 建設省土木研究所 地質化学部コンクリート研究室：高炉スラグ微粉末によるASR抑制に関する強度研究報告書，土木研究資料，1987.12

38) 井上祐一郎：ペシマム現象を生じる骨材を用いたモルタルのフライアッシュによるASR抑制効果，コンクリート工学年次論文集，Vol. 32，No. 1，pp.953-958，2010

39) 公共建築協会：高炉セメントB種を用いる普通コンクリート（アルカリ骨材反応抑制対策に使用する），建築工事監理指針平成19年度版（上巻），16節，2007

40) H.W.W. Taylor, C. Famy and K.L. Scrivener, Delayed Ettringite Formation, Cement and Concrete Research, Vol. 31, pp.683-693, 2001

41) 久我龍一郎，辻大二郎，米澤敏男，酒井悦郎：高炉スラグ高含有セメントのDEFに関する検討，コンクリート工学年次論文集，Vol. 36，No. 1，2014

42) Heinz, D. and Ludwig, U.: Mechanism of Secondary Ettringite Formation in Mortars Concretes Subjected to Heat Treatment, Concrete Durability, ACI SP-100, Vol. 2, pp.2059-2071, 1987

43) Zhang, Z., Olek, J. and Diamond, S.: Studies on delayed ettringite formation in heat-cured mortars: II. Characteristics of cement that may be susceptible to DEF, Cement and Concrete Research, Vol. 32, No. 11, pp.1737-1742, 2002

付I-3 高炉セメントの発色について

　高炉セメントコンクリートは，型枠を取り外した直後にコンクリート表面や内部が暗緑色〜緑青色を示すことがある．この発色は，W/C が小さい場合やコンクリートが湿潤状態である場合に濃くなる傾向があり，逆に言えば，発色が顕著であるほど，構造体の耐久性(密実性)としては高い状態にあり，強度や耐久性には全く影響がない．

　発色の要因は，高炉スラグに含有されている硫化物である[1]．硫化物は，水和が進行すると HS^- や S^{2-} を生じ，高炉セメントコンクリート中が還元性雰囲気となり，高炉スラグに含まれている Fe や Mn の酸化数が低い状態で他の水和物に固溶するため，発色する．この発色は，大気中のような酸化性雰囲気にさらされると Fe や Mn の酸化数が増加するため，次第に消色する．したがって，脱型後または湿潤養生終了後に気中にさらされるのであれば，時間を要するが，放置しておけば脱色する．強制的に脱色したい場合には，H_2O_2 などの酸化剤を塗布または噴霧することで，比較的短期間で脱色させることができる．

　参考までに写真 I.3.1 に脱型翌日の発色の様子を，写真 I.3.2 に1週間後の消色した様子を示す[2]．

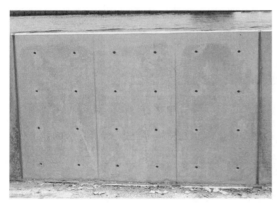
写真 I.3.1　脱型翌日の様子

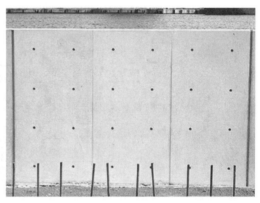
写真 I.3.2　1週間経過後の様子

参 考 文 献

1）依田彰彦：高炉セメントコンクリートの内部が青く見えるわけ，C&C エンサイクロペディア，1996.7
2）日鉄住金高炉セメント株式会社ホームページ：http://www.kourocement.co.jp/pdf/safety.02.pdf

付Ⅰ-4　住宅の品質確保の促進に関する法律（住宅品確法）・住宅性能表示制度における高炉セメントの扱いについて

1．制度の概要

住宅の品質確保の促進・住宅購入者等の利益の保護，住宅に係る紛争の迅速かつ適正な解決を図ることを目的に「住宅の品質確保の促進等に関する法律」が2000年4月に施行された．また，住宅の性能に関する表示の適正化を図るため，住宅性能表示制度が創設され，日本住宅性能表示基準および評価方法基準が設けられた．

評価方法基準では，「劣化の軽減に関すること」において，劣化対策等級（構造躯体等）として，付表Ⅰ.4.1のように分類しており，鉄筋コンクリート造および鉄骨鉄筋コンクリート造の住宅の場合は，コンクリートの中性化を考慮して付表Ⅰ.4.2のように等級によってコンクリートの水セメント比が定められている．なお，表中のイおよびロは最小かぶり厚さに対応しており，これを付表Ⅰ.4.3に告示の内容として示す．

付表Ⅰ.4.1　劣化対策等級

等　級	住宅の構造躯体等に講じられている対策
3	住宅が限界状態に至るまでの期間が3世代以上（75～90年間）となるため必要な対策
2	住宅が限界状態に至るまでの期間が2世代以上（50～60年間）となるため必要な対策
1	建築基準法に定める対策

付表Ⅰ.4.2　告示により定められた劣化対策等級と水セメント比

劣化対策等級	(イ)	(ロ)
3	50％以下	55％以下
2	55％以下	60％以下
1	建築基準法を満足する値	

付表Ⅰ.4.3　最小かぶり厚さ

部　位			最小かぶり厚さ			
			告示の内容		特認の③を満たす値	
			(イ)	(ロ)	(イ)	(ロ)
直接土に接する部分	壁，柱，床，はり又は基礎の立上り部分		4	5	5	6
	基礎（立上り部分および捨てコンクリートの部分を除く）		6	7	7	8
直接土に接しない部分	耐力壁以外の壁又は床	屋内	2	3	4	5
		屋外	3	4	—	—
	耐力壁，柱又ははり	屋内	3	4	5	6
		屋外	4	5	—	—

2. 評価方法の基準における高炉セメントの扱い

　鉄筋コンクリート造および鉄骨鉄筋コンクリート造の住宅において，高炉セメントを用いて等級3および等級2を表示するためには，告示において「コンクリートの水セメント比の算出に当たり，高炉セメントに含まれる高炉スラグの10分の3を除いた部分をその重量として用いる」と規定されている．

　一般に使用されるコンクリートの単位セメント量を考えると，高炉セメントB種を使用した場合，水セメント比として普通ポルトランドセメントを用いた場合と比べて7～8％小さくする必要がある．その場合，単位セメント量が増加し，コンクリートの品質への悪影響も考えられるため，鉄鋼スラグ協会として，以下に記す国土交通大臣の特別評価方法認定を取得している．

3. 鉄鋼スラグ協会で取得している特別評価方法の概要

　この特別評価方法では，以下に示す①～③の条件を満たす場合に，水セメント比の算出にあたって高炉スラグの質量を除かないこととしている．

①　地下に存する部分（直接外気に接する部分を除く）について適用する．
②　高炉セメントB種（高炉スラグの分量が質量比で45％以下のものに限る）を使用したコンクリートが用いられていること．
③　直接土に接する部分は，最小かぶり厚さが告示より1cm増しであること．また，直接土に接しない部分は，最小かぶり厚さが告示より2cm増しであること（付表Ⅰ.4.3に特認の③を満たす値として示す）．

4. 認定書の使用方法

　本評価方法に応じて高炉セメントB種を使用する場合は，認定書の写しを設計図書に添付し，指定住宅性能評価機関に提出し，内容を説明する必要がある．なお，この認定書は，鉄鋼スラグ協会のホームページ（URL　http://www.slg.jp）からダウンロードすることで，誰でも自由に利用できる．

付録II 調査および適用例

付II-1 調査事例1 高炉セメントB種を使用した競技場

1. 構造物の概要

当建築物は,競技場として1964年に建設され,その後数度の拡張工事が実施されたが,2015年に解体されるのに合わせて各種調査を実施した.競技場の概要[1]を付表II.1.1に,平面図を付図II.1.1[1]に示す.

付表II.1.1 建築物概要[1]

建築面積	33 715 m² (1958年竣工時 8 745坪)
延べ面積	51 581 m²
最高部高さ	26.5 m
設 計	第1期:1956年 第2期:不明
竣 工	第1期:1958年 第2期:1963年
構造種別	鉄筋コンクリート造(一部鉄骨鉄筋コンクリート造) 鉄骨鉄筋コンクリート造(室内プール) プレストレスト造(体育館) 鉄骨造(メインスタンドキャノピー,増築バックスタンドの一部)
基礎地業	ペデスタル杭($L = 8 \sim 13$ m)
仕上げ	スタンド部:防水モルタル 外壁廻廊:大谷石張り 床:アスファルトタイル

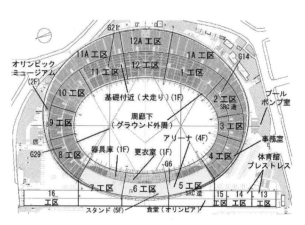

付図II.1.1 平面図[1]

2. 調査の概要および結果

調査は,文献調査を実施した後,実際に各所からコアを採取するなどにより実施した.付表II.1.2に今回の調査期間と試験項目を示す[1].ここでは,調査結果のうち,①環境測定結果,②高炉スラグの含有率,③圧縮強度,④中性化鉄筋腐食について示す.その他の詳細は文献を確認されたい.

付表II.1.2 調査物概要[1]

調査期間	環境調査：2013年10月～2014年10月 コア採取など調査：2014年6月，10月，11月，2015年2月
調査項目	環境調査（温度・湿度，二酸化炭素濃度）
	配合推定，微細構造分析
	スラグ含有状況調査
	含水率分布
	圧縮強度，ヤング率
	中性化深さ
	透気係数（コア・トレント）
	鉄筋腐食状況確認（はつり）
	鉄筋腐食（自然電位・分極抵抗）

2.1 文献調査結果

竣工当時の文献に示された調合を付表II.1.3に示す[2]．

文献[2]では，設計者のコメントとして「流動性・施工性を考慮して高炉セメントを採用した」との記述がある．また，傾斜を有するアリーナ部分での施工性を確保することで，コンクリート自体の防水性を向上させることを意図したようである．その一方で，中性化については，建設時に解体された明治神宮外苑競技場が30年程度で解体されたことを引合いに，想定供用期間を50年程度としても懸念の必要はないと述べている．

セメントは，普通ポルトランドセメントと高炉スラグ微粉末を50：50で混合した高炉セメントを用いており，高炉セメントとしてのブレーン値が3700 ± 100 cm^2/gと現在のものと比するとやや小さいが，製造工場での品質基準として高炉スラグの塩基度1.8以上とあり，現在のものと大差ない品質であるものと考えられる．なお，文献[3]によれば，コンクリートは場内プラントを設置して供給

付表II.1.3 調合表[2]

	セメント (kg/m³)	砂 (kg/m³)	砂利 (kg/m³)	水 (kg/m³)	AE剤 (cc)	W/C (%)
柱調合 （SL 12 cm）	316	874	936.7	199	126	53
一般調合 （SL 10～12 cm）	300	858	983	177	120	59
水密調合 （SL 12 cm）	360	818	949	198	120	59
P.S.調合 （SL 3 cm）	475	661	1 096	180	—	38

［注］ セメント：50：50高炉セメント　粗骨材：相模川産6～8分の砕石
　　　混和剤：空気連行剤，一部表面活性剤を使用

され，当時の場内運搬は，ポンプ，バケット，シュートなどにより行われている．

2009年の耐震診断調査[4]によれば，1958年時点ではプレキャスト造の体育館（35.3 N/mm²（360 kgf/cm²））を除く全工区の設計基準強度は 14.7 N/mm²（150 kgf/cm²）で，38年の増築工区については 20.6 N/mm²（210 kgf/cm²）であった．また，コンクリート強度の管理については，「全期間中，打設総量約 25 000 m³に対し，1週，4週合計にて1 250本のテストピースを作製して試験にかけた」とあり，1週強度は 73.5 kgf/cm²で，4週強度は 220.0 kgf/cm²（所要強度 150 kgf/cm²）であった．これらについては，文献[2]に詳述されている．

2.2 環境調査結果

2013年10月から2014年6月にかけて温度，湿度，CO_2濃度を測定した．測定箇所の目安は，環境条件で，A：高湿度で人の出入りがない，B：人の出入りがほとんどなく空調等がない，C：日中は人が常に出入りし空調等がある，D：雨がかりがあり直射日光を受ける，E：雨がかりがなく直射日光を受けない，の5つに分類している．付表II.1.4に測定結果を示す[5]．

付表II.1.4 環境区分と測定結果調査物概要[5]

分類	屋内/屋外	日射	雨がかり	実測値 冬期平均 温度[℃]	実測値 冬期平均 湿度[%]	実測値 春期平均 温度[℃]	実測値 春期平均 湿度[%]	参考値 通年平均 温度[℃]	参考値 通年平均 湿度[%]	CO_2濃度[ppm]
A	屋内	無	無	10.1	85.3	19	83.7	17.8	85.1	439
B	屋内	無	無	13	56.5	21.9	55.7	—	—	475.8
C	屋内	無	無	21.6	17.4	23.6	46.9	—	—	493
D	屋外	有	有	7.7	48.1	21.1	58.1	18.6	56.6	421.1
E	屋外	無	無	9.3	41.6	21.1	53.8	18.8	62.3	421.1
気象庁	—	—	—	6.9	49.5	19.3	63.3	17.3	62	—

2.3 高炉スラグの含有率

EPMA（電子線マイクロアナライザ）を用いた元素分析結果から，高炉スラグの含有量を推定した．結果を付表II.1.5に示す[8]．屋内1か所，屋外1か所の測定結果であるが，53.8％と54.6％であり，当時の報告[2]にある50％に近い値であった．

付表II.1.5 高炉スラグ混合率（推定値）[8]

試料名―視野 No.	1	2	3	4	平均
屋内（器具室―柱）	53.2	57.6	49.9	54.3	53.8
屋外（オリンピア付近―柱）	53.2	59.7	59.7	45.6	54.6

2.4 圧縮強度

各所から採取したコアにより，圧縮強度を測定した結果を1～12工区，14～16工区，軽量骨材使用部に分けてヒストグラムで付図II.1.2[10]に示す．1～12工区の試験結果は正規分布を示しており，平均値は19.9 N/mm²であった．ちなみに，建設時の所要強度は14.7 N/mm²であり，おおむねこれを満足している．

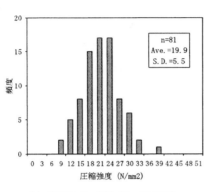
(a) 既存スタンド部（1～12工区）

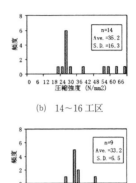
(b) 14～16工区

(c) 軽量骨材部位

付図II.1.2 圧縮強度分布[10]

2.5 中性化

各所から採取したコアについてフェノールフタレイン法にて中性化深さを測定し，中性化速度を算出している．また，促進中性化試験とは，コアの未中性化部について，促進試験にて中性化を測定したものである．試験結果を付表II.1.6に，また，付図II.1.3に環境条件別に，付図II.1.4に仕

付表II.1.6 中性化測定結果[12]

		地下	室内空調なし	室内空調あり	屋外雨がかりあり	屋外雨がかりなし
打ち放し	Ave.	14.4	71.6	47.6	16.8	—
	σ	18.1	31.1	16.8	—	—
	A	1.92	9.57	6.36	2.25	
複層仕上塗材	Ave.	—	—	21.3	31.2	45.9
	σ	—	—	19.0	29.7	24.4
	A			2.85	4.17	6.13
モルタル	Ave.	13.1	—	10.5	—	—
	σ	10.9	—	—	—	—
	A	1.75		1.39		
複層仕上塗材＋モルタル	Ave.	—	—	—	6.1	12.7
	σ	—	—	—	13.6	11.5
	A				0.82	1.70

［注］ Ave.：中性化深さ平均（mm） σ：中性化深さ標準偏差（mm）
A：中性化速度係数（mm/year$^{0.5}$）

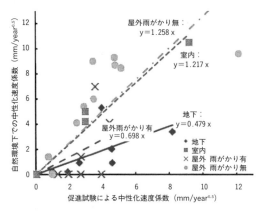

付図Ⅱ.1.3 環境別の促進中性化と自然環境下での中性化速度係数の比較[12]

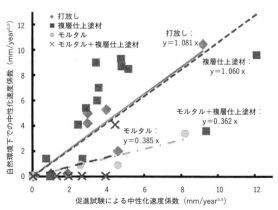

付図Ⅱ.1.4 仕上げ別の促進中性化と自然環境下での中性化速度係数の比較[12]

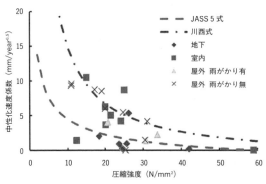

付図Ⅱ.1.5 環境別の圧縮強度と中性化速度係数の関係[12]

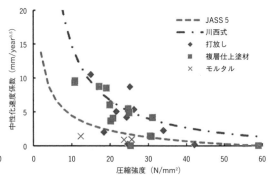

付図Ⅱ.1.6 仕上げ別の圧縮強度と中性化速度係数の関係[12]

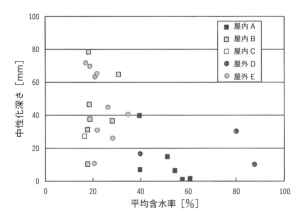

付図Ⅱ.1.7 平均含水率と中性化深さの関係[6]

上材料別に，促進試験による中性化速度係数と実構造物の中性化深さから算出した中性化速度係数の関係を示す[12]．雨がかりがない箇所では促進試験結果より実構造物での中性化速度係数がやや大きくなるのに対し，雨がかりのある場合や地下部では小さい．

付図Ⅱ.1.5に環境条件別，付図Ⅱ.1.6に仕上げ材料別に圧縮強度と実構造物より求めた中性化速度係数の関係を示す[12]．おおむね川西式[13]とJASS 5式の間に分布している．また，コアの平均含水率と中性化深さの関係を付図Ⅱ.1.7に示す[6]．平均含水率が高いと中性化深さは小さく，低いと大きい．

2.6 鉄筋腐食

付表Ⅱ.1.7に測定部位と調査結果[17]，また，付図Ⅱ.1.8に質量含水率と腐食グレードの関係を示す[14]．測定は，表に示すような部位やひび割れの有無などの条件で調査個所を定め，含水率や鉄筋腐食を調査している．なお，鉄筋腐食は，文献[19]に示されている方法に従い，1～5にグレードに分けている．その結果，ひび割れのある箇所を除いて，中性化箇所にある鉄筋は質量含水率が小さいため，腐食の進展はあまり見られない．また，未中性化部は，質量含水率の比較的小さい箇所でやや腐食が進んでいることが確認されている．

付表Ⅱ.1.7 鉄筋腐食測定結果[17]

調査箇所	部材	仕上げ	ひび割れ	質量含水率	飽和度	腐食グレード
屋外雨がかりあり（G 29最下段）	手摺	有	—	5.59	71.77	4
屋外雨がかりなし（G 29周廊）	梁	有	無	2.09	31.91	2
屋外雨がかりなし（3階G 20周廊）	柱	有	無	3.46	38.25	3
屋外雨がかりあり（3階G 21外周）	柱	有	—	4.05	52.20	—
屋内地下基礎（犬走り）	梁	無	無	4.68	63.04	3.5
	柱			4.12	60.12	2
	壁上部			4.92	65.93	1
	壁下部			5.49	70.64	1
屋外雨がかりなし（3階G 4周廊）	柱	有	無	4.78	47.50	1
屋内（更衣室）	壁	有	無	2.27	29.86	1
屋外雨がかりあり（オリンピア）	柱	有	無	3.32	44.56	3
屋内（ポンプ室）*高炉セメント使用なし	壁	無	0.1 mm	7.19	83.96	1
			無	6.55	71.18	1

腐食グレード
1：施工時の状況を保ち，以降の腐食が認められない
2：部分的に腐食が認められる，軽微な腐食
3：表面の大部分が腐食している，部分的に断面が欠損している
4：鉄筋の全周にわたり断面の欠損がある
5：鉄筋の断面が当初の2/3～1/2くらい欠損している

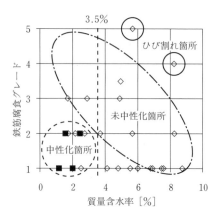

付図Ⅱ.1.8　質量含水率と鉄筋腐食グレードの関係[14]

3．まとめ

高炉セメントB種を使用し，建築後約50年を経過した競技場について調査した結果を整理すると，以下のとおりである．

(1) 高炉セメント中の高炉スラグ含有率は53.8％と54.6％であり，50％に近い値であった．
(2) コアによる圧縮強度の1～12工区の平均値は19.9 N/mm²であり，建設時の所要強度は14.7 N/mm²を上回った．
(3) 中性化速度係数は，雨がかりのない箇所では，促進試験より実構造物においてやや大きくなるのに対し，雨がかりのある場合や地下部では小さい．また，圧縮強度と中性化速度係数の関係は，おおむね川西式とJASS 5式の間に分布する．
(4) 中性化箇所にある鉄筋は，コンクリートの質量含水率が小さいため腐食の進展は小さい．

参考文献

1) 野口貴文ほか：旧国立霞ヶ丘競技場の建築材料調査　その1：調査概要，日本建築学会大会学術講演論文集，pp.417-418，2015.8
2) 小寺　昇，大熊録郎：国立競技場建設に使用された50：50　高炉セメントに就いて，セメント工業，第一セメント，pp.18-22，1959
3) 大成建設株式会社：国立競技場施工記録映画
4) 株式会社久米設計：国立霞ヶ丘競技場陸上競技場構造耐震調査及び診断業務　現地調査報告書，2009.3
5) 兼松　学ほか：旧国立霞ヶ丘競技場の建築材料調査　その2　環境測定，日本建築学会大会学術講演梗概集，pp.419-420，2015.8
6) 白石　聖ほか：旧国立霞ヶ丘競技場の建築材料調査　その7　含水率，日本建築学会大会学術講演梗概集，pp.429-430，2015.8
7) 大塚勇介ほか：旧国立霞ヶ丘競技場の建築材料調査　その3　スラグの含有状況の事前調査，日本建築学会大会学術講演梗概集，pp.421-422，2015.8
8) 高橋晴香ほか：旧国立霞ヶ丘競技場の建築材料調査　その4　コンクリートコア中のスラグの定量化，日本建築学会大会学術講演梗概集，pp.423-424，2015.8

9) 早野博幸ほか：旧国立霞ヶ丘競技場の建築材料調査　その5　コンクリートの調合推定および細孔組織，日本建築学会大会学術講演梗概集，pp.425-426，2015.8
10) 中田清史ほか：旧国立霞ヶ丘競技場の建築材料調査　その6　構造体強度，日本建築学会大会学術講演梗概集，pp.427-428，2015.8
11) 濱崎　仁ほか：旧国立霞ヶ丘競技場の建築材料調査　その8　中性化深さの調査概要および調査方法に関する検討，日本建築学会大会学術講演梗概集，pp.431-432，2015.8
12) 阿久津裕則ほか：旧国立霞ヶ丘競技場の建築材料調査　その9　中性化深さ試験結果，日本建築学会大会学術講演梗概集，pp.433-434，2015.8
13) 川西泰一郎，濱崎　仁，桝田佳寛：実構造物調査に基づくコンクリートの中性化の進行に関する分析，日本建築学会構造系論文集，No.608，pp.9-14，2006.10
14) 勝又洸達ほか：旧国立霞ヶ丘競技場の建築材料調査　その10　透気係数・鉄筋腐食，日本建築学会大会学術講演梗概集，pp.435-436，2015.8
15) 田中章夫ほか：表層透気性による既存RC構造物の中性化予測に関する研究，日本建築学会構造系論文集，Vol.78，No.691，pp.1539-1544，2013.9
16) 福山智子ほか：旧国立霞ヶ丘競技場の建築材料調査　その11　コンクリートの含水状態，日本建築学会大会学術講演梗概集，pp.437-438，2015.8
17) 野田貴之ほか：旧国立霞ヶ丘競技場の建築材料調査　その12　鉄筋腐食状況，日本建築学会大会学術講演梗概集，pp.439-440，2015.8
18) 田中章夫，今本啓一：表層透気性による既存RC構造物の中性化予測に関する研究，日本建築学会構造系論文集，Vol.78，No.691，pp.1539-1544，2013.9
19) コンクリートのひび割れ調査，補修・補強指針，コンクリート工学会，2013

付II-2　調査事例2　高炉セメントC種を使用した事務所ビル

1．構造物の概要

　当該建築物は付表II.2.1に示すように，1961年に竣工し事務所として現在も供用されており，高炉セメントC種を使用した現存する数少ないRC構造物である．建物の外観を付写真II.2.1に，また基準階平面図を付図II.2.1[1])に示す．構造物の特徴としては，外周にバルコニーがあり，東西妻側のバルコニーの中に壁を有する外部階段が設置されていることなどが挙げられる．

　竣工当時から材齢23年までは屋外面の全てが「打放し」であり，その年に一部を除き，合成樹脂クリア塗装が施されている．構造物の管理者によれば，その後，弾性塗膜を用いた仕上塗り材が施工され，何度かメンテナンスが実施されたようであり，現在では躯体全体に何らかの仕上材が施されている．

　コンクリートの調合条件およびコンクリートの標準養生した圧縮強度の測定記録を付表II.2.2に示す[1)]．混和剤は，AE剤のみが使用されている．設計基準強度は，当時でいう180 kgf/cm²であるが，1957年版のJASS 5では，調合強度は所要強度にバッチャープラントで＋25 kgf/cm²，現場プラントで＋35 kgf/cm²であることを考慮しても，十分に高い強度が材齢28日時点で発現していたことがわかる．

付表II.2.1　建築物概要[1)]

項　目	内　容
工事場所	福岡県北九州市
用　途	事務所
面　積	敷地面積：7 403 m²，延べ床面積：6 654 m²
構　造	鉄筋コンクリート造（F_c：180 kgf/cm²）
規　模	地下1階，地上6階
工　期	着工：1961年2月，竣工：1962年10月

付写真II.2.1　建築物外観[1)]

付表II.2.2　調合および圧縮強度試験結果[1)]

使用場所	Gmax (mm)	目標スランプ (cm)	s/a (%)	W/C (%)	単位量 (kg/m³)					圧縮強度 (kgf/cm²)		
					W	C	S	G	AE剤 (cc)	3 d	7 d	28 d
地階基礎	25	16	41	55.6	178	320	738	1 123	1 600	72	133	275
基　礎	25	14	38	59.4	190	320	638	1 112	2 000	61	118	254
地上部	25	16	41	58.3	175	300	748	1 138	1 500	65	123	263

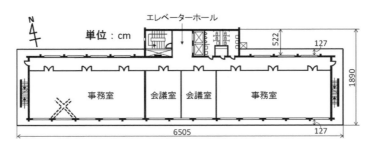

付図Ⅱ.2.1　1F平面図[1]

2. 調　査

2.1 調査概要

　当構造物は，材齢25年時に依田らにより圧縮強度や中性化深さ等の調査が実施されている[2]．混和材料を多量に用いたコンクリートの長期安定性に関する信頼性の高いデータを得ることを目的に，52年経過した時点で再度コアを採取し，材齢25年時との比較調査を実施している．コアは，25年時の調査箇所付近で行い，4階および5階の階段壁および妻壁（外壁）とし，それぞれの東側，西側において合計8本のコアを採取している．また，コア採取高さは床上から約1mとしている．採取位置の一例として，5階東側のコア採取位置を付図Ⅱ.2.2に示す．コア採取位置のバルコニー先端からの距離は，階段壁が約1.2m，外壁が約2.3mであり，外壁（5E-1）の方が雨がかりは少なく，また，階段壁（5E-2）の外側には雨がかりがあったが，内側にはほとんど雨はかからない状況であったと推測される．なお，構造物を目視調査した結果，鉄筋腐食によるひび割れは確認

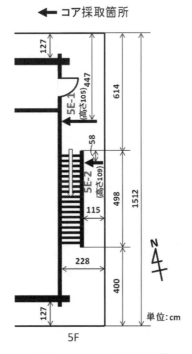

付図Ⅱ.2.2　コア採取箇所[1]

されておらず，健全な状態であった．

2.2 調査結果
2.2.1 力学的特性

コアの圧縮強度と静弾性係数の測定結果を付表II.2.3に示す．4階，5階の同一階での圧縮強度は，外壁と階段壁でほぼ同等であるが，4階と5階を比較すると，5階の強度がやや高い．付表II.2.1に示した地上部位の28日標準養生供試体の圧縮強度を100とした場合の材齢25年と材齢52年の強度比を付図II.2.3に示す．28日強度に対して，材齢25年で30％，52年で40％程度の強度増進が認められている．材齢25年から52年を見ても，10％程度強度は増大し，材齢52年までの範囲において，長期にわたって強度増進が継続することが確認されている．付図II.2.4に圧縮強度と静弾性係数との関係を示す．なお，図中には，本会「鉄筋コンクリート構造計算規準」の関係式が併せて示されている．コンクリートコアの圧縮強度と静弾性係数との関係は，同規準の式におおむね一致している．したがって，高炉セメントC種を用いたコンクリートの圧縮強度と静弾性係数との関係は，一般的なコンクリートとほぼ同等と考えられ，静弾性係数に影響する組織劣化等もないと判断される．

付表II.2.3　コアの圧縮強度および静弾性係数試験結果[1]

部材	階数/方位	記号	供試体密度 (kg/m³)	材齢25年[2] (a)圧縮強度 (N/mm²)	材齢52年 (b)圧縮強度 (N/mm²)	材齢52年 静弾性係数 (kN/mm²)	強度増減率 (b/a) (℃)
外壁	5階東	5E-1	2 334	39.6	44.5	33.4	112.2
	4階東	4E-1	2 268	36.2	31.5	28.3	87.1
	5階西	5W-1	2 290	29.0	38.7	31.2	133.3
	4階西	4W-1	2 330	33.4	36.9	26.5	110.4
階段壁	5階東	5E-2	2 364	38.0	42.7	35.0	112.4
	4階東	4E-2	2 276	24.6	30.6	22.3	124.6
	5階西	5W-2	2 312	29.6	39.2	32.4	132.5
	4階西	4W-2	2 306	39.4	38.7	23.5	98.2
平均	—	—	2 310	33.7	37.8	29.1	113.8

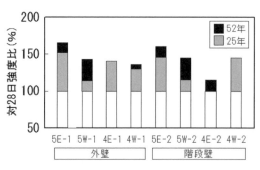

付図II.2.3　材齢28日標準養生圧縮強度に対するコアの強度比[1]

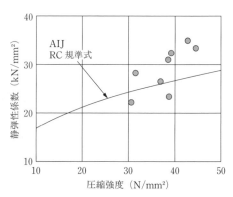

付図II.2.4　圧縮強度と静弾性係数の関係[1]

2.2.2 中性化深さ

中性化深さの測定結果を付表Ⅱ.2.4, Ⅱ.2.5にそれぞれ示す．中性化深さは4階，5階の差異や階段壁と外壁の差異は明確ではなく，圧縮強度の傾向とは異なった．一方で，階段壁の外側と内側の差異は明確で，外側の中性化深さが小さい．これは，雨がかりの有無によるものと推察され，ほとんど雨がかからない内側の中性化深さが大きくなっている．また，外壁については，バルコニー先端から2.3m程度の距離があり，ほとんど雨がかからなかったためと考えられる．依田らによる材齢25年での中性化深さと本調査での測定値を比較すると，材齢52年での中性化深さは材齢25年に比べて同等もしくは数ミリメートル程度小さい．この原因は明らかでないが，可能性としては，測定法の差異や仕上材塗布後の内部のpH分布の変化等が考えられる．仕上材の種類により中性化抑制効果は異なることが指摘されているが[3)]，普通ポルトランドセメントを用いたコンクリートの場合，厚さ100～300μm程度以上の塗膜で中性化の進行が抑制されることが報告されている[4)]．調査時の弾性塗膜の膜厚を測定した結果，外壁と階段壁外側で300～500μm，階段壁内側で100μm程度であったことから，高炉セメントC種の場合でも，塗膜により中性化の進行が抑制されたものと推測される．

付表Ⅱ.2.4 コアの中性化深さ測定結果[1)]

部材	階数/方位	記号	中性化深さ（mm）					
			材齢25年[2)]			材齢52年		
			最大	最少	平均	内側	外側	平均
外壁	5階東	5E-1	31.8	28.0	30.3	―	―	23.7
	4階東	4E-1	40.2	27.5	33.4	―	―	30.6
	5階西	5W-1	33.9	28.7	31.6	―	―	28.1
	4階西	4W-1	29.6	22.0	25.1	―	―	16.3
階段壁	5階東	5E-2	29.6	22.3	25.6	29.2	21.9	25.6
	4階東	4E-2	33.2	21.0	28.9	21.7	16.7	19.2
	5階西	5W-2	32.4	18.7	24.6	30.8	17.7	24.3
	4階西	4W-2	―	―	―	21.4	20.2	20.8

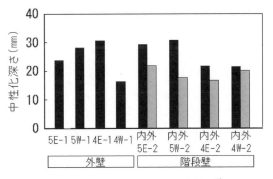

付図Ⅱ.2.5 中性化深さ測定結果[1)]

3. まとめ

高炉セメントC種を使用した建築構造物の躯体コンクリートの長期安定性を調査した結果を整理すると，以下のとおりである．

(1) 28日標準養生供試体に対して，コア強度は材齢25年で30％，52年で40％程度の強度増進が認められ，52年経過した時点でも設計基準強度を十分に確保している．また，圧縮強度と静弾性係数との関係は，本会「鉄筋コンクリート構造計算規準」の関係式とおおむね一致した．

(2) 中性化深さは，材齢52年でおおむね20〜30 mmの範囲にあり，材齢25年調査時に比べ中性化深さは同等もしくは若干小さい．これは，供用期間中に施された仕上材の影響によるものと推察される．

なお，詳細は，文献を参照されたい．

参考文献

1) 佐川孝広ほか：高炉セメントC種を用い52年経過した構造物の長期耐久性に関する研究，コンクリート工学論文集，Vol.28, pp.47-59, 2017
2) 依田彰彦，横室 隆：25年経た高炉セメントを用いたRC造建物の耐久性調査，セメント技術年報，No.41, pp.166-168, 1987
3) 長瀬公一ほか：躯体コンクリートの中性化抑制に寄与する各種仕上げ材の評価 その1－その8，日本建築学会大会学術講演梗概集，pp.1123-1138, 2007.7
4) 塚越雅幸，田中享二，陶 雪峰：屋外暴露環境下における塗膜防水材の中性化抑制効果－塗膜厚さの影響－，日本建築学会大会学術講演梗概集，pp.879-880, 2003.8

付II-3　高炉スラグ微粉末を大量に使用したコンクリートの性質と適用例

1．はじめに

本節では，高炉スラグ微粉末を主体に，混和材の使用率が本指針の範囲の上限である70％よりも大きい場合の事例について，文献1)から文献3)に掲載されたものを整理し，一部加筆する形で示す．なお，本文中で混合割合および置換率という用語を用いているが，ここでいう使用率である．

ここでは，まず，各種結合材の組合せおよび混合割合がフレッシュコンクリートの性状，強度性状および耐久性に及ぼす影響について実験的に検討した結果を示すとともに，低炭素型のコンクリートを使用したいくつかの適用事例について概要を紹介する．

2．実験概要[1]

本実験は，2つのフェーズに分けて実施した．フェーズⅠでは，各種結合材の組合せおよび結合材の混合割合が単位水量に及ぼす影響について検討した．具体的には，調合ごとに，単位結合材量（350 kg/m³），粗骨材かさ容積（0.580 m³/m³）および高性能AE減水剤の添加率を一定とし，目標スランプ（21 cm）が得られる所定の単位水量を検討した．フェーズⅡでは，フェーズⅠで決定した単位水量を用いて，調合ごとに，水結合材比（W/B）をパラメータとして，所定のスランプまたはスランプフローが得られるように，混和剤の添加量を調整した．なお，粗骨材かさ容積は，水結合材比ごとに設定した．

使用材料を付表II.3.1に示す．結合材は，普通ポルトランドセメント(C)をベースとし，その一部を高炉スラグ微粉末（BS），フライアッシュ（FA），ジルコニア起源シリカフューム（SF）で置き換えた．なお，使用材料は，SF以外はJISに規定されるものを使用した．

各フェーズの設定条件を付表II.3.2に，結合材の混合割合を付表II.3.3に示す．ここで，1成分

付表II.3.1　使用材料[1]

分　類		種　類
結合材(B)	セメント	普通ポルトランドセメント（C）　　（3.16 g/cm³）
	混和材	①高炉スラグ微粉末（BS）　　（2.89 g/cm³） ②フライアッシュⅡ種（FA）　　（2.17 g/cm³） ③シリカフューム（SF）　　（2.23 g/cm³）
水（W）		上水道水
細骨材（S）		木更津産陸砂　　（2.62 g/cm³）
粗骨材（G）		青梅産硬質砂岩砕石　　（2.64 g/cm³）
混和剤（Ad）		①高性能AE減水剤（SP）（ポリカルボン酸系） ②AE助剤（ロジンのカリウム塩系）

[注]　括弧は密度（骨材は表乾密度）を示す

付表II.3.2 設定条件[1]

項 目	設定条件	
	フェーズI	フェーズII
スランプまたはスランプフロー	21±2 cm	W/B 30％：60±10 cm W/B 37％：50±7.5 cm W/B 44％：21±2 cm
空気量	4.5±1.5％	4.5±1.5％
結合材量	350 kg/m³	—
単位水量	目標スランプが得られるように調整	フェーズIでの決定値
水結合材比	—	30, 37 および 44％
粗骨材かさ容積	0.58 m³/m³	W/B 30％：0.56 m³/m³ W/B 37％：0.57 m³/m³ W/B 44％：0.58 m³/m³
SPの添加率	B×0.7％	目標コンシステンシーが得られるように調整

付表II.3.3 結合材の混合割合[1]

No.	成分	結合材の混合割合（％）			
		C	BS	FA	SF
1	1	100	0	0	0
2	2	50	50	0	0
3	2	25	75	0	0
4	2	15	85	0	0
5	2	10	90	0	0
6	3	25	65	10	0
7	3	25	55	20	0
8	3	15	75	10	0
9	3	15	65	20	0
10	3	15	55	30	0
11	4	15	65	17.5	2.5
12	4	15	65	15	5

とはCを100％使用した場合を，2成分とはCの一部をBSで置換した場合を，3成分とは2成分にさらにFAを混合したものであり，4成分とは3成分にSFを混合した組合せである．

コンクリートの練混ぜは20℃の試験室で行い，容量60 l の水平二軸強制練りミキサーを用いて，

1バッチの練混ぜ量を40lとした．練混ぜ手順として，フェーズIでは，結合材および骨材を10秒間空練りした後，水と混和剤を加えて90秒間練り混ぜた．フェーズIIでは，フェーズIと同様に空練りした後，水結合材比ごとに練混ぜ時間を変えた（W/B 30％では120秒から150秒，W/B 37％および44％では90秒とした）．

試験項目として，フレッシュ性状は，スランプ（JIS A 1101），スランプフロー（JIS A 1150），空気量（JIS A 1128）およびコンクリート温度（JIS A 1156）の測定，硬化性状は，標準養生強度（JIS A 1108），長さ変化試験（JIS A 1129），促進中性化試験（JIS A 1153）および凍結融解試験（JIS A 1148）とし，フレッシュコンクリートの性状の測定は，練混ぜ5分後に行った．

3．実 験 結 果

3.1 フェーズI

各種結合材の置換率と単位水量の関係を付図II.3.1に示す．この結果から，BSおよびFAを用いた場合は，置換率の増加に伴い，おおむね線形的に単位水量が低減できることがわかる．ここで，単位水量の低減効果を検討するため，各混和材による単位水量の低減量から置換率1％に対する単位水量の低減効果を算出した結果を付表II.3.4に示す．BSを用いた場合は置換率1％で0.15 kg程度，FAを用いた場合は置換率1％で0.5 kg程度，それぞれ単位水量を低減でき，FAは，BSよりも単位水量低減の効果が大きい．ただし，FA置換率30％とした場合，単位水量を低減しても，目標とするスランプは得られるが，粘性が大きくなり，施工性の低下が認められた．なお，SFを用いた場合は，本実験の範囲では置換率1％で0.4から0.8 kgの水量を低減できるが，実験データが少ないので，データの蓄積を増やして検討する必要がある．

付表II.3.4 単位水量の低減効果[1]

No.	成分	結合材の混合割合（％）				W	低減量	低減効果
		C	BS	FA	SF			
1	1	100	0	0	0	160	—	—
2	2	50	50	0	0	152	8[1]	0.16
3		25	75	0	0	149	11[1]	0.15
4		15	85	0	0	147	13[1]	0.15
5		10	90	0	0	147	13[1]	0.14
6	3	25	65	10	0	144	5[2]	0.5
7		25	55	20	0	137	12[2]	0.6
8		15	75	10	0	144	3[3]	0.3
9		15	65	20	0	137	10[3]	0.5
10		15	55	30	0	132	15[3]	0.5
11	4	15	65	17.5	2.5	135	2[4]	0.8
12		15	65	15	5	135	2[4]	0.4

［注］ W：単位水量（kg/m³） 低減量（kg）：Wの低減量
低減効果：単位（kg/％）⇒Wの低減量（kg）/置換率（％）
1）No.1との比較，2）No.3との比較，3）No.4との比較，4）No.9との比較

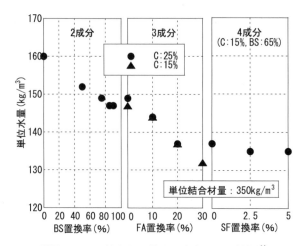

付図II.3.1　結合材置換率と単位水量の関係[1]

3.2　フェーズII

(1)　フレッシュコンクリートの性状

W/B 44％のスランプは 19.0〜22.5 cm，W/B 37％および W/B 30％のスランプフローは，42.5〜57.5 cm および 54.5〜69.0 cm の範囲にあり，それぞれ設定条件を満足し，また，空気量についても，4.0〜5.8％の範囲にあり，設定条件を満足する結果を示した．

(2)　圧縮強度

各種結合材の混合割合と 28 日標準養生強度の関係を付図II.3.2 に示す．

BS を用いた場合は，置換率の増加に伴い標準養生強度が低下した．特に，BS 置換率を 85％とした場合は，C 100％の 5〜6 割の強度を示した．また，FA を用いた場合は，セメントの混合割合，水結合材比にかかわらず，その置換率の増加に伴って標準養生強度は低下する傾向にあり，置換率 20％では，FA を用いない場合の 8〜9 割となった．一方，SF を用いた場合は，置換率による標準

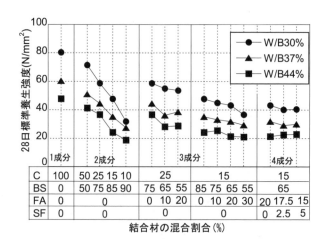

付図II.3.2　結合材の混合割合と 28 日標準養生強度の関係[1]

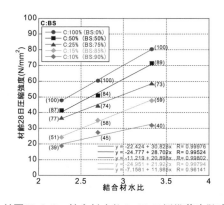

付図II.3.3 結合材水比と28日標準養生強度（2成分）[1]

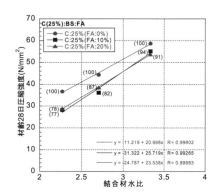

付図II.3.4 結合材水比と28日標準養生強度[1]（3成分：C 25%）

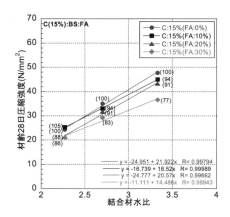

付図II.3.5 結合材水比と28日標準養生強度（3成分：C 15%）[1]

養生強度に差異は認められなかった．これは，高強度領域と異なり，微粒子を混合しても，一般的なマイクロフィラー効果による顕著な強度増進は得られにくいものと推察される．

結合材水比と28日標準養生強度の関係を調合ごとに整理し，付図II.3.3～3.5に示す．結合材の混合割合によらず，結合材水比の増加に伴い，28日標準養生強度は増加する傾向が認められた．2成分（CとBSの組合せ）では，BSの置換率の増加に伴い，その傾きは小さくなった．また，3成分（CとBSとFAの組合せ）は，Cの混合割合にかかわらず，FAの置換率10％および20％では，その傾きはほぼ同程度であるが，FA置換率30％になると，若干傾きが小さくなった．

(3) CO_2排出量

各調合について，付表II.3.5に示す値を用いてCO_2排出量を算出した〔付図II.3.6〕．この結果からわかるように，CO_2排出量に及ぼす要因としては，ポルトランドセメント量が支配的であり，ポルトランドセメント量の減少に伴ってCO_2排出量は大幅に低減する．また，C 100％のCO_2排出量は280～410 kg/m³であるが，C 15％以下では，いずれの水結合材比においても，72 kg/m³以下となり，調合条件によっては最小で39 kg/m³となることがわかる．一方，水結合材比が小さく，ポルトランドセメント量が多い領域ほど，CO_2排出量は顕著に変化するが，ポルトランドセメント量が少ない領

付表II.3.5 使用材料のCO_2排出量[1]

(単位:kg/t)

材料	CO_2排出量
ポルトランドセメント[1]	757.9
高炉スラグ微粉末[1]	24.1
フライアッシュ[1]	17.9
シリカフューム	17.9
水	0
細骨材[1]	3.5
粗骨材[1]	2.8
高性能AE減水剤[2]	200

[注] シリカフュームはフライアッシュと同値とし，水は0と仮定．

参考文献
1) 土木学会：コンクリートの環境負荷評価，コンクリート技術シリーズ，No.44, p.II-64, 2002
2) 日本建築学会：鉄筋コンクリート造建築物の環境配慮指針(案)・同解説, p.133, 2008

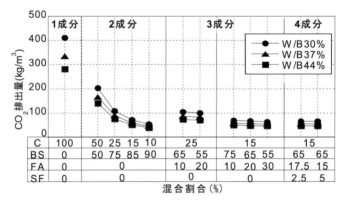

付図II.3.6 結合材の混合割合とCO_2排出量の関係[1]

域では緩慢になる．

(4) 乾燥収縮

W/B 37%における材齢と乾燥収縮率の関係を付図II.3.7に示す．乾燥から182日(6か月)後の乾燥収縮率は，混和材の混合割合を75%以上とした場合でも，結合材の組合せによらず $450 \sim 550 \times 10^{-6}$ となり，C100%と比較して，同等以下となった．これは，混和材で置換した調合によって単位水量が低減できたことが要因の1つである．

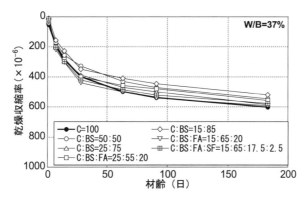

付図II.3.7 材齢と乾燥収縮率の関係[1]

(5) 中性化

　結合材の混合割合と促進中性化試験による中性化速度係数（13週）の関係を付図II.3.8に示す．混和材の種類に着目すると，中性化速度係数は，BSの混合割合の増加に伴い増大する傾向を示し，水結合材比が大きいものほど顕著になる（図中の2成分を参照のこと）．また，BSの一部をFAやSFに置換しても，中性化速度係数は同程度の値を示した．ただし，いずれの結合材の組合せにおいても，水結合材比の低下とともに中性化速度係数は減少する．ここで，前述したデータを28日標準養生強度と中性化速度係数（13週）の関係に整理した結果を付図II.3.9に示す．全体的な傾向としては，中性化速度係数と強度の間には高い相関が認められ，水結合材比を低減させ，緻密な組織を形成することで，中性化の進行を抑制できるといえる．また，中性化速度係数は，混和材の組合せにかかわらず，セメントの混合割合を指標として整理でき，セメントの混合割合が小さくなるほど，圧縮強度の増大による中性化速度係数の低減効果が大きくなる傾向にある．

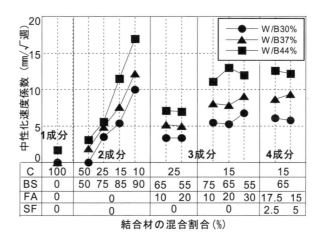

付図II.3.8 結合材の混合割合と中性化速度係数の関係[1]

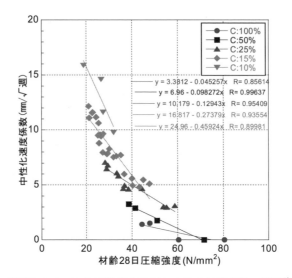

付図Ⅱ.3.9　28日標準養生強度と中性化速度係数の関係[1]

(6) 凍結融解抵抗性

　水結合材比37％での比較検討結果を付図Ⅱ.3.10に示す．結合材の種類および混合割合にかかわらず，凍結融解サイクルが増加しても相対動弾性係数の顕著な低下は認められず，300サイクル後の耐久性指数は，85％以上の値が得られた．したがって，限られたデータ数ではあるものの，セメントの混合割合を25％以下とした場合でも，十分な凍結融解抵抗性を有していると判断される．

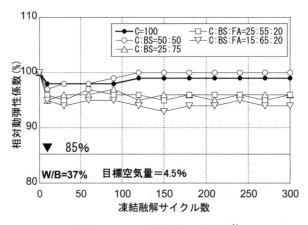

付図Ⅱ.3.10　凍結融解試験結果[1]

4．施工事例[1]

　実験的に適用した事例を4.1～4.3項に示し，これらのCO_2排出量に関して4.4項に示す．

4.1 外構立上り壁（事例1）

適用部位の概要および適用結果を付表II.3.6に示す．打設当日は，外気温度30℃で，場外運搬時間が最大90分という条件であったが，荷卸し時においても目標とするフレッシュコンクリートの性状が得られ，高い流動性を保持した状態で打込みが可能で，豆板などの不具合も見られなかった．

材齢28日標準養生強度は，1台目と2台目の平均値として43.9 N/mm²であり，設計基準強度を十分に満足した．なお，材齢91日標準養生強度は，材齢28日から8 N/mm²程度の強度増進が認められた．外構立上り壁の外観を付写真II.3.1に示す．打設から3年経過しているが，ひび割れの発生や表面の変状等は認められない．

付表II.3.6 適用部位の概要および適用結果（その1）[1]

適用部位	大林組技術研究所 新本館外構立上り壁		
規　模	32×1.35×0.19 m　打設量：8.2 m³		
設計基準強度	21 N/mm²		
打設時期	2010年8月		
材料構成	結合材の種類：4成分系 単位水量：140 kg/m³ 水結合材比：40.7 % 細骨材率：46.6 % 目標スランプ：21 cm 目標空気量：4.5 %		
レディーミクスト コンクリート工場	東京都F工場		
強度性状	材　齢	試験項目	強　度
	28日	標準養生強度（N/mm²）	43.9
		弾性係数（kN/mm²）	35.4
		割裂引張強度（N/mm²）	3.59
	56日	標準養生強度（N/mm²）	50.0
	91日	標準養生強度（N/mm²）	51.9

付写真II.3.1 外構立上り壁の外観[1]

4.2 研究施設ブロック（事例2）

適用部位の概要および適用結果を付表II.3.7に示す．荷卸し時点において，目標とするスランプフローおよび空気量を満足する結果であった．なお，60個のブロックの製造には60分程度の時間を要したが（出荷から打設終了まで150分程度），コンクリートは打設終了まで十分な流動性を保持した．また，型枠形状が比較的複雑であったが，十分な寸法精度を確保することができた．

圧縮強度については，設計基準強度40 N/mm²（封かん養生強度）としていたが，ブロックを養生・保管する室内の温度を20℃程度に保持することで，材齢7日の封緘養生強度として40.0 N/mm²を得ることができ，この時点で設計基準強度を満足した．なお，材齢28日封かん養生強度は，48.8 N/mm²であった．ブロックの外観を付写真II.3.2に示す．

付表II.3.7 適用部位の概要および適用結果（その2）

適用部位	大林組技術研究所 某実験棟耐震ブロック		
規 模	コンクリート製ブロック 300×250×200 mm　60個		
設計基準強度	40 N/mm²（現場封かん養生）		
打設時期	2010年12月		
材料構成	結合材の種類：4成分系 単位水量：140 kg/m³ 水結合材比：35.0 % 細骨材率：48.7 % 目標スランプフロー：50 cm 目標空気量：4.5 %		
レディーミクスト コンクリート工場	東京都F工場		
強度性状	材 齢	試験項目	強 度
	28日	標準養生強度（N/mm²）	58.2
		封かん養生強度（N/mm²）	48.8
		弾性係数（kN/mm²）	34.5
		割裂引張強度（N/mm²）	3.79

付写真II.3.2　ブロックの外観[1]

4.3 A現場仮設歩道（事例3）

適用部位の概要および適用結果を付表II.3.8に示す．打設時期が冬期で，荷卸し時のスランプ低下は2cm以下であり，目標スランプを十分満足した．ブリーディングが少ないため，一般的な高強度コンクリートのように，内部はまだ軟らかい状態であるが，表層部の硬化は比較的速いため，こて仕上げする際には，被膜養生剤を併用して仕上げを行なった．なお，圧縮強度は，材齢28日で46.8 N/mm²であった．歩道の外観を付写真II.3.3に示す．

付表II.3.8 適用部位の概要および適用結果（その3）[1]

適用部位	A現場仮設歩道	
規　模	40×2×0.2m　打設量：16 m³	
設計基準強度	—	
打設時期	2011年2月	
材料構成	結合材の種類：3成分系 単位水量：140 kg/m³ 水結合材比：39.5 % 細骨材率：48.4 % 目標スランプ：21 cm 目標空気量：4.5 %	
レディーミクストコンクリート工場	東京都O工場	
強度性状	材　齢	試験項目	強　度
	28日	標準養生強度（N/mm²）	46.8

付写真II.3.3 適用した歩道の外観[1]

付表II.3.9 CO_2排出量と削減率[1]

適用事例	CO_2排出量（kg/m³）		削減率（%）
	低炭素型のコンクリート	普通コンクリート	
1	52.3	281.2[1]	81.4
2	59.6	324.2[2]	81.6
3	53.6	303.4[3]	82.3

［注］ 1）呼び強度36の調合より算出
　　　2）呼び強度45の調合より算出
　　　3）呼び強度39の調合より算出

4.4 CO_2排出量

これらの試験施工事例3件について，CO_2排出量と削減率を算出した結果を付表II.3.9に示す．なお，削減率の算出は，適用した低炭素型のコンクリートの28日標準養生強度と同一強度の普通コンクリートの調合からCO_2排出量を算出し，これを基準とした．いずれの事例においても，低炭素型のコンクリートのCO_2排出量は，同一強度の普通コンクリートに比べて，80%以上の削減率が得られた．

5. 実施工事例

建築物に適用した事例を示す．

5.1 複合ビルでの適用[2]

(1) 建物概要

建物の概要は，店舗・事務所で構成された鉄骨造（一部鉄骨鉄筋コンクリート造）の物件である．建物の外観を付写真II.3.4に，建物概要を付表II.3.10に示す．

付写真II.3.4 建物外観[2]

付表II.3.10 建物概要[2]

項　目	内　容
主要用途	店舗・事務所
面　積	建築面積：2 084 m² 延べ床面積：14 149 m²
構　造	鉄骨造（一部鉄骨鉄筋コンクリート造）
規　模	地上9階，地下2階，塔屋1階
最高高さ	GL+45 m
杭・基礎	直接基礎
工　期	2011年4月～2013年3月

(2) 事前検討

前章で基礎的な性状について述べているが，適用にあたっては，これらの結果を踏まえ，市中のレディーミクストコンクリート工場において，室内試験練りおよび実機試験練りを行い，最適な単位水量の把握，フレッシュ性状および構造体強度補正値を含むコンクリートの強度発現性の確認を複数回にわたって実施した．また，併せて実大施工実験により，ポンプ圧送性や実大部材での打設・充填性などを事前に検討した．付表II.3.11には，打設に至るまでの検討工程とその内容を示す．

打設時期を考慮して11月（標準期）と2月（冬期）に実機試験練りを実施した（結合材に対するポルトランドセメントの混合割合：15 %，水結合材比：3種類）．製造量は1調合あたり3 m³を基本とし，構造体コンクリート強度は，模擬部材を作製し，各材齢にコアを採取し，その強度により確認を行った．模擬部材の打設状況を付写真II.3.5に示す．

付表Ⅱ.3.11　事前の検討工程と内容[2]

実施時期	項　目	内　　容
2010.10	室内試験	・最適単位水量の把握 ・フレッシュ性状の確認 ・標準養生強度の確認
2010.11	実機試験 (標準期)	・製造性の確認 ・フレッシュ性状の確認 ・沈降量，ブリーディング量の確認 ・標準養生強度の確認 ・コア強度（構造体強度補正値）の確認 ・温度履歴の確認 ・耐久性の確認
2011.1	室内試験	・最適単位水量の把握 ・フレッシュ性状の確認 ・標準養生強度の確認
2011.2	施工性の確認	・仮設歩道の打設による施工性の確認 ・製造安定性の確認
2011.2	実機試験 (冬期)	・製造安定性の確認 ・フレッシュ性状の確認 ・標準養生強度の確認 ・コア強度（構造体強度補正値）の確認 ・簡易断熱養生強度の確認 ・温度履歴の確認
2011.6 2011.7	実大施工実験	・製造安定性の確認 ・フレッシュ性状の確認 ・ポンプ圧送性の確認 ・実大部材による施工性の確認 ・打継ぎ性の確認 ・仕上げ性の確認 ・充填性の確認
2011.10	施工性の確認	・捨てコン打設による施工性の確認 ・製造安定性の確認
2011.10	実機試験	・フレッシュ性状の確認 　(混和剤添加量の確認)

付写真Ⅱ.3.5　模擬部材の打設状況[2]

(a)　コンクリート強度の確認

　結合材水比と28日標準養生強度の関係を付図Ⅱ.3.11に，91日コア強度と構造体強度補正値（$_{28}S_{91}$）の関係を付図Ⅱ.3.12に示す．28日標準養生強度は，結合材水比の増加に伴って増大する傾向にあり，標準期と冬期の2回にわたって実機試験を行ったが，いずれもほぼ同様の強度が得られている．また，構造体強度補正値については，冬期よりも標準期の方が大きくなる傾向にあり，91日コア強度の増加に伴って構造体強度補正値は大きくなる傾向を示した．なお，本プロジェクトは，設計基準強度（F_c）が27 N/mm²である．設計基準強度を91日コア強度と考えると，いずれの季節においても構造体強度補正値は負の値となるため，0として調合強度を算出した．

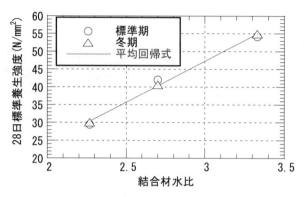

付図Ⅱ.3.11 結合材水比と28日標準養生強度の関係[2]

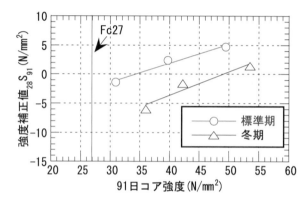

付図Ⅱ.3.12 91日コア強度と構造体強度補正値の関係[2]

(b) 実大施工実験

　ポンプ圧送性，実大部材による施工性および部材への充填性を確認するため，実大施工実験を実施した．実大施工実験の状況および部材の外観を付写真Ⅱ.3.6，Ⅱ.3.7に示す．ポンプ圧送性（141.6 m）は，高速で圧送した場合やベント管・テーパ管を含む部分を圧送した場合は，設計基準強度60 N/mm²級の高強度コンクリートを圧送した場合と同程度の管内圧力損失を示した．また，打設・締固めについては，前述したようにコンクリートの粘性が高いため，バイブレーターの引抜き時や床スラブの均し作業に多少の労力を要するが，一般に使用する普通コンクリートと同様の施工が可能であることを確認した．充填性については，打設した壁付き柱部材をワイヤーソーで切断し，充填状況を確認した．その結果，目視で確認できる空隙や豆板などの不具合はなく，良好な充填性を確認した〔付写真Ⅱ.3.8〕．

付写真II.3.6 実大施工実験の状況[2)]

付写真II.3.7 柱壁梁部材の外観[2)]

付写真II.3.8 柱部材の充填状況[2)]

(3) 施工

事前検討を踏まえ，建築構造物の地下躯体の約 4 900 m³ に適用した．なお，打設期間は，2011 年 10 月下旬から 2012 年 2 月中旬までであった．

(a) コンクリートの概要

結合材は，普通ポルトランドセメント，高炉スラグ微粉末（4 000 ブレーン）およびフライアッシュ（II種）を使用し，3成分の構成とした．また，調合計画では，結合材に対する普通ポルトランドセメントの混合割合を 15 %とし，単位水量は 140 kg/m³ と施工できる範囲で可能な限り低減させ，スランプおよび空気量の目標値は，21 cm および 4.5 %とした．

コンクリートの製造は，東京都内のレディーミクストコンクリート工場で実施し，練混ぜ時間は，3種類の結合材を使用しているため，安全を考慮して1バッチあたり60秒とした．アジテータ車1台あたりの積載量は 4.25 m³ とし，現場までの運搬時間は約60分であった．なお，材料に起因するコンクリートの CO_2 排出量は 53.5 kg/m³ となり，同一の設計基準強度で，セメントを 100 %使用した通常のコンクリートと比較すると，CO_2 排出量の低減率としては 80 %であった．

品質管理としての試験項目は，分離性状，スランプ，空気量，コンクリート温度，単位容積質量，塩化物量，単位水量および圧縮強度とした．スランプおよび空気量の測定頻度は，混和材を高含有したコンクリートであるため，通常より頻度を高め，品質が安定していることを確認しながら，徐々に頻度を減らす計画とした．調合計画，製造計画および品質管理計画を付表 II.3.12～II.3.14 に示す．

付表II.3.12 調合計画[2]

F_c (N/mm²)	OPCの混合割合 (%)	単位水量 (kg/m³)	スランプ (cm)	空気量 (%)
27	15	140	21	4.5

付表II.3.13 製造計画[2]

項目	内容
製造工場	都内のレディーミクストコンクリート工場
製造量	4.25 m³/1台 (平均35 m³/h)
製造時間	60秒/1バッチ
運搬時間	約60分

付表II.3.14 品質管理計画[2]

試験項目	頻度	
	出荷時	荷卸時
分離性状	全アジテータ車	
スランプ	フェーズ1:1, 2, 3, 6, 9…(@3台) フェーズ2:1, 2, 3, 8, 13…(@5台) フェーズ3:1, 2, 3と50 m³以内に1回	
空気量	同 上	
コンクリート温度	同 上	
単位容積質量	同 上	—
塩化物量	—	1回以上/日
単位水量	1回以上/日	—
圧縮強度	○	○

(b) 適用結果

コンクリートの打設は,ポンプ車(理論最大吐出量:160 m³/hr,理論最大吐出圧:8.5 MPa)のブームにより行なった.適用期間における平均打設量は200 m³/日程度であり,最大427 m³/日であった.フレッシュ性状,打設状況および打設後の仕上り状況を付写真II.3.9〜II.3.11に示す.このコンクリートの特性上,ブリーディングが少ないため,乾燥による初期のプラスチック収縮ひび割れが発生する可能性があること,また,コンクリートの粘性がやや高いため,均しおよび押え作業に時間を要することを考慮して,表面養生剤をコンクリート表面に塗布することで,水分の蒸発の抑制と作業効率の向上を両立させた.

適用部位の概要および適用結果を付表Ⅱ.3.15に示す．また，スランプの変動を付図Ⅱ.3.13に示す．運搬時間や外気温によって異なるが，出荷時のスランプを23～25 cmの間で管理することで，荷卸時のスランプは21から23 cm程度になり，スランプロスは2 cm程度であった．なお，高性能AE減水剤の添加率は，全適用期間を通じて0.95から1.1％（結合材×％）であった．

空気量の変動を付図Ⅱ.3.14に示す．副産物であるフライアッシュの使用による空気量の変動が懸念されたが，結果としてはすべて規定値内にあり，空気量のロスは概ね1％以下であり，通常のコンクリートと同程度であった．

28日標準養生強度の変動を付図Ⅱ.3.15に示す．いずれも設計基準強度（27 N/mm²）を満足しており，平均強度（全ロット）は33.1 N/mm²となり，目標とする調合強度とほぼ同程度であった．

1月および2月は，都内でも外気温が氷点下になることもあり非常に寒く，使用したコンクリートの発熱量が非常に少ないため，初期の養生が重要であるとの認識から，養生シートを用いて養生を行った．このことが，強度発現性および耐久性に効果があったと考えている〔付写真Ⅱ.3.12〕．

付写真Ⅱ.3.9　フレッシュコンクリートの性状[2]

付写真Ⅱ.3.10　打設状況[2]

付写真Ⅱ.3.11　打設後の仕上り状況[2]

付写真Ⅱ.3.12　養生状況[2]

付表II.3.15 適用部位の概要および適用結果[2]

適用部位	地下躯体
規　模	4 900 m³
設計基準強度	27 N/mm²
打設時期	2011年10月～2012年2月
材料構成	結合材の種類：3成分系 単位水量：140 kg/m³ 水結合材比：39.8％ 細骨材率： 目標スランプ：21 cm 目標空気量：4.5％
レディーミクスト コンクリート工場	東京都O工場
強度性状	材齢／試験項目／強度 28日／標準養生強度(N/mm²)／33.1（平均）

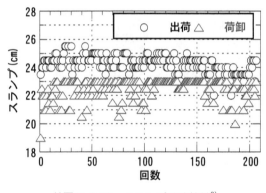

付図II.3.13 スランプ試験結果[2]

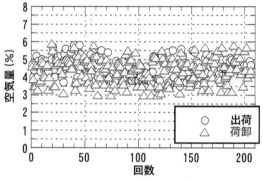

付図II.3.14 空気量試験結果[2]

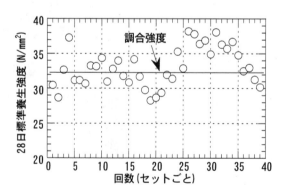

付図II.3.15 圧縮強度試験結果[2]

5.2 研究施設での適用[3]

(1) 建物概要

本建物は，鉄骨造（基礎：鉄筋コンクリート造），地上2階で，建築面積が3508 m²，延べ床面積が5211 m²の研究施設である．建物の外観を付写真II.3.13に，建物概要を付表II.3.16に示す．当プロジェクトの設計コンセプトの一つである「地球環境・周辺環境に配慮」に基づき，高炉スラグ微粉末などの混和材を高含有したコンクリートを基礎・地中梁などに適用（約1200 m³）した．

(2) コンクリートの概要

セメントは，強度発現性および中性化抵抗性を考慮して早強ポルトランドセメントを使用した．また，混和材は，高炉スラグ微粉末およびフライアッシュを使用し，3成分で結合材を構成した．調合計画としては，CO_2排出量の削減効果をより顕著にするため，結合材に対するセメントの混合割合を15%とし，混和材の混合割合を85%としている．また，単位水量は，施工性を考慮して155 kg/m³としている．なお，スランプおよび空気量の目標値は，21 cmおよび4.5%とした．使用材料および調合計画を付表II.3.17，II.3.18に示す．

付写真II.3.13　建物外観[3]

付表II.3.16　建物概要[3]

項　目	内　容
工事名称	技術研究所整備計画
工事場所	東京都清瀬市
主要用途	研究所（実験棟）
面　積	建築面積：3508 m²　延べ床面積：5211 m²
構　造	鉄骨造（基礎：鉄筋コンクリート造）
規　模	地上2階
設　計	大林組
施　工	大林組
工　期	2013年5月〜2014年1月

付表II.3.17 使用材料[3]

分類		種類
結合材	セメント	早強ポルトランドセメント（HC）
	混和材	①高炉スラグ微粉末（4 000）せっこう内添型
		②フライアッシュ（II種）
細骨材		①砂岩砕砂，②混合砂　①：②＝70：30
粗骨材		硬質砂岩砕石
混和剤		①高性能 AE 減水剤　②AE 助剤

付表II.3.18 調合計画[3]

F_c (N/mm²)	HCの混合割合 (%)	単位水量 (kg/m³)	スランプ (cm)	空気量 (%)
27	15	155	21	4.5

付表II.3.19 強度試験結果[3]

養生条件	材齢（日）						
	1	2	3	7	10	22	28
現場封かん	0.6	9.6	15.2	24.3	28.1	37.3	40.8
現場水中	—	8.8	15.4	24.8	27.3	35.1	36
標準	—	—	14.6	25.2	—	33.8	37

　コンクリートの製造は，埼玉県内のレディーミクストコンクリート工場において実施した．練混ぜ時間はこれまでの実績を考慮し1バッチあたり50秒とした．アジテータ車1台あたりの積載量は3～4.5 m³とし，現場までの運搬時間は約45分であった．なお，材料に起因するコンクリートのCO_2排出量は55.8 kg/m³である．ここで，4月中旬に実施した事前の強度確認試験の結果を付表II.3.19に示す．打設温度は20～21℃で，平均養生温度(材齢28日までの期間)は，現場封かん養生で17.8℃，現場水中で19.3℃，標準養生が20℃であった．この結果から，2日で8 N/mm²以上の強度が得られている．また，構造体強度補正値については，事前に模擬部材(1 000×1 000×1 000 mm) による実験により設定した．実験状況を付写真II.3.14に示す．

付写真Ⅱ.3.14　模擬部材の作製状況[3]

(3) 施工状況

コンクリートの打設は，ポンプ車のブーム（一部配管）により行い，配車の関係から平均打設速度は 25 m³/時間であり，打設量は最大 200 m³/日であった．また，打設担当者に確認したところ，粘性が低減しているとのヒアリング結果を得ている．これは，材料の影響もあるが，単位水量を増加したことによるものと考えられる．打込み状況を付写真Ⅱ.3.15に示す．また，打設後の養生については，散水後に養生マットを使用して 7 日以上養生を実施した〔付写真Ⅱ.3.16〕．

付写真Ⅱ.3.15　打込み状況[3]

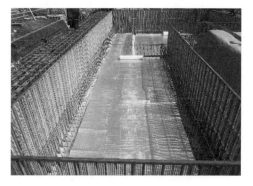

付写真Ⅱ.3.16　養生状況[3]

(4) 品質管理状況

製造安定性を確認する意味とデータの蓄積を目的に，通常よりも品質管理の頻度を高めた管理とした．コンクリートのフレッシュ性状として，スランプおよび空気量の変動を付図Ⅱ.3.16，Ⅱ.3.17に示す．この結果から，目標スランプ 21 cm に対して，すべて規定を満足しており，具体的には 21～23 cm の範囲に概ね分布している．なお，運搬によるスランプの低下は 1.5 cm 程度であった（場外運搬時間　45分）．一方，空気量についても，すべて規定値を満足しており，4.5％を中心に分布している．なお，高性能 AE 減水剤の添加率は 1.2～1.3％（主に 1.25％），AE 助剤は 15 A～20 A（主に 20 A）であった．

強度試験結果を付図Ⅱ.3.18に示す．強度に関しては，材齢 28 日で調合管理強度をすべて満足し

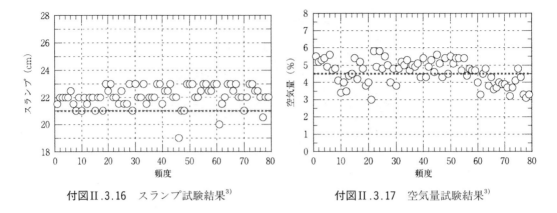

付図II.3.16　スランプ試験結果[3]　　　　付図II.3.17　空気量試験結果[3]

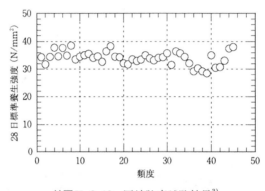

付図II.3.18　圧縮強度試験結果[3]

ている．また，設定した調合強度と平均値は同程度であり，標準偏差は 2.4 N/mm² で安定した結果であった．

6．まとめ

本節では，まず，高炉スラグ微粉末やフライアッシュなどの混和材を大量使用したコンクリートについて，そのフレッシュ性状，強度性状および耐久性などの各種性状を示し，続いて試験施工，実施工を行った結果について紹介した．実験および施工を通じて得られた結果をまとめると，次のとおりである．

(1) 混和材（高炉スラグ微粉末およびフライアッシュ）の置換率の増加に伴って，単位水量は線形的に低減することができ，その低減効果は，高炉スラグ微粉末よりもフライアッシュの方が大きい．

(2) 混和材を大量使用した場合でも，結合材水比と標準養生強度の関係は線形で近似できる．

(3) セメントの使用率を 30 ％以下とした場合でも，適切な水結合材比を設定することで，所要の強度発現を確保して，CO_2 排出量を低減できる．

(4) 中性化速度係数は強度と高い相関性がある．中性化の進行は，強度を高めることで抑制できる．

(5) 乾燥収縮および凍結融解抵抗性は，同一の水結合材比で比較した結果，結合材として普通ポルトランドセメントのみを使用した場合と同等の結果が得られた．

(6) 適用事例を基に CO_2 排出量を算出した結果，同一強度の普通コンクリートに対して，最大 80 ％までの CO_2 排出量を削減できる．

今回検討したコンクリートは，低炭素という環境側面のほか，ポルトランドセメント量が少ないことに起因し，通常のコンクリートに比べて温度上昇量が少ない．このため，マッシブな部材への適用が特に有効であると考えられる．

参考文献

1) 小林利充，溝渕麻子，近松竜一，一瀬賢一：低炭素型のコンクリート「クリーンクリート TM」の開発，大林組技術研究所報，No.75，pp.1-8，2011
2) 森田康夫，浅岡泰彦，小林利充，一瀬賢一：環境配慮型のコンクリートの建築構造物への適用，コンクリート工学，Vol.51，No.7，pp.584-589，2013.7
3) 小林利充，一瀬賢一：高炉スラグ微粉末を主体とした環境配慮型のコンクリートの建築構造物への適用，コンクリート工学，Vol.52，No.5，pp.420-425，2014.5

付II-4　高炉セメントC種相当のコンクリートの性質と適用例

1　はじめに

本稿では，高炉スラグ微粉末の使用率が60～70％の範囲（高炉セメントC種相当）の場合の事例について，文献に示された内容に一部加筆して示す．ここで示されている結合材は，高炉セメントC種規格に適合する改良型高炉セメントC種（以下，改良型BCという）であり，開発の状況[1]，実用化の取組み[2]などが報告されている．ここでは，改良型BCを使用したコンクリートの基礎的性状および施工事例について紹介する．

2　改良型BCの概要

改良型BCは，特に部材断面の大きい地下躯体コンクリートの使用に適した特性を有する低発熱・低環境負荷セメントとして開発された．高炉スラグ微粉末4 000の使用率が60～70％程度，普通ポルトランドセメントを30％程度含有し，高炉セメントC種のJISに適合するセメントである．付写真II.4.1に改良型BCと改良型BCを用いた構造体の例を示す．また，付図II.4.1に改良型BCの基本構成とCO_2排出量の例を示す．改良型BCは，従来の普通ポルトランドセメント（以下，Nという）と比べて約65％，高炉セメントB種（以下，BBという）と比べて約45％のCO_2削減が期待できる．

性能面では，JIS R 5211の高炉セメントC種の範囲内で，カルシウム系添加材としてせっこうを添加しており，強度性状や収縮性能を改善し，高炉セメントのひび割れ抵抗性を向上させている．

改良型BCは，高炉スラグ微粉末の使用率が60～70％であること，およびセメント中のSO_3量を高めることにより，初期強度を向上できること〔付図II.4.2〕，水和熱が小さいこと〔付図II.4.3〕，収縮ひずみを低減できること〔付図II.4.4〕などの諸物性を確認している．マスコンクリート部材の温度上昇を抑制できる効果や，収縮ひび割れの抑制効果が期待できる．

また，近年，高炉スラグ高含有セメント用に適した化学混和剤が開発され[6]，従来の普通セメント

付写真II.4.1　改良型BCと改良型BCを用いた構造体の例

付II-4 高炉セメントC種相当のコンクリートの性質と適用例 —237—

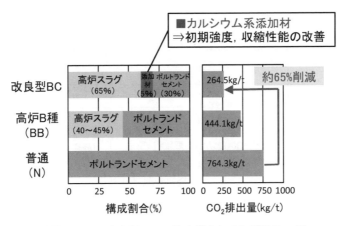

付図II.4.1 改良型BCの基本構成とCO₂原単位の例

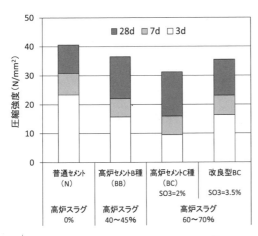

付図II.4.2 圧縮強度特性の一例[3]

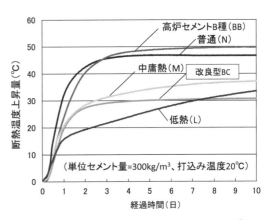

付図II.4.3 断熱温度上昇測定結果の一例[4]

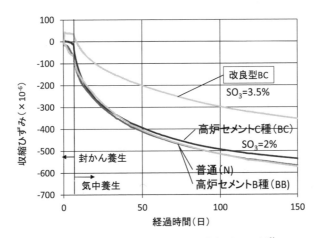

付図II.4.4 自由収縮ひずみ測定結果の一例[3]

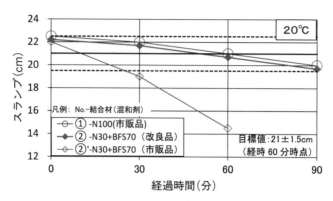

付図Ⅱ.4.5　スランプの経時変化の例[5]

用の市販品と比べて経時によるスランプの低下を改善している〔付図Ⅱ.4.5〕．改良型BCを用いたコンクリートには，このような流動性の保持を改善した化学混和剤を用いることを基本としている．

3　実施工事例

改良型BCのコンクリートを使用した実施工事例として，基礎耐圧盤に使用した例[7]，場所打ち杭に使用した例[8]，仮設コア壁に使用した例[9]が報告されている．ここでは，事例1（基礎耐圧盤に使用したケース），事例2（場所打ち杭に使用したケース）について概要を記す．

3.1　実施工事例1（基礎耐圧盤）

高炉セメントC種に適合する改良型BCを基礎耐圧盤に適用した実施工事例[7]を記す．建物概要を付表Ⅱ.4.1に示す．適用部位は，RC造の医療施設の耐圧盤の一部であり，10月の標準期に約950 m³の改良型BCを用いたコンクリートを打ち込んでいる．改良型BCは密度2.97 g/cm²，比表面積4 060 cm²/gであり，高炉スラグ微粉末を65％程度使用している．また，化学混和剤は，高炉スラグが高含有した場合の運搬時のスランプの低下を抑制するために改良されたAE減水剤を使用している．

コンクリート調合を付表Ⅱ.4.2に示す．設計基準強度（F_c）は30（N/mm²）に対して，実験により定めた出荷工場の構造体強度補正値（$_{28}S_{91}$）の6（N/mm²）を加えて呼び強度36と設定している．W/Cは46.0（％），単位水量（W）は176（kg/m³）である．目標スランプは15 cm，空気量は4.5％としている．

付表Ⅱ.4.1　適用概要

種別	項目	内容
建物	用途	医療施設（大阪府内）
	構造	RC造，一部S造
	規模	地下2階，地上13階，塔屋2階
適用部位	部位	耐圧盤の一部（約950 m³）
	施工時期	10月初旬

付表II.4.2 コンクリートの調合

調合条件					単位量 (kg/m³)					
F_c (N/mm²)	SL (cm)	Air (%)	W/C (%)	s/a (%)	W	C	S1	S2	G	Ad
30	15	4.5	46.0	44.2	176	383	228	517	951	3.06

付表II.4.3 受入検査試験結果

項目		管理値	平均	N数	最大値	最小値	標準偏差
スランプ (cm)		15±2.5	15.2	21	17.5	12.5	1.69
空気量 (%)		4.5±1.5	4.2	21	5.7	3.1	0.59
圧縮強度 (N/mm²)	標準養生28日	36以上	44.3	21	46.0	40.9	1.51
	現場封かん養生91日	30以上	44.3	21	48.5	39.3	2.42

　実工事の受入検査試験結果を付表II.4.3に示す．150m³ごとに各3回×7ロットの計21回の試験を実施し，フレッシュ性状は管理値を満足し，おおむね安定したコンクリートが供給されている．スランプ試験状況を付写真II.4.2，耐圧盤の打設状況を付写真II.4.3，コンクリートの流動状況を付写真II.4.4に示す．コンクリートポンプ車による圧送打込みは，通常のコンクリート同様に施工

付写真II.4.2 スランプ試験状況

付写真II.4.3 耐圧盤の打設状況

付写真II.4.4 コンクリートの流動状況

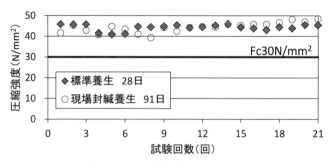

付図II.4.6 圧縮強度試験結果

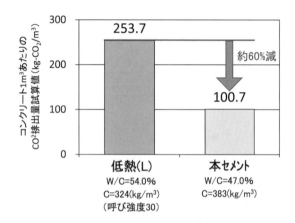

付図II.4.7 CO_2排出量の試算結果

ができ，翌朝の硬化性状もひび割れなどの変状は生じていなかった．

圧縮強度試験結果を付図II.4.6に示す．材齢28日の標準養生圧縮強度は平均44.3 N/mm²（標準偏差：1.51 N/mm²）で呼び強度36を十分に満足した．また，構造体強度の管理用として採取した材齢91日の現場封かん養生の強度は同じく平均44.3 N/mm²であり，設計基準強度＋3 N/mm²を十分に満足した．

コンクリート1 m³あたりの材料由来のCO_2排出量の試算結果を付図II.4.7に示す．耐圧盤に通常使用される予定であった低熱セメントコンクリートと比較して，改良型BCを用いたコンクリートのCO_2排出量は約60％程度低減できると試算された．

3.2 実施工事例2（場所打ち杭）

高炉セメントC種相当のコンクリートの適用が向いた部位としては，場所打ち杭が挙げられる．場所打ち杭は，地中の水中もしくは高い湿度環境下にあることから，中性化が進行しにくく，通常の鉄筋コンクリート構造物のように型枠脱型を考慮することが不要であるためである．また，高炉セメントや高炉スラグ微粉末を用いた結合材を用いることで，塩化物イオン侵入抵抗性や酸劣化・硫酸塩劣化などの化学抵抗性が向上することから，海水，温泉地帯や下水道などの地下劣化環境に対して耐久性の向上が期待できる部位である．

実工事に採用するにあたって，改良型 BC のコンクリートの場所打ち杭への適用検討として実大杭施工試験[10]を実施し，トレミー管を用いたコンクリートの施工性，硬化後の圧縮強度特性，杭体掘出し後の外観，かぶりコンクリート部充填状況，コア強度などの品質を確認している．杭体の掘出し状況を付写真Ⅱ.4.5に，切断後の断面を付写真Ⅱ.4.6に示す．前述の高炉スラグが高含有した場合の運搬時のスランプの低下を抑制するために改良された AE 減水剤を使用しており，かぶり部分の隅々まで密実に充填していることを確認している．場所打ち杭コンクリートに適用した例[8]について，杭工事概要を付表Ⅱ.4.4に，場所打ち杭コンクリート打設の概要を付図Ⅱ.4.8に示す．適用した建築物はオフィスビル(規模：地下5F，地上29F，構造種別：RC 造，S 造，SRC 造)であり，場所打ち杭全 123 本のうち，拡底杭にあたる 27 本に約 2 000 m³ 適用した．施工時期は 5 月下旬～10 月下旬の標準期から夏期にわたる期間であった．場所打ち杭は軸部径 2.3～2.6 m (拡底部 2.8～2.9 m)，杭長 6.0～20.0 m であり，杭天端は地上構台上から約 34 m 下，施工地盤から 21 m 下であった．ポンプ車からの圧送により 2 本のトレミー管によって打ち込んでいる．杭コンクリートは，設計基準強度 30 N/mm² に対して呼び強度 33，スランプ 21 cm，空気量 4.5 % の目標値とした．結合材は，普通セメントと高炉スラグ微粉末 4 000 を 30：70 の質量比で混合して用いた．夏期期間は水結合材比を 2 % 小さくしている．

付写真Ⅱ.4.5 杭体の掘出し状況

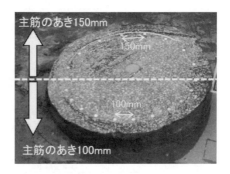

付写真Ⅱ.4.6 切断後の断面

付表Ⅱ.4.4 杭工事概要

種別	項目	概要
概要	杭工事期間	5 月下旬～10 月下旬
	適用部位	場所打ち杭（拡底杭のみ 27 本）
	適用コンクリート量	約 2 000 m³
杭	杭実長	最大 20.0 m，最小 6.0 m
	軸部杭径	最大 ϕ 2.6 m，最小 ϕ 2.3 m
	拡底径	最大 ϕ 3.9 m，最小 ϕ 2.8 m
	杭1本あたりのコンクリート量	最大 152（m³/本），最小 33（m³/本）
コンクリート	結合材	普通セメント 30 % ＋高炉スラグ微粉末 70 %
	設計基準強度（F_c）	30 N/mm²
	目標値	スランプ 21 cm，空気量 4.5 %

実施工時のスランプの形状を付写真II.4.7，スランプの試験結果を付図II.4.9に，空気量の試験結果を付図II.4.10に示す．全適用期間のスランプは平均21.4 cm（標準偏差0.72 cm），空気量は平均4.34 %（標準偏差0.61 %）であり，ばらつきは小さく，目標管理値内を満足した．また，工場出荷から施工現場までの運搬時間の平均は41分であり，運搬中のスランプの低下は平均0.60 cm，空気量の減少量は平均0.61 %と小さかった．このように，急激なスランプや空気量の低下はなく，全期間にわたって安定したフレッシュ性状のコンクリートが供給されている．

受入検査の材齢28日標準養生の圧縮強度試験結果を付図II.4.11に示す．杭1本ごとにフレッシュ試験3回の検査から圧縮強度用供試体1本ずつ採取しており，3本の平均値を記している．夏期は平均 $46.8\,\text{N/mm}^2$（$\sigma=1.94\,\text{N/mm}^2$），標準期は平均 $44.1\,\text{N/mm}^2$（$\sigma=2.17\,\text{N/mm}^2$）であり，呼び強度33に対して十分な圧縮強度であった．

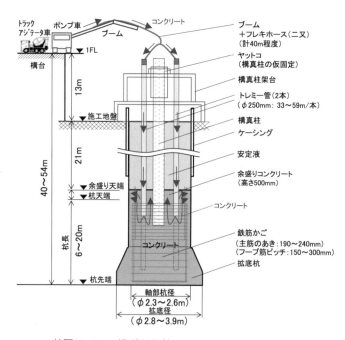

付図II.4.8 場所打ち杭コンクリート打設の概要

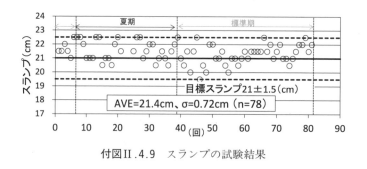

付図II.4.9 スランプの試験結果

場所打ち杭の打設状況を付写真II.4.8に示す．コンクリートは良好なフレッシュ性状を示し，最大59mほどのトレミー管を使用した場所打ち杭コンクリートの打込みを，通常のコンクリート同様の施工管理と手順で実施できた．

コンクリート1m³あたりのCO_2排出量の試算結果を付図II.4.12に示す．同じ呼び強度33の普通セメントを使用したコンクリートと比べて，高炉セメントC種相当のコンクリートのCO_2排出量は，約63％程度削減できる．

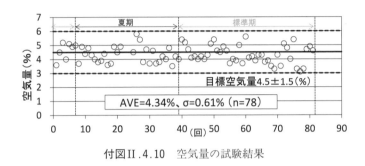

付図II.4.10 空気量の試験結果

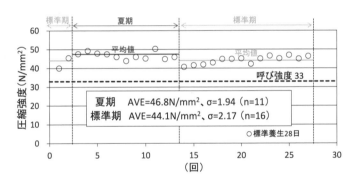

付図II.4.11 圧縮強度の試験結果

付写真II.4.7 スランプ試験

付写真II.4.8 施工状況

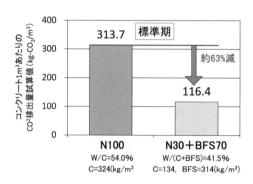

付図Ⅱ.4.12　CO_2排出量試算結果

参 考 文 献

1) 国立研究開発法人新エネルギー・産業技術総合開発機構（NEDO），省エネルギー革新技術開発事業/実用化開発/エネルギー・CO_2ミニマム（ECM）セメント・コンクリートシステムの研究開発，2011.8～2014.2
2) 米澤敏男ほか：エネルギー・CO_2ミニアム（ECM）セメント・コンクリートシステム，コンクリート工学，V.48，No.9，pp.69-73，2011
3) 辻大二郎ほか：高炉スラグ微粉末を高含有した結合材を用いたコンクリートの収縮ひび割れ抵抗性の向上に関する実験検討，コンクリート工学年次論文集，Vol.38，No.1，pp.201-206，2016
4) 大塚勇介ほか：高炉スラグ高含有セメントの強度と発熱特性について，第68回セメント技術大会講演要旨，pp.11-12，2014.5　図5にNデータを追加
5) 木之下光男ほか：高炉スラグ高含有セメントを用いたコンクリート用多機能混和剤の開発，コンクリート工学年次論文集，Vol.35，No.1，pp.121-126，2013
6) 玉木伸二ほか：高炉スラグ高含有コンクリートの場所打ち杭への適用　その1．室内実験，日本建築学会大会学術講演梗概集，pp.541-542，2015.9
7) 辻大二郎ほか：高炉スラグ高含有セメントを用いたコンクリートの基礎躯体への適用，日本建築学会大会学術講演梗概集，pp.539-540，2015.9
8) 小川亜希子ほか：高炉スラグ高含有コンクリートの場所打ち杭への適用　その2．実施工，日本建築学会大会学術講演梗概集，pp.543-544，2015.9
9) 依田和久ほか：高炉スラグ高含有セメントを用いたコンクリートの仮設部材への試適用―ジャッキダウンによる高層ビル解体工法用仮設コア壁への適用―，コンクリート工学，Vol.52，No.12，2014.12
10) 辻大二郎ほか：高炉スラグ高含有セメントを用いた場所打ち杭の品質，コンクリート工学年次論文集，Vol.37，No.1，pp.1357-1362，2015

高炉セメントまたは高炉スラグ微粉末を用いた鉄筋コンクリート造
建築物の設計・施工指針(案)・同解説

2017年9月15日　第1版第1刷

　　　　　　　編　集　一般社団法人　日本建築学会
　　　　　　　著作人
　　　　　　　印刷所　昭和情報プロセス株式会社
　　　　　　　発行所　一般社団法人　日本建築学会
　　　　　　　　　　108-8414　東京都港区芝5－26－20
　　　　　　　　　　　　電　話・(03)3456－2051
　　　　　　　　　　　　ＦＡＸ・(03)3456－2058
　　　　　　　　　　　　http://www.aij.or.jp/
　　　　　　　発売所　丸善出版株式会社
　　　　　　　　　　101-0051　東京都千代田区神田神保町2－17
　　　　　　　　　　　　　　　　神田神保町ビル
©日本建築学会 2017　　　電　話・(03)3512－3256

ISBN978-4-8189-1077-5 C3052